KB069639

기 센 아이 길들이기:
부모를 힘들게 하는 아이,
기를 꺾지 않고 키우는 전략

Taming the Spirited Child
Strategies for Parenting Challenging Children Without Breaking Their Spirits

Michael H. Popkin 저
차영희 역

학지사

추천사

　『기 센 아이 길들이기(Taming the Spirited Child)』는 세계적인 부모교육의 전문가로서 적극적인 부모역할(Active Parenting: AP)의 부모코칭 프로그램을 창시한 팝킨(Dr.Michael Popkin) 박사의 저서다. AP는 지난 30년여 년 동안 전 세계의 무수한 부모들뿐만 아니라 국내외의 한국 부모들에게도 소개되었다. AP는 자녀에게 용기, 자존감, 협동심, 책임감을 길러주면서 오손도손한 부모-자녀 사이로 생활할 수 있는 노하우를 쉽고 재미있게 가르쳐주는 프로그램이다. 팝킨 박사는 내가 AP를 우리나라에 보급한 이래로 1997년과 2014년, 두 번에 걸쳐 한국의 AP지도자과정에 초대된 바 있다. 이 책 속에 소개된 기가 드센 그의 아들 벤자민(Benjamin)도 부모를 따라 1997년에 한국을 며칠간 방문했었다. 그는 「적극적인 부모역할 Now」의 비디오에서 아들 역으로도 연기하였다.

　소위 문제아, 반항아, 비행아, ADHD 등으로 불리는 말썽장이들을 어떻게 잘 길러낼 수 있을까? 모든 부모에게 이건 결코 쉬운 과제가 아니다. 야생마를 때려가면서 길들이려 하다가는 끝내 조련사와 말이 지쳐버린 나머지 반신불수가 될 수 있다. 야생마의 기질을 존중해주면서 최고의 경주마로 다듬어내는 비전(祕傳)의 방법이 있다면,

우리 자녀도, 부모도, 국가도, 세계도 힘차게 살아날 것이다.

차영희 교수는 적극적인 부모역할(AP) 한국본부의 트레이너로서 20년 이상 나와 함께 AP지도자 양성과정에 협력하고 있다.

유아교육과의 교수로서, 상담심리 전문가로서, 또 AP트레이너로서의 경험이 녹아들어 이 책을 물 흐르듯이 유려하게 잘 번역하였다.

부모교육 내지 청소년지도에 관심 있는 일반인과 전문가들에게 아무쪼록 이 책이 좋은 안내서가 되기를 기원한다.

2018. 3월

우면산 기슭에서

AP한국본부장 홍 경 자

역자는 세계적으로 수백만 명의 부모에게 돌풍을 일으킨 『현대의 적극적 부모역할 훈련』(Popkin, 1999)[1]과 『십 대의 적극적 부모역할 훈련』(Popkin, 2000)[2], 『부모코칭 프로그램』(Popkin, 2007)[3]이 한국에 보급된 이후 부모교육 트레이너와 지도자로 활동해 오면서 아주 특별한 아이로 인하여 골치를 앓은 부모들을 만나게 되었습니다. 그들의 공통점은 모두 자녀를 극진히 사랑하고 있고 자녀의 성공을 위해 이곳저곳을 방문하며 나름대로 대안책을 얻고 실천해 보려고 노력해 온 분들이었습니다. 그러나 그들은 기울인 노력에 비해 이렇다 할 시원한 느낌을 갖지 못해 답답해했고 이 특별한 아이가 변화할 수 있는 방법이 없는지를 궁금해했습니다. 이런 와중에 팝킨 박사(Michael Popkin, Ph. D.)의 『Taming The Spirited Child』란 책을 추천받았습니다. 이 책

---

1) Popkin, M. H. (1999). 현대의 적극적 부모역할 훈련. (*Active Parenting Today*). (홍경자 역). 서울: 중앙적성출판사. (원저는 1993년 출판).

2) Popkin, M. H. (2000). 십 대의 적극적 부모역할 훈련. (*Active parenting of teens*). (홍경자 역). 서울: 중앙적성출판사. (원저는 2009년에 출판).

3) Popkin, M. H. (2007). 부모코칭 프로그램. (*Active parenting now*). (홍경자, 노안영, 차영희, 최태산 공역). 서울: 학지사. (원저는 1999년에 출판).

은 일상생활 속에서 특별한 아이에게 적용할 수 있는 실용적인 교육 방법이 담긴 흔치 않은 책이었습니다. 그래서 지난 25여 년 동안 특별한 아이들과 함께한 부모교육 전문가로서 유아교육기관 기관장, 학부모, 교사들에게 실용적인 양육 방법이 깃든 유용한 이 책을 소개해도 좋겠다는 생각을 하게 되었습니다.

우리는 살아가면서 사람을 마주 대할 때 자신만의 전통적 신념, 사고, 감정, 규범 등 인식 렌즈를 통해 현실 상황을 판단합니다. 즉, 사물을 객관적으로 보는 것이 아니라 우리가 보고 싶은 대로 보는 습관이 형성되어 있습니다. 우리는 결코 진정한 의미의 객관적 관찰자일 수 없습니다. 그래서 다른 사람의 시선과 상호작용을 함으로써 더 많은 것을 배울 수 있으며 더 크게 성장할 수 있습니다. 우리가 다른 사람과 함께 창조한 가정에는 성장하기 위한 힘이 필요합니다. 아이들은 인식 렌즈가 비교적 개방되어 있어서 어른들에게 독특한 질문을 던지고 엉뚱한 말을 내뱉거나 시멘트 바닥에 막무가내식 박치기 등을 하며 골칫거리를 선물로 던져 줍니다. 우리는 이 골칫거리 선물을 잘 다루어야 합니다. 이 골칫거리 선물은 우리에게 효율적인 상호작용의 힘을 실어 주며 인내심과 책임감을 지닌 성숙한 성인으로 만들어 줍니다.

상호작용은 우리가 다른 사람과 나누는 대화의 방향을 인도하며 그 결과로 우리가 함께 만드는 대화의 방향을 결정합니다. 우리는 서로 깊이 연결되어 있는 것이 분명하므로 지속해서 서로 영향을 주기도 하고 받기도 합니다. 거의 매일 덜 원하는 것이 아닌 더 원하는 것에 대해 정확한 한계를 설정하여 제시하고 질문하며 그 질문에 답하는 방법을 터득할 필요가 있습니다.

우리가 특별히 기 센 아이를 더 많이 사랑하고 감싸는 사람으로 변화하기를 원한다면 이 책에서 제시하고 있는 방법을 생활습관으로 익히면 됩니다.

이 책이 나오는 데는 홍경자 교수님, 이미나 원장이 용기를 주었습니다. 이 자리를 빌려 고마움을 표시합니다. 그리고 엄마의 친구로 곱게 자라고 있는 다은, 다경에게도 고마움을 전합니다. 자기주도적인 건강한 삶을 살도록 키워 주신 부모님께는 그리움, 아쉬운 마음과 더불어 감사드립니다.

마지막으로 이 책이 나오기까지 학지사의 김진환 사장님, 정승철 이사님께도 깊이 감사드립니다.

2018. 03.

저자 서문

여우가 말했다.

"정말 아쉽다. 난 너랑 못 놀아. 난 길들여지지 않았으니까."

"아! 미안."

어린 왕자는 사과한 뒤 잠시 생각했다.

"길들인단 게 무슨 뜻이야?"

"사람들이 많이 무시하는데…… 그건 서로 이어진단 뜻이야. 지금 나한테 너는 온 세상 다른 아이들하고 다를 게 없는 평범한 아이야. 지금 나한텐 네가 필요하지 않아. 지금 너한텐 나는 온 세상 다른 여우들하고 다를 게 없는 평범한 여우고. 그런데 네가 나를 길들이면, 나는 너에게, 너는 나한테 필요해지는 거야. 그러면 내게 있어서 넌 온 세상에 하나뿐인 특별한 아이가 되고, 너한테 난 온 세상에 하나뿐인 특별한 여우가 되는 거야."

— 앙투안 드 생텍쥐페리,

『어린 왕자』 중에서

부모와 아이가 서로 사랑하여 서로가 서로에게 온 세상에 하나뿐인 소중하고 각별한 사람이 되는 관계를 맺는 편이 이상적이다. 하지만 나는 삼십여 년간 가정 상담을 해 오면서 한쪽이 상대에게 자기 의사를 강요하여 사랑 대신 분노와 다툼, 원망이 두드러지게 된 관계를 너무 많이 보았다. 그런 식의 전형적인 힘겨루기가 요즘 들어 거의 모든 가정에서 걱정스러울 정도로 빈번하게 발생하는 추세이다. 초등학생 아이를 둔 부모를 대상으로 부모교육 프로그램을 6회기 실시한 후 설문조사를 했는데 부모 중 75%가 이러한 힘겨루기 때문에 도움을 받고자 한다고 응답했다.

나는 〈몬텔 윌리엄스 쇼(The Montel Williams Show)〉에 세 번, 게스트로 출연하면서 아이와 문제를 겪는 여러 부모의 상황을 평가하고 그들에게 조언을 한 적이 있다. 어느 사연이든지 힘겨루기가 분명했고, 아이들에게 특이한 공통점이 있었다. 부모의 말에서부터 까끌까끌한 옷에 이르기까지 각종 외부 자극에 감수성이 풍부했으며 그에 대한 반응이 강렬하단 점이었다. 예를 들어, 어떤 만 2세 아이는 아버지가 목욕을 시키려고 옷을 벗길 때마다 한 시간 넘게 화내고 떼를 썼다. 보고 있기 괴로운 광경이었고, 많은 시청자가 그 익숙함을 씁쓸해했다. 아주 사소한 이유로 몇 시간이고 떼쓰기 일쑤인 아이가 그만큼 많다는 것이다.

오늘날 이렇게 떼쓰는 아이는 '다루기 힘든' '고집 센' '반항적인' 아이라는 딱지가 붙는다. 최근에는 '당돌한' 아이 또는 '기 센' 아이라고도 한다. 이런 아이는 행동이 격렬하고, 고집 있고, 예민하고, 끈질기고, 변화를 잘 받아들이지 않는다. 하지만 영화와 책으로도 유명한 기 센 경주마 시비스킷(Seabiscuit)처럼, 기 센 아이들도 길들여지기만 한다면 올바르게 자라는 건 물론이고 크게 성공할 수 있다.

'길들이기'라는 말에서 혹자는 밧줄과 채찍부터 떠올릴지도 모르지만, 기 센 아이를 길들이는 진짜 열쇠는 관계를 형성하는 것이다. 생택쥐페리의 『어린 왕자』에서 여우가 말하는 그 길들임이다. 관계를 쌓는 기술과 효과적인 훈육, 소통 및 격려 방법들을 함께 사용하면 아이가 가정은 물론 바깥세상에서도 더 나은 삶을 사는 법을 배우도록 도와줄 수 있다. 한 어머니는 이 기술을 통해 기 센 아들이 변화하는 것을 경험하고는 이렇게 말했다. "아이가 있어서 행복하다는 느낌이 되돌아온 점이 정말 기뻐요."

차례

추천사 / 3

역자 서문 / 5

저자 서문 / 9

1
기 센 아이를 두고 있나요? / 15

2
아이의 영혼 / 33

3
길들이기 대 꺾기 / 45

4
길들이며 친구 되기 / 59

5
힘의 원리 / 87

6
훈육: '괜찮음' 울타리에서의 대결 / 121

7
진보적인 훈육: 길목 막기 / 157

8
FLAC: 최고의 훈육법 / 187

9
격려라는 설탕 덩어리 / 205

10
분노, 떼쓰기, 흔들리는 이성 / 227

11
파트너, 손바닥을 올려 봐 / 251

12
기사단 호출: 외부 자원 / 269

13
길들임 이후: 말 풀어 주기 / 289

14
길들이기 계획 실천하기 / 305

결론 / 321

참고자료 / 323

1
기 센 아이를 두고 있나요?

나는 죽으면 흙이 되기보다는 재가 되겠다! 내 불꽃은 메마른 찌꺼기에 덮여 꺼지기보다는 활활 타오르다 스러지는 것이 낫다. 나는 나른한 행성으로 영원하기보다 원자 하나하나 휘황하게 빛나는 찬란한 별똥별이 되겠다. 사람의 본분은 사는 것이지, 그저 존재하는 것만이 아니다. 나는 오래 살기 위해 삶을 낭비하지 않겠다. 나는 내가 살아 있는 시간을 만끽할 것이다.

— 잭 런던(1876~1916)

잭 런던은 알래스카의 썰매견 이야기를 담은 『야생의 부름』을 비롯해 여러 모험 이야기를 쓴 재능 있고 유명한 작가이다. 그는 성인이 된 이후 평생 글을 쓰고, 사회적 명분을 옹호하고, 마음의 평화를 얻고자 고군분투하며 살았다. 런던은 어릴 적에 기 센 아이였을 것이다. 유머 작가 샘 레벤슨이 "광기는 유전이라서, 부모가 아이에게서 물려받는다."라는 농담을 하게끔 한 그런 부류의 아이 말이다. 만일 당신이 아이 때문에 미칠 지경이라면 이 농담에 웃지 못하고 찡그리고 있을 수도 있다. 또 아주 화가 나 있을 수도 있다. 최근 내게 "알렉스를

골칫거리를 선물로 주는 우리 아이 다루기

갖기 전까진 이만큼 화가 난다는 게 가능할 줄도 몰랐어요!"라고 하던
어느 어머니와 비슷한 심정일 수도 있다. 정말이지 어떤 아이들은 우
리가 상상도 하지 못했던 방식으로 우리를 머리끝까지 화나게 한다.

　오랜 세월에 걸쳐 그런 아이들에게는 여러 가지 별명이 붙었다. 물
론 전부 같지는 않았다. 예전에는 단순히 '반항적인' '고집 센' 아이로
통했다. 그 이후론 '문제 아동' '의지가 강한 아이' '까다로운 아이'에 대
한 책들이 쓰였다. 이 아이들은 대개 충동적이고, 지나치게 활동적이
고, 공격적이고, 순종적이지 않고, 다루기에 까다롭고, 성미가 고약하
고, 신경질적이고, 매사에 대들고, 때론 '영락없는 남자아이'라고들 한
다. 어떤 아이들은 주의력결핍 과잉행동장애(ADHD), 강박장애, 조울증
등의 병을 갖고 있다는 진단을 받기도 한다. 때로 이런 병명들은 그 아

이를 돕기 위해 약물을 처방할 필요가 있는지 등을 판별하는 데에 도움이 된다. 나는 아이들에게 병명을 붙이지 말자는 이야기를 하려는 것이 아니다. 약이 도움이 되는 이상 아이와 부모는 그 도움을 받아야 한다는 데 적극 찬성한다. 또한 이러한 아이들이 다들 같다고 주장하려는 것도 아니다. 여러 가지 진단을 받는 아이들 사이에도 중요한 차이가 있기 마련이며, 그것이 치료를 선택하는 데에 영향을 준다.

그러나 이런 진단명은 때로는 책 쓰는 사람들과 정신건강 전문가들이 아이가 사회에서 성공적으로 살아가는 데에 방해가 되는 행동들을 보다 충분하게 기술하지 못하고 지름길로 선택한 임의적인 표지에 불과하기도 한다. 또한 우리는 이런 판단이 역사상의 시간과 장소에 따라서도 달라졌음을 안다. 예를 들어, 극도로 공격적인 아이는 고대의 전쟁 사회에서는 매우 유능했을 수 있지만, 지금 시대에는 그 행동방식을 바꾸지 않는 이상 교장실, 사장실을 거쳐 유치장에 갈 공산이 있다. 잭 런던은 그의 시대에 가장 재능 있고 성공적인 작가들 중 한 명이었으나 기 센 성미가 결코 성공적으로 길들여지지 못해서, 알코올 중독과 우울증에 시달리다가 40세라는 젊은 나이에 불행하게 죽고 말았다.

아이의 존재가 아닌 방식을 바꾸는 것

이러한 진단명들의 공통점은 부정적인 표현이라는 것이다. '반항' '문제' '고집' '까다로운' 등과 같이 마치 이런 증상들의 기저에는 치료가 필요한 상태가 있는 것처럼 말이다. 이 말들은 아주 깊은 차원에서 아이에게 무언가 비정상적인 것이 있음을 암시한다. 아이가 심각하게 잘못되어서 그것을 고쳐야 한다는 식이다. 이론상, 그것을 이해하면 치료할 수 있고, 치료하면 아이는 정상으로 돌아올 수 있다고 한다. 그렇게 되면 아이는 교장실, 사장실 혹은 유치장에서 시간을 보내지 않아도 되고, 사회 구성원으로서 사회에 기여하며, 제때 세금을 내고, 국민 총생산을 늘리는 데도 일조할 것이다.

이런 병리학적 접근법이 언제나 나쁘지만은 않다. 수많은 아이와 부모가 이런 방식으로 도움을 받았으며, 앞으로도 더욱 많은 사람이 도움을 받을 것이다. 그런데 문제는 아이의 내면에 문제가 있다고 잠정적으로 결론지음으로써 이 비순응적인 아이들이 발휘할 수 있는 진정한 강점, 즉 기 센 아이다운 재능들을 간과할 위험이 있다는 것이다. 이 아이들은 본질적으로 병이 있는 것이 아니다. 대개는 올바르게 사용하면 평생에 걸쳐 위대한 업적을 이룰 수도 있는 열정과 에너지를 가지고 있다. 그 에너지를 표출하는 특정한 방식이 현 시대에 맞지 않을 때가 많기는 하지만, 내면의 그 힘은 다른 사람들에게 영감의 원천이 될 수 있다. 물론 그 아이들이 평화로운 시대에 아무도 원치 않는 전사가 된다든지, 순응의 시대에 인정받지 못하는 인습 파괴자가 된다든지, 켄터키 더비 경기대회에 초대받지 못하는 길들여지지 않은 서러브레드가 되지는 않도록 재능을 다듬을 필요가 있다. 그래서 나는 다음 일화를 생각해 냈다.

다시 찾는 시비스킷

2003년 영화와 소설 『시비스킷』은 사람들의 마음을 사로잡았다. 이야기의 주인공 시비스킷은 별 기대를 받지 못하던 말이었는데 1938년 전설적인 명마 워 애드미럴을 4마장 차이로 앞서서 경주에서 우승하고 영웅이 되었다. 대공황을 맞은 당시의 미국인들에겐 작고 약한 자가 엄청난 역경을 극복하고 성공할 수 있다는 믿음이 필요했는데, 시비스킷이 바로 그랬던 것이다. 커다란 정신을 가진 작은 말 시비스킷은 온 나라의 희망으로 떠올랐다.

물론 영화를 보면 시비스킷이 언제나 챔피언이었던 것은 아니다. 사실, 시비스킷은 길들여지지 않아서 통제가 되지 않는 골칫거리였으며, 말썽을 너무나 많이 일으켜서 안락사를 당하기 직전이었다. 다행히 한 부유한 마주가 그 반항적인 성미에서 가능성을 보고 사 준 덕분에 미래의 챔피언은 총살을 면했다. 대여섯 명의 조련사가 시비스킷에게 고삐를 채우려고 하는데 시비스킷이 거세게 반항하는 인상적인 장면이 있다. 감당하지 못하던 조련사들이 포기하려던 차에 붉은 머리의 젊은 기수(이야기의 또 다른 주인공)가 나타난다. 그 또한 길들여지지 않은 정신의 소유자였다. 그 역시도 이 반항적이고 고집 세고 다루기 힘든 '굉장한' 말이 무언가 특별하다는 것을 알아보았다. 이 재능 있고 다정한 기수는 시비스킷의 신뢰를 얻고 녀석을 길들여서 타고난 챔피언의 가능성을 실현하도록 도와주었다.

이 일화를 통해 내가 하려는 이야기는, 수많은 기 센 아이의 내면에도 이런 챔피언이 있으니 끈기 있고 애정 깊은 부모나 양부모가 길들여 주어야 한다는 것이다. 아이의 가장 좋은 면들은 끌어올리고 스스로를 망치지 않도록 구해 주어야 한다. 이러한 길들임이 없이는 아이의 삶이 더욱더 나빠지다가 결국에는 어디에든 갇히게 될 위험이 있다. 어린 시절이 끝나갈 무렵 기 센 아이들은 일찌감치 자기 운명이라고 받아들이고 어떤 식의 권위에도 따르지 않게 된다. 그들은 청소년이 된 후에 점점 더 많은 행동 문제를 일으켜서 때로는 교도소, 병원, 정신병동 혹은 그보다 더 나쁜 곳으로 인도된다.

꺾지 않고 길들이기

어떤 부모들은 기 센 아이의 기를 꺾어야 한다는 잘못된 믿음을 가지고 있다. 심지어 말이 반항하기를 포기할 때까지 매질을 하는 조련사처럼, 처벌을 해서 억지로 복종시키려고도 한다. 시비스킷은 그런 식으로 길들여지지 않았다. 그런 방법은 대부분의 기 센 아이들에게도 통하지 않을 것이다. 가혹한 방식의 문제점은 기 센 아이들이 존중과 무시에 민감하다는 데 있다. 부모가 아이를 복종시키기 위해 벌, 특히 심한 벌에 의존한다면, 아이는 짓밟히는 듯한 기분을 느끼고 분노하게 된다. 이 아이들은 절대로 수동적이지 않기 때문에 자기 딴에는 불공평한 그런 일을 가만히 받아들이지 않는다. 시비스킷처럼 일어서서 반항할 뿐이다. 어떤 아이들은 아주 강하게, 아주 오래 반항하기도 한다. 앞서 언급한 어머니의 분노도 이 원리로 설명이 된다. 이런 아이의 기를 꺾으려는 부모는 평생에 걸쳐 싸움을 해야 하고, 그 싸움에서 완전히 패배하거나 아니면 몹시 실망하고 분노하게 된다. 이러한 종류의 힘겨루기와 그것을 피하는 방법에 대해서는 이 책의 뒷부분에서 더 이야기할 것이다. 또한 기 센 아이를 길들이는 방법도 설명할 것이다. 그것은 부모로서의 당신과 한 개인으로서의 아이 모두를 더 존중하는 방법이자 더 성공적인 방법이다.

지금도 어떤 부모는 의지 강한 어느 부모가 가혹한 훈육으로 아이의 기를 제대로 꺾어 놓았다는 사례를 적어도 하나 이상 안다고 생각하고 있을 것이다. 유명한 아동교육 전문가들마저 책에서 처벌로 아이의 의지를 꺾으라고 제안하기도 한다. 그렇지만 혹여나 당신에게 아이의 기를 꺾을 만한 힘이 충분하다 해도, 나는 이렇게 묻고 싶다. "다른 방식으로 접근하면 기가 꺾이지 않고도 올바르게 행동하는 아이가 될 수 있는데, 왜 굳이 기 꺾인 아이를 만들려 하십니까?"

이것은 전문가로서의 소견이기도 하지만 내 경험담이기도 하다. 내 아들 벤자민도 기 센 아이였다. 어찌나 우렁차게 떼를 썼는지 악쓰는 소리가 땅을 울려서 어딘가에 지진 기록으로 남아 있을지도 모른다. 녀석은 자기만의 정신세계가 있었고, 자기가 원하는 것을 자기가 원하는 때에 얻어야만 했다. 만 네 살 때쯤 우리 부부가 개입하기로 했다. 사랑스럽고 똑똑한 아이였고, 함께 있으면 참 행복하고 재미있고 즐거웠다. 부모로서의 우리 역할은 아이의 이 모든 긍정적인 재능을 잃을 위험을 감수하고 기를 꺾는 것이 아니라, 아이를 길들여서 그런 재능을 긍정적인 방식으로 활용하도록 가르치는 것이었다.

나는 다른 부모들에게 까다롭고 고집 센 아이들을 양육하는 전략을 오랜 세월 가르쳐 왔다. 수백 명의 낙담한 부모와 상담을 했고,

2백만 명의 부모가 나의 '적극적 부모역할훈련(Active Parenting)' 과정을 마쳤다. 비디오를 통해 양육 전반에 대한 접근법을 배우는 6회기용 집단 과정이다. 이들 중 많은 사람이 시간을 내어 그 방법이 아주 유용했으며, 아이의 삶뿐만 아니라 자신들의 삶까지도 개선되었다는 후기를 남겨 주었다. 그것의 효과를 입증하는 연구가 20건이 나왔고, 수천 명의 부모교육자가 우리 프로그램을 추천하고 활용하고 있다.

그런데 내가 그렇게 강의해 오던 것을 이제는 바로 나의 기 센 아이에게 적용할 때가 왔던 것이다. 직접 경험해 보니 쉽지만은 않았다. 아내와 나는 이런 전략들이 효과는 있지만 행하는 데 많은 끈기와 관심이 필요하다는 것을 깨달았다. 성격이 전혀 다른 첫째를 키울 때에는 그만큼이나 많이 필요하진 않았다. 나는 이 책에서 내가 직접 경험해서 효과를 확신하는 이 전략들을 상세히 공유할 것이다. 아이의 변화를 확인하기까지는 시간이 조금 오래 걸렸지만 그럴 만한 가치가 있었다. 아이가 여섯 살이 되었을 무렵에는 떼를 쓰는 등의 잘못된 행동들이 거의 다 고쳐졌던 것이다. 벤자민은 이제 규칙을 잘 지키고 제 기량을 좋은 쪽으로 펼치며 삶을 만끽하는 훌륭한 청소년이다.

성격, 양육, 유전, 교육

그다지 멀지 않은 과거에는 많은 심리학자가 아이들이 세상에 태어날 때는 백지와 같아서 주위 환경에 따라 다른 것들로 채워진다고 생각했다. 즉, 아이의 성격이 거의 전적으로 부모와 다른 사회적 요인에 의해 형성된다고 보았다. 유전자는 눈동자 색 같은 신체적인 특징에 영향을 줄 뿐이지, 지능·성격·행동 같은 것에는 거의 영향이 없다고 보았다. 만약 당신에게 기 센 아이가 있다면(뭐라고 부르든지 간에), 백지설의 입장에서는 누군가가 아이를 그런 식으로 만들어 놓은 것이다. 그 '누군가'는 대개 부모라서, 아이가 거친 행동과 잘못된 행동을 하면 부모는 비난받을 수밖에 없었다.

수많은 연구에서 백지설이 대단히 잘못되었다는 것을 짚어 내었다. 그중에는 일란성 쌍둥이인데 태어나자마자 떨어져서 다른 환경에서 자란 사례들도 있었다. 그런 쌍둥이들은 자란 환경이 크게 다른데도 행동이나 성격 면에서 몹시 닮아 있었기 때문에, 아무리 양육에 중점을 두는 심리학자들이라도 개개인이 유전적으로 미리 설계되어 있다는 것을 인정하게 되었다. 아이가 물려받은 유전적 특징을 어떻게 선택할지, 예를 들어 배트맨이 될지 혹은 조커가 될지에 대해서는 부모를 비롯한 성장 환경도 물론 중요한 역할을 하지만 밑바탕은 정해져 있다는 것이다.

이것은 좋은 소식이기도 하고 나쁜 소식이기도 하다. 좋은 소식은 아이의 기 센 성격이 당신의 잘못은 아니라는 것이다. 아이는(그리고 당신은) 아마 유전자라는 거대한 카드 놀이의 일부분이었을 것이다. 나쁜 소식은 당신이 거기에 무관하지만은 않다는 것이다. 당신을 비롯해서 아이의 성장 환경에 있는 다른 요인들(형제자매, 교사, 다른 어른, 경험, 보거나 듣거나 읽는 것 등)은 모두 당신의 기 센 아이에게 영향을 준다. 그리하여 아이가 그 특별한 재능을 모두에게 좋은 쪽으로 활용하게 되기도 하고, 아니면 더 반항적이고 고집 세고 통제 불능이 되다가 결국에는 자신과 남들에게 피해를 주고 문제를 일으켜서 교도소나 영안실에 휘말리기도 한다. 오랜 역사에 걸쳐 기 센 아이가 위대한 지도자가 되거나 사회에 공헌하는 사람이 된 경우도 많고, 비겁한 악당이 되거나 더러는 기분 나쁜 이웃 사람이 된 경우도 많다. 그리고 그들의 부모 역시 그들이 나아갈 길을 정하는 데 중요한 역할을 했을 것이다.

하지만 그 부모들은 아마도 당신이 이 책을 읽고 난 뒤 할 역할만큼 의식 있는 역할을 하지는 않았을 것이다.

기 센 아이의 특징 CAPPS

나 자신이 기 센 아이였던 어린 시절, 장난감 총을 가지고 놀던 적이 있다. 그 시절 사내아이들이 많이들 그랬듯이 카우보이 흉내를 내면서 온 마당을 뛰어다니고 시끄럽게 장난감 총을 쏘고 놀았다. 참 재미있었는데, 어느 날 내가 집 안으로 총을 가지고 들어가서 은행털이범 잡는 놀이를 하다가 아기였던 여동생의 잠을 깨워 버렸다. 그러자 부모님은 재밌다고 생각하지 않았다.

모든 아이가 제각각 특별하지만, 기 센 아이들에게는 공통점이 있다. 남다르게 호기심 많고(Curious), 모험심 많고(Adventurous), 힘이 넘치고(Powerful), 끈기 있고(Persistant), 예민하다는(Sensitive) 것이다. 이것을 CAPPS라고 하자. 이 아이들은 알파벳 중에서도 대문자처럼 삶이 굵직굵직한 경향이 있다. 내가 어린 시절 쏘던 장난감 총처럼 폭발적이고, 있는 힘을 다하고, 에너지가 넘친다. 이 특징들이 아이에게 얼마나 들어맞는지 확인해 보자. 이 특징들이 많을수록, 잦을수록 당신은 기 센 아이를 키우는 자랑스러운 부모일 가능성이 크다.

기 센 아이는 호기심이 많다

타니아(11세)의 어머니는 장 보러 가기가 괴롭다고 호소한다. "도저히 가게 안에서 나올 수가 없어요. 타니아는 자꾸만 새로운 물건을 발견하고 보고 싶어 해요. 계산하고 나가야 하는데 뒤를 돌아보면 아이가 가게 안쪽 저 멀리서 또 뭘 보고 있어요."

피터(7세)는 거의 매일 아침 식사 시간에 맞춰서 옷을 갈아입고 내려오지 못한다. 언제나 무언가에 관심이 끌려서 딴짓을 하기 때문이다.

조지(9세)는 무슨 생각을 하든지 그 생각에 완전히 푹 빠져 버린다. 부모가 이름을 두세 번씩 불러야 겨우 알아들을 정도이다. 조지의 부모는 "이 아이는 남들 말을 듣는 것 같지가 않아요."라며 답답해한다.

수많은 기 센 아이가 그렇듯이, 조지는 듣고 있었다. 자기가 사는 세상의 온갖 흥미로운 것들을 탐험하는 자기 마음의 소리를 듣고 있었다. 기 센 아이들은 흥미를 끄는 것이 있으면 거기에 깊이 몰두한다. 개라든지, 시멘트에 생긴 금이라든지, 2층 창밖으로 공을 던지면 얼마만큼 높이 튀어오를까 하는 궁금증이라든지……. 몰두한 상태에서는 다른 것들이 들리지 않거나 저절로 무시된다. 관심을 갖는 대상이 바로 눈앞에 있는지 또는 자기 마음의 눈에만 보이는지는 중요하지 않다. 이 아이들의 호기심과 집중력은 끝없이 깊을 수 있다. 그것을 뚫으려는 부모나 다른 어른들에게는 답답하겠지만, 이 굉장한 호기심에는 좋은 면도 있다. 바로 기 센 아이들은 자라서도 그 호기심을 발휘해서 멋진 일을 하는 경우가 많다는 점이다. 벤자민 프랭클린과 헨리 포드도 분명 기 센 아이였을 것이다.

기 센 아이는 모험심이 많다

완다(5세)는 아침 일찍 일어나 부모와 언니, 오빠들이 아직 잠들어 있는 동안에 아래층을 마음껏 돌아다닌다. 하루는 어머니가 일어나 보니 완다가 크림과자 상자 위에 앉아 있고 과자는 바닥에 온통 쏟아져 마치 커다란 그림을 그려 놓은 것같이 되어 있었다.
조너선(7세)은 어머니 말에 따르면 "겁이 없어요. 앞도 보지 않고 뛰어드는 아이죠." 그래서 조나단은 잘못 뛰었다가 응급실에 실려가 몸 곳곳을 꿰매고 고치고 하는 날이 참 많다.
제리(20세)는 대학교 2학년에 자기 차로 전국 일주를 하겠다고 학교를 그만두었다. "바깥에는 인생의 너무 많은 것이 있는데, 교실에 앉아 있다 보면 하루하루 놓쳐 버리는 것 같아요."

이 중에 나쁘거나 못된 아이는 아무도 없다. 그보다 이들은 삶을 가능한 한 원대한 방식으로 살고 싶어 하는 성격을 타고난 것이다. 이들은 모험을 갈망한다. 잭 런던처럼 먼 땅으로 여행을 떠나고 '찬란한 별똥별'처럼 우주 너머로 날아가고 싶어 한다. 파블로 피카소처럼 새롭고 색다른 것을 창조하고 싶어 한다. 그러다 코가 얼굴 가운데가 아닌 옆에 붙었다면 훨씬 더 근사한 것이다! 최초의 여자 비행사 아멜리아 에어하트처럼 아무도 가 보지 않은 곳에 가고 싶어 한다. 물론 그러다 보면 부모, 형제, 교사, 그 밖의 '합리적인 예상 범주' 안에 사는 사람들과 불가피하게 부딪히기 마련이다. 모험이 언제나 안전하지만은 않고, 부모는 아이를 안전하게 지켜 주고 싶어 한다. 아멜리아 에어하트만 해도 비행기로 태평양을 가로지르다가 실종되었다.

기 센 아이는 힘(권력)이 넘친다

카일(3세)은 아버지가 목욕을 시키려고 하자 한 시간 반 동안 목이 터져라 울었다. 그만한 반항은, 특히 그만한 체력은 어지간한 세 살배기들에게선 찾아보기 힘들다.

리사(14세)는 어느 추운 밤에 부모님의 말을 어기고 몰래 차를 몰고 친구와 드라이브를 하러 나갔다. 돌아왔을 때는 차 앞 유리에 금이 가 있었고, 친구 이마에 달걀만 한 혹이 생겨 있었다. 4장에서 다루겠지만, 힘이란 노골적이고 적극적인 것만이 아니며, 은밀하기 그지없을 때가 있다.

존(17세)이 들어오면 방에 불을 켠 듯 분위기가 밝아진다. 호탕하게 웃으면 주위 사람들도 따라 웃게 되고, 샤워를 할 때는 온 집이 울리도록 크게 노래를 부른다. 존의 아버지는 "기운이 넘치는 아이예요. 절대로 물러서지 않죠. 멋진 녀석이지만, 안 된다는 대답을 받아들이는 법을 가르치느라 애를 많이 먹었죠."

기 센 아이들은 보통 아이들 이상으로 에너지와 힘이 넘친다. 통제당하는 것을 싫어하고, 자유를 제한하는 것이 있으면 자신의 힘으로 굴복시키고자 한다. 이들은 마치 우주를 자기 놀이터로 보는 것 같다. 남들을 제약하는 규칙이나 질서에 구애받지 않고 마음대로 뛰어놀고 탐험하고 싶어 한다. 다시 말하지만, 의도적으로 나쁘게 굴거나 잘못된 행동으로 부정적인 감정을 연기하는 것이 아니다. 그저 원하는 바가 확고하고, 원하는 것을 얻는 데 방해받는 것을 싫어할 뿐이다. 이 힘은 잘 다듬으면 리더십의 원천이 된다. 윈스턴 처칠이나 프랭클린 루스벨트가 아돌프 히틀러에게 대항할 힘이 없었다면 어떻게되었을까? 한편, 이런 힘은 전쟁광, 악당, 독재자의 간판이기도 하다. 아돌프 히틀러의 사례도 있다.

부모의 역할은 때로는 아이의 방식에 개입해서 행동의 한계를 정해 주고 이 사회의 규칙을 가르치고 그것을 어기면 안 된다고 말해 주는 것이기에, 기 센 아이를 둔 부모가 수없이 힘겨루기에 휘말리는 것은 당연하다. 이러한 힘겨루기와 그것을 효과적으로 해결하는 법에 대해서는 5장에서 다룰 것이다.

기 센 아이는 끈기 있다

도넬라(6세)의 어머니는 저녁에 피자를 먹자고 했다. 그런데 냉장고를 열어 보니 남은 피자가 없었다. 어머니는 도넬라에게 다른 것을 먹자고 했지만 말이 통하지 않았다. 이는 아주 완곡한 표현이다. 도넬라는 약속하지 않았느냐면서 오랫동안 매우 시끄럽게 울었고,

어머니는 결국 포기하고 피자를 주문했다. 그런데 피자가 오고 나서도 도넬라는 이 피자가 아니라며 울고 또 울었다. 평소 먹던 냉동 피자가 아니었기 때문이다.

데이비드(10세)는 몇 시간이고 계속해서 온라인 게임을 한다. 아버지가 다른 걸 하라고 하면 끝까지 대든다. 안 된다는 말을 절대 받아들이지 못한다.

메건(4세)은 변화를 싫어한다. 가족 여행을 갔다가 밤늦게 집에 돌아온 날, 어머니가 씻고 어서 자자고 했더니 동화책을 읽어 줘야 한다고 투정을 부렸다. 어머니는 메건이 더 요란하게 떼쓰려고 하는 것을 알아채고 서둘러서 평소와 똑같은 동화책을 읽어 주었다.

일반 독자에게는 이 아이들이 나쁜 습관이 든 것처럼 보일 수 있겠지만, 이는 습관과는 다르다. 나쁜 습관은 외부에서 들어온다. 다시 말해, 부모가 아이에게 너무 많은 특권을 주거나, 너무 많은 자유를 주거나, 너무 많은 목표를 주어서 나쁜 습관을 들인다. 그러면 아이는 자기가 원할 때마다 그런 것들을 가질 수 있다고 기대하게 되고, 원하는 것을 갖지 못하면 실망해서 불만을 표시한다. 불만을 표시하느라 칭얼거릴 수도 있고, 소리 지를 수도 있고, 본격적으로 생떼를 쓸 수도 있다. 그런 아이는 부모가 나쁜 습관을 들인 것이다.

기 센 아이는 나쁜 습관이 들어서 쉽게 실망하는 것이 아니다. 본래 그렇게 타고나는 것이다. 목표에 집중하는 능력이 뛰어나고, 그것을 달성하기 전에는 좀처럼 포기하지 못하는 것이다. 부모가 그 목표를 방해한다면 앞서 제시한 사례들에서처럼 실망해서 감정에 휘둘리지만 목표를 포기하지는 않는다. 부모는 그것을 답답하게 느끼고, 이 내 감정이 격앙된 두 사람이 힘겨루기를 벌이게 된다. 이 공식의 긍정적인 측면은 기 센 아이가 유용한 활동에 집중한다면 시스티나 성당의 천장화를 그린 미켈란젤로에 비할 만한 끈기를 발휘할 수 있다는 것이다. 목표를 추구하다가 방해받기를 싫어하는 면모는 알렉산더 벨이 전화기를 발명할 때, 빌 게이츠가 마이크로소프트를 설립할 때 보였던 성격과 같다. 이 끈기는 대단한 보물이 될 수 있다. 대부분의 기업인은 성공의 첫째 비결로 다른 사람들이 포기하는 것을 계속해서 진행했던 능력을 들 것이다. 안 된다는 말을 받아들이지 않는 것이다. 이 끈기는 훗날 두둑한 배당금이 되어 돌아올 것이다. 당장에는 부모를 화나게 할 수도 있지만.

기 센 아이들은 예민하다

로렌(4세)은 셔츠가 따끔거린다고 했다. 아버지가 옷을 살펴보고는 아무것도 없다고 말했더니, 로렌은 눈물을 뚝뚝 흘리고 옷을 벗어 버리고는 잠들기 전까지 계속 울었다.

마이클(10세)은 아주 재능 있고 유능한 운동선수이다. 마이클은 지는 것을 정말 너무나 싫어한다. 팀이 지고 있으면 팀원들에게 더 잘 하라고 소리치는데, 대개는 듣는 사람이 기분 나쁠 만한 고함이다. 그리고 경기에서 지면 눈물을 흘리면서 퇴장할 때가 많다.

벤(6세)의 어머니는 아들에게 초능력이 있다고 생각한다. 어머니의 기분을 오싹할 만큼 정확하게 맞히기 때문이다. "묻지 않아도 제 기분을 저절로 알아내는 것 같아요."

기 센 아이들은 '촉이 좋다.' '신경이 곤두서 있다.' '직관적이다.' 등 한마디로 예민하다고들 한다. 로렌처럼 촉감, 소리, 빛 등 다른 아이나 어른들에겐 아무렇지 않은 환경적 자극에 신체적으로 예민한 경우도 있고, 마이클처럼 비판, 무시, 패배, 실패 같은 것에 감정적으로 예민한 경우도 있다. 성미에 맞지 않는 것이 있으면 금방 짜증을 내고 떼를 쓴다. 예민함의 긍정적인 측면으로는 자신의 예민함뿐만 아니라 다른 사람의 예민함도 잘 포착한다는 점이 있다. 벤처럼 다른 사람의 속내를 읽는 능력이 뛰어난 경우가 많다.

'모든' 기 센 아이에게 통용되는 명확한 특징 목록은 없다. 기 센 아이라고 해서 모두 이런 특징을 다 가지고 있는 것이 아니다. 이 특징들 일부는 보통 아이들에게서도 강하게 나타난다. 나의 목적은 진단을 내릴 검사지를 제공하는 것이 아니라 무엇을 기대하면 좋을지 개요를 제시하는 것이었다. 그리고 기 센 아이들 사이에서도 이 특징들이 드러나는 정도의 차이가 크다. 어떤 아이들은 끈질겨서 잠들기 전까지 계속 울 것이고, 또 어떤 아이들은 기를 쓰고 대드는 나머지 부모가 먼저 아이가 잠들면 좋겠다고 생각하게 될 것이다.

기 센 아이의 특징들이 양날의 검과 같다는 것이 잘 전해졌으면 좋겠다. 가정, 학교, 지역사회에서 갈등을 일으키는 것은 분명 단점이지만, 올바르게 다듬으면 모두 훌륭한 장점이 된다. 길들여지면 이 특징들의 긍정적인 면 덕분에 아이는 대단한 성공을 거둘 수 있고, 나아가 다른 사람들을 위해서도 큰 공헌을 할 수 있다. 어네스트 헤밍웨이, 헬

렌 켈러, 테드 터너 등 헤아릴 수 없이 많은 위인이 한때는 기 센 아이였다가 부모와 교사와 다른 사람들의 사랑을 받으며 적어도 부분적으로는 길들여진 덕분에 무한한 재능을 활용하여 보통 사람들은 이루지 못한 업적을 남길 수 있었다고 생각한다. 만일 당신이 기 센 아이 혹은 기 센 아이의 특징 몇 가지를 보이는 아이의 부모라면, 이 잠재력을 성숙시키도록 도울 기회가 있다. 누가 알겠는가? 켄터키 더비 경마대회에 출전하라는 초대장을 받고 싶어 안달 난 챔피언을 키우고 있을지.

2
아이의 영혼[1]

……대부분의 사람은 결코 믿음에 이르지 못한다. 오랜 세월 직접성이나 자발성에 따라 살다가 마침내 어떤 성찰로 나아가고는 이윽고 죽는다. ……대부분의 사람이 그런 식으로 표류하고는 영혼이 되지 못한다. 그들이 보낸 기나긴 직접성의 세월은 영적 지체로 이어지므로 결코 쓰이지 못한다. 그러나 예외자들의 불행한 유년기와 청년기는 영혼으로 변모된다.

— 쇠렌 키르케고르(1813~1855),

『쇠렌 키르케고르의 일기와 논문』(1967)

마크는 네 살 아들 채드와 집에서 놀이방 의자에 함께 앉아 놀아 주고[2] 있었다. 몸을 움직이며 놀아 주는 것은 아이와 유대를 맺기에 대단히 좋은 방법이다. 말보다 행동에 더 능숙할 때가 있는 아버지들에

---

1) 역주: spirit는 영혼, 정신, 기, 기운 등으로 번역되는데, 이 책에선 우리가 생각하고 느끼고 행동하는 모든것을 초월하는 특별한 무엇이기에 영혼으로 번역한다.
2) 역주: roughhousing, 아이를 안거나 들어 올리거나 흔들며 놀아 주는 일

게 특히 좋다. 몸을 이용하는 놀이는 "나는 너와 함께 시간을 보내는 게 좋아. 너는 나에게 중요해. 너와 같이 놀면 재미있어. 나는 너를 좋아해." 하고 행동으로 말하는 것과 같다. 또한 이런 놀이를 통해 아이는 다른 아이를 해치지 않으면서도 활발하게 노는 방법을 배울 수 있다. 이는 필수적으로 배워야 하는 것인데도 배우기에 괴로운 경우가 많다. 기 센 아이의 경우 특히 그렇다.

마크는 채드를 안은 채로 무릎에 앉히고 간지럼을 태우고 있었다. 채드도 누나 메건처럼 간지럼을 좋아한다. 두 아이의 차이점은 메건은 기 센 아이가 아니지만 채드는 기 센 아이라는 것이다. 마크는 기 센 아이가 어떤지는 몰랐지만, 아이의 행동을 예리하게 관찰하고 문제가 일어나기 전에 예상할 수 있었다. 안겨 있는 채드가 고개를 뒤로, 그러니까 마크의 코 쪽으로 젖혀 대기 시작하기에 마크는 말했다. "채드, 머리로 아빠 때리지 말렴." 그러자 채드는 공격하는 방울뱀처럼 고개를 숙였다가 있는 힘을 다해 뒤로 젖히면서 머리로 아버지의 코를 찍었다. 마크는 떨어질 듯 아픈 코를 붙잡고 펄쩍 일어서며 화를 냈다. "채드! 방금 머리로 아빠 때리지 말라고 했잖아!" 채드는 아버지가 왜 화를 내는지 이해할 수가 없었다. 채드로서는 정확히 아버지가 말한 대로 했던 것이다. '머리로 아빠 때리라고 하지 않았나?' 물론 그게 아니지만, 기 센 아이들에겐 '하지 마'라는 말이 아무런 의미가 없어서 딱 그것만 빼 놓고 들리고는 한다. 마크가 아무 말도 하지 않고 손으로 코를 감싸서 채드의 머리가 세게 닿지 않도록 조심했다면 괜찮았을 것이다.

마크의 코에는 이 교훈을 되새겨 주는 흉터가 남았다. 혹시 당신이 마크가 채드에게 화난 것만큼 아이에게 화나 본 적이 없다면, 당신의 아이는 기 센 아이가 아닐 수도 있다. 기 센 아이를 키운다면 절대로 상상해 본 적도 없는 수준의 분노를 경험하기 마련이다. 그것을 증명하는 흉터가 몸 어딘가에 하나둘 있을 법도 하다.

각자의 특별한 영혼

무엇이 당신을 특별히 당신 자신으로 있게 하는지 생각해 본 적 있는가? 성격? 외모? 지금까지 이뤄 온 것들? 가치관, 인생관, 신념 같은 것들은 어떤가? 행동방식이라든지 살면서 일어나는 일들에 정서적으로 반응하는 방식일 수도 있을 것이다. 꿈일 수도 있을까? 어쩌면 사는 곳을 꾸미는 방식은 아닐까? 코미디언 스티븐 라이트는 집에 도둑이 들어와서 온 살림을 다 훔쳐가고 모든 걸 완전히 똑같은 복제품으로 바꿔치기했다는 농담을 한 적이 있다! 우리는 모두 특별하기 때문에 우리 본질의 가장 심오한 측면은커녕 생김새 일부분이라도 완전히 똑같은 복제품이 존재할 수 없다.

하나님은 흙으로 한 사람을 만들고 나서 그 틀을 깨 버리는 것으로 다시는 완벽하게 똑같은 사람을 만들지 않겠다고 선언했음이 분명하다. 달리 보면, 남자와 여자가 둘 다 있어야 아이가 생긴다는 자연의 법칙도 그래서일 것이다. 아메바처럼 무성생식을 한다면 유전자가 변하지 않고 우리 아이가 우리와 완전히 똑같은 복제품이 될 것이다. 그랬다면 인류가 진보하기 위해 필요한 다양성이 없었을 것이고, 사랑의 도피도 훨씬 재미없었을 것이다.

하지만 무엇이 당신과 당신의 아이를 제각기 특별한 사람이게 하는가? 우리는 같은 종인데 본질적으로 무엇이 특별한가? 유전자가 서로 일치하고 취미이며 행동 등 헤아릴 수 없이 많은 부분이 흡사한 일란성 쌍둥이끼리도 완전히 똑같지는 않다. 서로 다른 가정에서 자란 쌍둥이는 나중에 비교해 보면 놀랍도록 비슷하지만, 또 자세히 살펴보면 크게 다르다. 그 모든 차이가 오로지 환경 때문이라고 설명할 수 있을까? 그럴 수도 있지만, 그뿐만 아니라 다른 무엇, 흔히들 '영혼(spirit)'이라고 부르는 것 때문일 수도 있다. 낯선 말은 아니다. 영화 예고편에서 종교 예배까지, 고등학교 체육대회에서 크리스마스 연극까지 온갖 맥락에서 쓰이는 말이다. 예를 들면 다음과 같은 쓰임이 있다.

- 인간 정신의 승리(A triumph of the human spirit)
- 건학 이념(School spirit)
- 자유로운 영혼(Frees spirit)
- 세인트루이스의 정신(The Spirit of St. Louis)
- 크리스마스의 영혼(The spirit of Christmas past)
- 위대한 영혼(The Great Spirit)
- 하늘의 영혼(Spirit in the sky)
- 미국의 영혼(The American spirit)
- 투혼(Espirit de corps)
- 기운 내(Keeping your spirits up).
- 민족정신(Spirit of the people)

- 서쪽의 영혼(Spirit of the West)

- 성령(Holy Spirit)

- 시대정신(Spirit of the age)

- 신령(Divine Spirit)

- 영성(Spirituality)

- 마음 맞는 동지(Kindred spirits)

- 유령(Ghost spirits)

- 병에 든 정령(Spirit in a bottle)

- 증류주(Spirits in a bottle)

- 푸른 별의 영혼(That Blue Star spirit, 나의 여름 수련회)

- 사기가 높다(High spirits).

- 사기가 낮다(Low spirits).

- 모험정신(Spirit of adventure)

- 하나님의 영(The spirit of God)

'spirit'이란 단어 자체는 과학적으로 관찰할 수 없는 믿음과 미지, 우리의 본질에 닿는 심오한 영역에 속하는 다소 신비로운 것을 함의하는 듯하다. 그것을 생명력이라든지, 정수라든지, 하나님과의 연결이라든지, 혹은 삶에서 근본적으로 다른 무엇으로 보든지 간에, 우리가 생각하고 느끼고 행동하는 모든 것을 초월하는 무언가가 우리 내면 깊은 곳에 있다. 그것이 우리의 영혼이며 특별한 우리 자신이다.

당신 아이의 영혼은 소중하다. 우리보다 훨씬 위대한 힘에서 내려온 선물이다. 언제나 이해할 수 있는 것도 아니고 언제나 원하는 것도 아니지만, 그것이 주어진 이상 받아들이고 그 자체로 귀하게 여기는 것이 아이의 성공을 돕고 당신 스스로 성취감을 느끼는 데에 큰 도움이 된다. 어떤 영혼은 조용하고 생각하기를 좋아하는 반면, 어떤 영혼은 완전히 공격적이다. 어떤 영혼은 다른 사람들에게서 우정을 찾고, 어떤 영혼은 혼자 있기를 더 좋아한다. 어떤 영혼은 여러 가지 특징을 같이 갖고 있다. 어떤 영혼은 기가 세다.

기 센 영혼

제프리의 어머니는 더 이상 참을 수 없는 지경에서 나를 찾아왔다. 어머니는 빨간 머리 제프리를 '자전거 타는 지옥'이라고 했다. 그 아이는 모든 행동이 도를 넘었다. 아침 일찍 일어나자마자 세발자전거로 목숨이든 팔다리든(자기 것이든 남의 것이든) 신경 쓰지 않고 위험하게 막다른 골목을 질주해 다닌다는 것이다. 그 아이에게는 활활 타는 불 같은 에너지와 열정이 있다. 나쁜 아이인 것은 아니다. 그저 엔진에 시동이 걸리면 마음이 들떠서 어지간한 경고 신호는 보이지도 않는 것이다. 이런 습관 때문에 학교 들어가기 전부터 사고가 났고 이웃 사람들에게 눈총을 받았다.

제프리와 제프리의 부모를 따로따로 면담해 보니 부모는 아이의 미래에 대해 몹시 비관적이었다. 그들은 제프리가 유전자에서부터 잘못돼서 평생 동안 이 벽에서 저 벽으로(실제로도 그렇고 비유로도) 튀어 다닐 운명이라고 믿고 있었다. 나는 제프리의 바람직하지 못한 행동을 바꾸려고 하기 전에 부모에게 현실을 직시하게 해야 할 필요가 있겠다고 판단했다. 그래서 그들과 다음과 같은 이야기를 나누었다.

"제프리는 기가 세네요."

"자세히 얘기해 보시죠." 제프리의 아버지는 심드렁하게 대꾸했다.

"진지하게 드리는 말씀입니다. 오늘날 이 세계에는 기회가 너무나 많은데, 얼마나 많은 아이가 그저 도전할 용기가 없어서 수동적으로 자라는지 아십니까? 물론 지금 제프리를 돌보기는 수고롭겠지만, 이 아이에게는 평생의 추진력이 될 만한 열정이 있습니다. 그걸 올바르게 다루도록 도와주는 게 우리 역할입니다."

"이게 좋은 성격이란 말씀이세요? 이게 좋은 거면 문제아는 아주 끔찍하겠군요." 아버지는 의심적다는 듯이 물었다.

"제가 생각하는 진짜 문제아는 어떤지 아세요?" 내가 되물었다.

"리지 보든? 도끼로 부모를 죽였다는 아이?" 무뚝뚝한 대답이었다.

"음, 물론 심각한 정신적 문제가 있거나 인격장애를 가진 아이들도 있지만, 지금 얘기하는 건 그런 경우는 아닙니다. 제 생각에는 지나치게 정중하고 예의 바르고 언제든지 올바른 일만 해서 어른들에게 인정받으려고만 하는 아이가 진짜 문제아예요. 그런 아이들은 처음부터 기가 죽어 있든가 완벽해지려고 기를 죽입니다. 겉으로는 괜찮아 보이지만 결국에는 폭발하거나 평생 조용하게 절망합니다." 아버지가 문학을 좋아할지도 모르니 나는 헨리 데이비드 소로의 말을 약간 인용해서 대답했다. 그리고 그가 내 말을 귀담아 듣고 있는 것을 느끼고는 덧붙여 말했다.

"그런데 두 분 중 어느 쪽이 기 센 아이셨나요?"

부모는 서로 쳐다보고 웃음을 터뜨렸다.

"우리 둘 다 자유로운 영혼이 있었던 것 같네요. 하지만 사고를 많이 치지는 않았어요. 적어도 제프리만큼은." 어머니가 대답했다.

"기 센 아이라고 다 똑같지는 않습니다. 어떤 아이들은 남들보다 더 기운이 넘쳐나요. 그 기운을 올바르게 다듬는 법을 배우는 아이도 있고, 재능을 합리적인 범위 안에서만 발휘하려면 별도의 도움이 필요한 아이들도 있습니다. 하지만 이건 확실합니다. 기 센 아이에게 넘쳐나는 기운을 효과적으로 다루는 법을 찾는 것이 수동적인 아이에게 생명을 불어넣는 것보다는 훨씬 쉽습니다. 제프리가 지금은 사고뭉치지만 당장 부모님을 괴롭히는 바로 이 기가 나중에는 챔피언의 밑바탕이 됩니다."

"그렇군요. 휘티스[3]에 상자 준비해 달라고 해야겠어요."

"다른 방법으로 접근해 봅시다. 우리 모두에게 특별한 영혼이 있어요. 그건 우리가 우리이게 하는 근본이죠. 사람끼리 완전히 똑같을 수는 없지만 비슷한 면들은 있습니다. 기 센 아이들은 더 호기심 많고, 모험심 많고, 힘이 넘치고, 끈기 있고, 예민한 경향이 강합니다. 이런 아이 아시죠?"

"딱 저희 제프리네요. 바로 그래서 우리와 선생님들이 어쩔 줄 몰랐던 거예요!"

"제프리는 이 특징들을 좋은 방향으로 활용하는 법을 아직 못 배웠

---

3) 역주: Wheaties, 상자에 유명 운동선수 사진을 넣는 시리얼 브랜드

으니까요. 하지만 성공한 사람 중 호기심 많고, 모험심 많고, 힘이 넘치고, 끈기 있고, 예민한 사람 많죠? 탐험가, 발명가, 운동선수, 사업가, 지도자 등등, 이런 특징들을 통해서 성공한 사람들을 생각해 보세요."

"흐음. 무슨 말씀이신지 알겠어요. 제프리가 이 대단한 힘을 나쁜 일 말고 좋은 일에 쓴다면 우리 편 슈퍼 히어로가 되는 거군요."

"슈퍼 히어로가 아닌 슈퍼 스타가 될 수도 있지만, 인간인 채로 성공하는 것도 상상하기 어렵진 않죠."

"그러면 우리 둘 다 행복할 것 같네요." 어머니가 먼저 대답하고, 제프리의 아버지도 잠시 심각한 얼굴로 있다가 동의했다.

"그래요, 그러면 우리 둘 다 행복할 것 같네요."

장점을 살리는 교육

기 센 아이를 둔 부모라면 아이의 극적인 단점들은 잘 알고 있을 것이다. 떼쓰기, 힘겨루기, 반항, 해찰, 숙제 싸움, 박치기 등의 수많은 역경을 접할 것이다. 그러나 제프리의 부모처럼 아이의 기 센 영혼에는 장점도 잠재해 있다는 것을 놓치는 부모들이 많다.

덴마크의 철학자 키르케고르는 유년기가 즉시성(immediacy)과 자발성(spontaniety)의 시기라고 하였다. 기 센 아이가 그것을 보여 주는 대표적인 예라고 할 만하다. 기 센 아이들은 행동을 먼저 하고 질문은 나중에 하며, 먼젓번 행동의 결과를 고려하지 않고 다음 모험에 뛰어든다. 자발성은 분명 많은 기쁨을 줄 수 있지만, 자기에게도 남들에게도 많은 문제를 일으킬 수 있다. 부모로서의 우리 역할 중 하나는 그런 아이들이 자신과 타인의 삶을 깊이 생각하는 능력을 가지고 즉시성과 자발성을 다듬어서 보다 영적이고 성공적인 삶을 살 수 있도록 돕는 것이다. 길들임은 기 센 아이 성격의 긍정적인 측면을 지극히 실용적인 방식으로 이끌어 내는 것일 뿐만 아니라 아이가 언젠가 자아성찰과 영적 탐구의 더 높은 경지에 이를 준비를 하도록 돕는 것이기도 하다.

다음에 제시한 기 센 아이의 성격 목록에서 어떻게 같은 특징에 단점(야생의 모습)과 장점(길들여진 모습)이 공존하는지 확인해 보자. 각 특징과 관련해 아이의 심리가 어떻게 움직이는지에 대해서도 언급해 두었다. 움직임 위주의 관점에서 행동을 관찰하면 아이의 내면세계를 더 깊이 이해할 수 있다. 다른 사람의 진짜 생각을 이해하고 싶으면 그 사람의 혀가 내는 소리 듣지 말고 그 사람 입장에서 혀를 보라는 속담도 있다. 목록을 읽으면서 당신의 아이를 생각하고, 아이가 이 중 어디에 속하게 될지는 교육에 달려 있다는 걸 유념하자.

특징	단점(야생의 모습)	장점(길들여진 모습)
호기심 (C)	• 쉽게 정신이 분산되어서 맡은 일을 마치기 어려움. • 알고자 하는 욕구를 만족시키기 위해 규칙이나 타인의 권리를 무시함. • 모험심과 결합되어 수시로 문제를 찾고 따라감. • 천사들이라도 두려워할 만한 곳으로 감.	• 모든 종류의 지식에 관심이 많음. • 박학다식함. • 배우고자 하는 열정이 있음. • 타고난 호기심을 타인의 권리에 맞추어 조절함. • 새로운 발상과 접근법을 떠올릴 수 있음. • 답을 찾기 위해 영적 문제, 심리학, 철학에 관심을 가질 수 있음. • 가 본 적 없는 곳으로 용감하게 (그러나 합리적으로) 움직임.
모험심 (A)	• 타인의 규칙과 권리를 무시함. • 수시로 통제 불능. • 사고, 마약, 섹스, 폭력 등 위험한 행동으로 자극을 추구함. • 무계획적으로 움직임.	• 용감하게, 합리적으로 위험을 감수함 • 재능을 계발함. • 스포츠나 동아리 등 바람직한 활동에 참여함. • 공부하고 실험하고 새로운 것을 시도하기를 좋아함. • 앞쪽으로 움직임.
힘 (P)	• 타인을 자신에게 복종시키거나 타인이 자신을 복종시킬 수 없다는 것을 보여 주기를 좋아함. • 독재자가 될 수 있음. • 떼쓰거나 폭발적으로 소리 지르기 쉬움. • 타인을 이기기 위해 움직임.	• 타인을 해치거나 소외시키지 않고 자신이 원하는 것을 취하는 법을 깨우침. • 강력한 지도자. • 또래 압력을 견딜 수 있음. • 계획을 실현함. • 장해물을 극복하기 위해 움직임.
끈기 (P)	• 자신이 원하는 것을 얻기 위해 칭얼거리고 울거나 짜증내기 등의 행동으로 부모를 힘들게 함. • 결과가 부정적이거나 처벌이 있더라도 개의치 않고 잘못된 목표를 지속적으로 추구함. • 단념해야 할 때를 알지 못하고 실수에서 교훈을 배우는 것이 느림. • 쉽게 중독됨. • 자각 없이 반복적으로 움직임.	• 자신이 원하는 것을 똑똑하고 공손하게 주장함. • 목표를 달성하기 위해 역경과 실망을 견뎌 냄. • 오랫동안 집중을 유지함. • 단념해야 할 때와 계속 노력해야 할 때를 구분하는 법을 깨우침. • 중독되기 쉬운 성격을 인식하고 유혹을 피함. • 목표를 향해 꾸준히 움직임.

예민성(S)	• 쉽게 짜증내고 신경 씀. • 올바르지 않은 것에 대해 수시로 불평함. • 세상이 자신의 욕구에 맞춰서 돌아가길 원함. • 타인은 불공평하고 비판적이고 가혹하다고 생각함. • 타인과 떨어져서 움직임.	• 자신과 타인 모두의 아픔과 고통을 민감하게 인식하고 대응함. • 타인, 지역사회, 지구상의 유익을 고려함. • 자신을 이해하고, 타인을 괴롭히지 않으면서 자신의 욕구를 충족하는 행동을 취함. • 타인을 돕기 위해 움직임.

장점 부분으로 인해 기 센 아이의 장래는 대단히 유망하다. 사랑이 충만한 부모와 배려심 많은 어른들이 길들여 준다면 이런 아이들은 그 놀라운 재능을 자신과 타인의 유익을 위해 활용할 수 있게 된다. 그래서 우리는 이들의 기를, 의지를, 다른 모든 것을 꺾고자 하지 않는다. 열정을 깨뜨리거나 타고난 성격을 바꾸고자 하지 않는다. 아이의 위험한 단점을 유능한 장점으로 돌리고자 할 뿐이다. 이 책의 남은 부분에서 바로 그렇게 할 수 있는 기술을 다룰 것이다.

3

길들이기 대 꺾기

……하지만 사내아이에게 의지는 곧 생명이어서, 의지가 꺾이면 아이는 죽는다. 망아지가 고삐를 찼을 때 죽어서 새로운 본성으로 길들여지는 것과 같다. 아이는 자신을 길들이려는 사람들이 정답게 느껴졌던 적이 거의 없었다. 저와 제 주인은 언제나 전쟁 중이었다.

— 헨리 애덤스(1838~1918, 미국의 역사학자·기자·소설가),

『헨리 애덤스의 교육』

어느 신중한 아버지가 이런 말을 하는 것을 들은 적 있다. "아이를 대할 때는 말을 대하듯이 해야 한다. 먼저 내가 주인이라고 인식시키고, 그다음에 친구라고 인식시켜야 한다."

— 메리 울스턴크래프트[1](1759~1797)

『딸들의 교육에 대한 생각』

---

1) 역주: 잉글랜드 작가, 철학자. 여성의 권리옹호자이다. 여성이 태생적으로 남성에 비해 열등하지 않으며, 교육의 결여로 인해 열등한 것처럼 보이는 것이라고 주장했으며 남녀 모두 이성적 존재이고 이성에 기반한 사회질서를 마련하자고 제안하였다.

이 장의 첫머리로 고른 두 인용문은 당신에게 혼란스러울 수도 있다. 이 글들은 길들이는 것과 기를 꺾는 것이 같으며 효과적인 교육에는 둘 다 꼭 필요한 측면이라고 한다. 이 장에서는 이 둘을 구분하고, 어떻게 아이의 의지를 꺾지 않고 길들일 수 있는지 설명하고자 한다. 둘은 물론 다르지만 저 인용문들에도 지혜가 담겨 있다.

꺾느냐 마느냐 그것이 문제로다

나는 20년 이상 비디오를 이용하는 적극적 부모역할훈련(Active Parenting) 프로그램에서 교육의 목적은 '아이가 앞으로 살아갈 사회에서 무사히, 훌륭히 지낼 수 있도록 보호하고 준비시키는 것'이라고 부모들에게 가르쳐 왔다. 교육을 이렇게 역사적인 맥락에서 본다면 선사 시대 조상의 교육이 성경 시대 조상의 것과 달랐을 테고, 성경 시대 조상의 교육이 헨리 애덤스와 메리 울스턴크래프트의 시대 부모들 것과 달랐을 것이며, 그들의 교육 또한 우리 시대의 것과 다를 것이다. 사회가 지극히 전제적인 구조(강자가 지배하는 약육강식의 구조)였다가, 왕과 왕비와 농노를 정했다가, 법으로 규칙을 세웠다가, 현대적인 민주주의가 대두됨에 따라서(민주주의는 나온 지 250년도 되지 않았는데, 이는 인류가 진화해 온 시간에 비하면 찰나에 불과하다) 부모의 역할도 사회에 맞게 변화해야 했다.

예를 들어, 역사상 오랫동안 부모는 아이를 아끼는 노예처럼 다루어 왔다. 과거의 부모는 자상하고 다정하기도 했지만, 근본적으로는 아이가 부모에게 무조건 복종해야 한다는 인식을 갖고 있었다. 성경 시대에 부모에게 불복종하는 아이는 정말로 성문 앞으로 끌고 가서 돌로 쳐 죽일 수 있었다. 모든 사람이 철저하게 신분에 맞게 행동해야 했고, 어른들 사이에서도 신분이 높은 사람에게 저항하면 사형을 당하던 사회였으니 그럴 만도 했다. 그런 사회에서 살아남기 위해서는 아기 때부터 맹목적인 복종을 배우고 습관으로 삼아야 했다. 부모에게 저항하는 기 센 아이는 사회뿐만 아니라 아이 자신의 안위를 위해서도 기를 꺾어 놓아야 했다. 신분이 낮은 사람에게 너무 많은 권력을 허락하면 반란을 일으킨다는 것이 옛날의 지혜였다. 그러니 사회가 부모에게 항상 아이의 저항할 의지를 꺾어 놓지 않으면 자란 뒤에 죽여 버리겠다고 말하는 셈이었다. 수많은 기 센 아이는 기가 꺾여서 온순한 사회 구성원이 되어, 무사하기는 했지만 훌륭해지지는 못했을 것이다. 또한 수많은 기 센 아이는 자라서 훌륭해지려고 했지만 무사하지 못하고 사회에 의해 죽었을 것이다. 대부분의 부모에게는 아이가 훌륭해지는 것보다 무사한 것이 우선이므로, 전제적인 교육 전통에 따라 아이를 가혹하게 훈육해서 기를 꺾고 노예와 같은 신세를 받아들이게 만들었을 것이다. 아이들은 '모습은 보이되 소리는 들리지 않아야 한다.' '어른이 묻는 말에만 대답해야 한다.'고 여겨졌으며, 언제나 쓰레기를 치우는 것과 같은 일을 도맡아야 했다.

그러나 사회는 변화했다. 왕들은 절대 권력을 잃었고, 노예제는 폐지되었으며, 민주주의가 도래하여 평등 사상이 대두되었다. 왕정과 노예제가 사회에서 통째로 없어지자 부모와 아이 사이에 존재했던 왕과 신민, 주인과 노예 같은 관계도 이내 시대에 뒤처진 것이 되었다. 물론 그렇다고 해서 대부분의 부모가 아이를 소유물 취급하지 않는다는 뜻은 아니다. 다만 옛날식 교육은 지금에 와서는 아이를 복종시키기보다 반항하게 만들기가 쉽다.

여기서 기 센 아이의 기를 꺾으려 할 때 첫 번째 문제가 발생한다. 바로 아이의 기를 꺾기가 과거에 비해 훨씬 어렵다는 문제이다. 2백 년 동안 전제 정치에 혁명으로 저항하다 보니, 가혹한 처벌 방식은 부당하다는 것을 아이들이 거의 본능적으로 깨닫는 것 같다. 가혹하게 처벌해 봤자 아이들은 분노하고 더 강하게 저항할 뿐이다. 기 센 아이는 힘과 끈기가 있어서 자신이 부당하게 대우받고 있다고 생각하면 몇 시간이고 반항할 수 있다. 이들이 떼쓰는 것에 비하면 보스턴 차 사건2)도 다과회처럼 보일 수 있다.

두 번째 문제는 훗날 아이에게 그 의지가 필요할 가능성이 크다는 점이다. 자기 분수를 알고 남이 묻는 말에만 대답하고 평소에는 온순하고 순종적인 위치만 취하는 사람은 무사할지는 몰라도 자유시장 체제에서 경쟁을 뚫고 훌륭해지기 어렵다. 만일 당신의 아이가 열정적으로 살면서 자신의 가능성을 모두 이루고 자유 사회에서 제공되는 근사한 기회들을 제대로 활용하기를 바란다면, 꺾이지 않은 강한 의지가 진가를 발휘할 것이다. 또래 압력을 견뎌 내는 능력은 청소년기뿐만 아니라 평생에 걸쳐 필요하다. 아이의 기를 꺾어 놓는 것은

---

2) 역주: 보스턴 차 사건은 그레이트 브리튼 왕국의 지나친 세금 징수에 반발한 북아메리카의 식민지 주민들이 아메리카 토착민으로 위장해 1773년 12월 보스톤항에 정박한 배에 실려있던 홍차 상자들을 바다에 버린 사건.

기르던 새의 날개를 꺾고 나서 바깥세상에 풀어 주는 것과 같다.

마지막으로, 세 번째 문제는 헨리 애덤스의 말에서 알 수 있다. "아이는 자신을 길들이려는 사람들이 정답게 느껴졌던 적이 거의 없다. 저와 제 주인은 언제나 전쟁 중이었다." 여기서 애덤스는 길들인다는 말을 기를 꺾는다는 뜻으로 썼다. 그가 살던 시대에서 길들이기란 가혹하게 훈육하고 수시로 헛간에 가둠으로써 이루어졌기 때문이다. 말을 길들이는 조련사가 말을 때려서 굴복시키듯이, 당시엔 부모도 아이를 때려서 굴복시키는 것이 당연하다고 여겨졌다. 그런 방식의 대가는 애덤스가 지적했듯 서로 간의 관계를 해치는 것이다("나와 내 주인은 언제나 전쟁 중이었다."). 눈가리개를 하고 마차를 끄는 말만 바란다면 그런 관계도 상관없을 수 있다. 하지만 당신이 가면 쓴 론 레인저[3]이고 매 회 당신의 말 실버에게 어떤 재앙에서 구해 달라고 의탁해야 한다면, 말과 전쟁을 하기보다는 평화를 유지하고 싶을 것이다.("실버, 나 다리에 총을 맞았어. 과다출혈로 죽기 전에 도와줄 사람을 데려와." "그럼요, 주인님. 그런데 내가 그동안 매를 때려 줘서 고맙다고 했나요? 아, 그리고 내가 30일 안에 안 돌아오면 알아서 죽든가 하세요.")

우리가 아이와 맺는 관계가 중요한 것은 부모 역할에 기쁨을 주기 때문이기도 하지만, 한편으로는 관계에서 아이에게 영향을 줄 힘이 나오기 때문이기도 하다. 아이와 사이가 좋다면 아이가 당신의 이런 지도에 관심을 갖고 순종할 가능성이 더 높다. "담배는 아주 위험한

---

3) 역주: 유명한 서부극의 주인공

약물이란다. 담배를 피우면 피부가 노래지고 입냄새가 나면서 얼굴
이 나이에 안 맞게 늙고 아주 오랫동안 고통스럽게 죽게 돼. 난 너를
사랑하고 네가 건강하고 튼튼하게 자라면 좋겠어. 그러니까 이 냄새
나는 걸 피우지 말렴."

하지만 당신이 아이와 전쟁 중이고 분노로 가득한 관계를 맺고 있
다면 담배에 대해 뭐라고 하든 이런 느낌일 것이다. "너 담배 피우는
거 보이기만 하면 평생 외출 금지야. 알아들어?" 물론 그러면 아이는
알아듣고 이렇게 생각한다. "저 ××가 내 인생을 망치게 가만히 있지
않겠어. 담배를 피우고 싶으면 피울 거야. 들키지만 않으면 되지!"

관계가 긍정적이지 못하면 부모는 원래 의도했던 것과는 정반대
의 영향을 줄 때가 많다. 즉, 아이가 당신이 원하는 바를 이해하면서
도 앙갚음 삼아 정반대로 행동한다는 것이다. 거꾸로 된 꼭두각시가
되는 셈이다. 오른팔을 들라고 줄을 올리면 왼팔을 들고, 오른발을
뻗으라고 줄을 당기면 왼발을 든다(그리고 수시로 당신의 정강이를 걷어찬
다!). 부당하다고 생각하는 일에 대한 이러한 복수심은 고압적인 부모
에게 억눌려 기가 꺾인 아이들에게는 너무 흔한 행동 동기이다. 이들
은 부모를 이겨 보려는 욕망이 아주 강력해서 그 과정에서 자신을 희
생하는 것도 아랑곳하지 않는다. 사실 나는 상담으로 만난 청소년들
에게 정말로 청소년 자신을 위해 최선인 일이 또한 부모가 원하는 일
이기도 할 때 아주 큰 용기가 필요하다고 설득한 적이 여러 번 있다.

이 책은 아이의 기를 꺾는 것에 관한 것이 아니다. 이 책에서 제시
하는 것은 아이를 길들이면서 사랑하는 관계를 맺고 아이가 살아갈
사회에서 무사히, 훌륭히 지낼 수 있는 기초를 놓아 주자는 것, 아이

에게 권위에 맞서 싸우고 날뛰기보다는 우아하게 권위를 받아들이고 권위와 효과적으로 상호작용하는 법을 가르치자는 것이다. 그리고 아이가 더 책임감 있고 예의 바르고 협동적이고 용기 있는 사람이 되어서 남들과 더불어 살아갈 수 있도록 교육하자는 것이다. 이런 목표는 아이의 의지를 꺾어 놓는 구식 교육법으로는 이뤄지지 않는다.

효과가 없는데도 남아 있는 구식 교육법으로는 다음과 같은 것들이 있다. 철저한 목록은 아니지만 어느 정도 감을 잡을 수는 있을 것이다.

- 부모가 아이보다 절대적으로 높은 사람이라고 각인시키는 것
- 아이가 부모를 두려워하게 만드는 것
- 처벌, 특히 가혹하고 수치스러운 체벌에 의존하는 것
- 명령을 따르면 보상을 주겠다는 것
- 시간 제한과 외출 금지를 남용하는 것
- 아이가 화내거나 소리치지 못하게 하면서 부모는 화내거나 소리쳐서 위협하는 것
- 아이가 잘못을 하거나 노력하지 않는 것처럼 보이거나 심지어는 원했던 만큼의 성적을 내지 못했다는 이유로 애정과 사랑을 보여 주지 않는 것
- 문제 해결보다 맹목적인 복종을 강조하는 것

이런 것들이 익숙해 보인다면, 우리 대부분이 어린 시절에 이 중 일부나 전부를 경험했고 더러는 우리 아이들에게 그렇게 하고 있기

때문이다. 이런 전제적인 구식 교육법은 수백 년 이상 교육의 전형이었다. 앞서 말했듯이 이런 교육은 오늘날의 현대 민주주의 세계에서는 오히려 아이가 저항하고 반항하게 하여 문제를 해결하기보단 더 악화시킨다. 아이의 기를 효과적으로 꺾었을 때에도 그 결과는 대개 비참하다. 하나님이 주신 의지도 영혼도 잃어서 오늘날의 복잡한 세계에서 성공할 수 없는 망가진 아이가 되는 것이다.

고삐를 느슨하게 쥐되 놓지는 말라

한 가지 확실히 해 둘 것이 있다. 나는 기 센 아이를 전제적으로 교육하는 방식에는 거의 동의할 수 없지만, 지나치게 많은 것을 허용하는 요즘 방식에는 더욱 동의할 수 없다. 기 센 아이의 단점까지 마음대로 하도록 내버려 두는 부모는 심각한 실수를 하는 것이다. 부모가 문제를 고민하고, 한계를 설정하고, 가정 내에서 리더십 있는 역할을 맡지 않으면 기 센 아이가 마법처럼 철이 들어 문제가 해결되지 않는다. 문제는 더욱 심각해지고, 아이는 결국 학교나 사회에서까지 문제를 일으키게 된다. 길들여지지 않은 채로는 타고난 재능이 있어도 과도한 측면에 묻혀서 빛을 보지 못한다. 통제되지 않고 위험한 성격 때문에 버펄로 빌[4] 대신에 빌리 더 키드[5]가 돼 버릴 수 있다. 그러니

---

4) 역주: 미국 서부 개척시대에 명예 훈장을 받은 총잡이
5) 역주: 미국의 강도이자 연쇄 살인마

부디 내가 기 센 아이를 그냥 내버려 두라고 주장하는 것이 아님을 이해해 주기 바란다. 그저 아이를 사랑해 주기만 한다면 저절로 다 해결된다고 믿는 것도 아니다. 기 센 아이들은 호기심, 모험심, 힘, 끈기, 예민함을 합리적인 한계 안에서 자신과 타인의 유익을 위해서 활용하는 법을 배워야 한다. 아름다운 야생마처럼, 야생에서 살거나 아니면 길들여져야(꺾이는 말아야) 한다. 그리고 이 아이들은 자기 스스로를 길들이지는 못한다.

길들이는 것과 기를 꺾는 것은 지향하는 목적도 다르다. 기를 꺾는 목적은 아이를 순종적이고 온순하게 만들어서 어른의 골치를 썩이지 않고 어른이 바람직하다고 생각하는 어느 방향으로든지 얌전하게 권위에 따르는 순응주의자로 바꾸기 위함이다. 1930년대와 1940년대에 독일에서 파시스트들이 득세할 수 있었던 것은 권위적인 문화로 이미 사람들의 기가 꺾여 있어서 휘두르기 쉬웠기 때문이기도 하다. 반면, 길을 들이는 목적은 기 센 아이가 다른 사람들과 조화를 이루면서 성격의 장점을 계발하도록 돕기 위함이다. 아이의 특별함을 존중하고 높이 여겨서, 아이가 무리에 돌아올 때에도 여전히 개별성과 자유 의지를 유지하게끔 해야 한다.

길들이는 것과 기를 꺾는 것의 다른 차이는 이 책의 나머지 부분에서 다룰 교육 방법과 관련이 있다. 아이의 기를 꺾는 부모들의 전제적인 방식이나 아이가 마음대로 하도록 내버려 두는 무심한 태도와는 다르게, 길들이기에는 확고한 리더십과 관계 구축 기술이 필요하다. 혹시 아이의 주인이자 친구가 되어야 한다던 메리 울스턴크래프트의 말이 생각난다면, 그 말이 맞다. 하지만 오늘날의 지도자들은 주인이 아니며, 길들이기와 친구 되기는 비슷한 점도 많지만 부모와 자식 간에는 친구 간에는 필요하지 않은 어떤 것들이 더 필요하다. 지금부터 기 센 아이를 길들이는 여덟 가지 방법 모형의 개요를 제시하려 한다. 세부 사항을 살피기 전에 개요를 통해서 이 책이 지향하는 바를 마음속으로 상상해 볼 수 있을 것이다.

길들이기에 필요한 8면 울타리

야생마를 길들이는 데 쓰이는 것과 흡사한데 8면으로 되어 있는 울타리 우리를 상상해 보자. 이 팔각형의 면 각각은 기 센 아이를 길들이는 데 필요한 개념이나 기술 한 가지를 나타낸다. 지금까지 읽으면서 짐작했겠지만 그중 어디에도 채찍이나 매는 없다. 당신과 아이가 울타리 안에서 상호작용하는 동안 아이는 때때로 8면 중 한 곳으로 갑자기 뛰어들 것이고, 당신은 거기에 해당하는 기술, 도움, 정보를 활용해서 대응해야 할 것이다.

이 8면은 서로 유기적으로 작동하기 때문에 어느 하나라도 사용하기 전에 먼저 책을 끝까지 읽어 주길 바란다. 그렇지 않으면 아이는 당신이 있는 줄도 몰랐던 구멍으로 빠져나가 버릴 것이다. 예를 들어, 관계 맺기 면을 활용하던 도중에 갑자기 훈육이 필요해질 수가 있다. 훈육에 대한 부분을 읽지 않은 채로 구식 훈육법으로 대응한다면 관계 맺기에 들인 노력은 헛수고가 될 수 있다. 그리고 예방 부분을 읽었더라면 그 문제 자체를 미리 예상하고 피할 수 있었을지도 모른다.

여덟 가지 서로 다른 면을 동시에 신경 쓰는 것은 물론 어렵다. 기억하는 데 도움이 되도록 이 책의 마지막 장인 14장을 길들이기 계획 실천하기 편으로 마련했다. 이 장은 앞으로 다룰 기술과 정보들의 요약에 더해 그것들을 당신의 가정에서 실제로 적용할 때 활용할 실천법도 다루고 있다. 아이를 길들이는 울타리의 8개 항목 옆에는 이 책 다른 장의 번호가 제시되어 있다. 이는 관련된 개념과 기술을 주로 다루는 장을 나타낸다. 하지만 그 개념이 그 장에만 국한되는 것은 아니고, 그 장들이 그 개념에만 국한되는 것도 아니다. 이 울타리를 세우는 목적은 당신이 앞으로 다룰 것들을 준비하고 여덟 가지 면을 마음속으로 구조화할 수 있도록 돕기 위함이다.

울타리 1. 리더십(1~4장) 가정에서 확고하면서도 친근한 리더가 되자. 아이를 존중하고, 아이도 당신을 존중하게 하자. 확고하지만 친근한 어조로 말하자. 조언과 자유를 미리 정한 한계 내에서 허용하자. 자신감을 갖되, 어느 부모든 실수를 하기 마련이며 당신 역시 마찬가지라는 것을 인식하자.

울타리 2. 예방(1, 2, 10장) 문제를 예상하고 예방하자. 아이의 특별한 호기심, 모험심, 힘, 끈기, 예민함을 이해하자. 무엇이 그 특징들을 행동으로 나타나게 하는지, 어떻게 하면 그 행동을 미리 진정시킬 수 있을지 알아보자. 아이가 그 특징을 긍정적인 방향으로 활용할 수 있도록 바로잡는 법을 알아보자. 분노의 원리와 분노를 제어하는 법을 이해하자.

울타리 3. 관계 맺기(4, 9장) 아이와 긍정적인 관계를 맺고, 부모 역할 중 친근한 면모를 쌓자. 아이와 끈끈한 유대를 맺기 위해 시간을 내고 요령을 터득하자. 진실하고 현실적인 격려를 꾸준하게 제공하자.

울타리 4. 힘(5장) 힘의 원리를 이해하고 힘겨루기를 피하는 법을 터득하자. 기 센 아이는 '힘에 취한' 것처럼 보일 때가 있는데, 부모가 이 특별한 자질을 다루고 갈등이 아닌 동기부여를 위해 그것을 사용하도록 가르치는 법을 배워야 한다. 필요에 따라서는 부모 자신을 위해서도 같은 배움이 필요하다.

울타리 5. 체계(6장) 아이가 정해진 한계 안에서 사는 법을 배울 수 있는 체계를 세우자. 이 체계는 야생마가 자유의 한계를 받아들임으로써 조련사가 길들일 수 있게끔 하는 울타리와 같은 기능을 한다. 기 센 아이에게는 유연한 체계가 필요하다는 것을 이해하자. 지진이 잦은 지역의 건물처럼, 단단하기만 한 구조물은 압력을 받으면 금이 가고 부서질 위험이 있다. 요즘은 지진을 견뎌야 하는 건물에는 충격으로 부서지지 않도록 탄력성 있는 자재를 사용한다. 시간, 공간, 행동에 따라 탄력적으로 체계를 활용하는 법을 터득하자.

울타리 6. 훈육(7, 8, 9장) 한계를 그어야 하는 상황에는 훈육을 하되 존중을 잃지 말자. 너무 가혹한 훈육은 피해야 하지만, 필요한 만큼의 훈육은 놓치지 말자. 훈육 도중에 일어나는 상호작용, 공감, 문제 해결을 이해하고, 이를 바탕으로 아이에게 정해진 한계 안에서 자신의 욕구를 충족하며 사는 법을 가르치자.

울타리 7. 문제(11장) 아이에게 문제를 해결하는 법을 가르치자. 대안이 되는 해결책을 찾아내고 그 결과를 예상하도록 도우자. 아이가 욕구뿐만 아니라 자신의 감정까지 이해할 수 있도록 가르치자. 효과적인 의사소통 방법을 사용해서 타인에게 공감하는 법을 가르칠 기회를 만들자.

울타리 8. 외부 자원(12장) 기 센 아이를 돕기 위해서는 도움이 필요하다는 것을 인식하고 지역사회의 어디에서 그런 도움을 받을 수 있는지 알아 두자. 학교, 종교 단체, 여가 동호회, 정신건강 전문가, 친척과 친구 등 되도록 많은 사람을 알아 두자.

우리는 기 센 아이들이 제어되지 않고 자유롭고 심지어는 그 상태로 계속 남아 있고 싶어 한다고 생각하기 쉽다. 길들이든, 기를 꺾든, 혹은 다른 어떤 식으로 대하든 고삐를 채우려는 노력은 모두 거부할 것이라고 말이다. 하지만 사실 모든 아이가 어떤 차원에서는 자신을 길들여 줄 사람을 원한다. 기 센 아이들이 독립적이고 반항적인 모습을 보이기는 하지만 그런 상태를 스스로 행복하게 여기는 것은 결코 아니다. 그들은 자신보다 크고 똑똑하고 강하고 능력 있는 사람, 자신을 무리와 연결해 주고 무리의 일부가 되게 도와줄 사람을 알고 싶어 한다. 그리고 자신을 길들여 줄 그런 사람을 만나면 아이들은 안심하게 된다.

4
길들이며 친구 되기

아무도 꽃을 보지 못한다. 정말이다. 꽃은 너무 작아서 알아보려면 시간이 걸린다. 우리에겐 시간이 없다. 무언가를 보려면 시간이 걸린다. 친구를 사귀려면 시간이 걸리는 것과 마찬가지다.

— 조지아 오키프

(1887~1986, 미국의 화가)

아프리카에 이런 민담이 있다. 한 소년의 어머니가 죽고 아버지가 재혼을 했는데, 소년은 어머니의 죽음을 계속 슬퍼하느라 새어머니에게 차갑고 반항적으로 굴었다. 새어머니는 마음 착한 여인이어서 소년이 자신을 받아들이게 하려고 최선을 다했지만 소용이 없었다. 여인이 다가가고 손을 내밀수록 소년은 더욱 대들었다. 여인은 절박한 심정으로 부족의 치료사를 찾아가서 사연을 설명하고 아이와 사이가 좋아질 수 있도록 아이에게 먹일 사랑의 약을 지어 달라고 했다. 치료사는 사연을 귀담아 듣고는 자신이 도와줄 수 있는데, 그러려면 여인이 사나운 퓨마의 수염을 뽑아 와야 한다고 말했다.

여인은 엄청난 임무를 받고 깜짝 놀랐지만, 남편을 사랑했고 의붓아들에게 좋은 어머니가 되고 싶었기 때문에 퓨마가 있는 산으로 떠났다. 오래지 않아 퓨마 발자국을 발견하고 따라가다 산기슭 동굴에 이르렀다. 여인은 조심조심 동굴 입구로 걸어가 가방에서 날고기를 꺼내 내려놓았다. 그러고는 백 걸음 물러나 덤불 속에 숨었다. 곧 퓨마가 고기 냄새를 맡고 동굴에서 나왔다. 퓨마는 주위를 둘러보고는 안전하다고 생각하고 고기 선물을 먹었다. 다음 날에도 여인은 고기를 가져왔다. 이번에는 동굴 입구에 고기를 내려놓고 오십 걸음만 물러나서 숨지 않고 서 있었다. 그렇게 일주일 동안 고기를 가져오면서 퓨마와의 거리를 날마다 조금씩 좁혀서, 결국 퓨마가 여인의 손에서 고기를 받아먹는 동안 여인이 퓨마의 털을 부드럽게 쓰다듬어 줄 수도 있게 되었다. 마침내 여인은 고기를 먹는 퓨마의 수염을 뽑을 수 있었다.

여인은 뽑은 수염을 가지고 치료사에게 돌아가서 약속대로 반항적인 아이를 치료할 약을 지어 달라고 말했다. 그러나 현명한 치료사는 그런 약은 만들어 주지 않겠다고 했다. 그 대신 여인이 퓨마에게 다가갔을 때처럼 의붓아들에게도 천천히, 끈기 있게 다가가야 한다고 조언해 주었다. 그 뒤로 여인은 꼭 그렇게 다가갔다. 몇 달이 지나자 여인과 의붓아들은 진정한 친구가 되었다.

아이와 친구가 될 수 없다는 오해

부모나 전문가가 아이 교육에 대해 흔히 하는 말 중에는 부모는 아이와 친구가 될 수 없다는 이야기가 있다. 이 말은 거의 항상 부정적인 맥락에서 쓰인다. 어떤 경우에는 부모에게 "아이와 친구가 되지는 말아야 한다는 것 아시잖아요!" 하고 직접 말하기도 한다. 그리고 또 부모가 아이와 겪는 모든 문제를 설명해 주는 열쇠인 것처럼, "부모들이 아이와 친구가 되려고 애쓰느라 너무 바빠요!" 하고 일반화하기도 한다.

내 생각에 이런 조언에는 두 가지 문제가 있다. 그것이 틀린 조언이고, 나쁜 조언이란 것이다. 우선 부모는 분명 아이의 친구가 될 수 있기 때문에 틀린 조언이다. 친구가 된다는 게 서로 존중하고, 같이 재미있게 놀고, 좋은 것을 나누고, 돕고, 격려하고, 같이 시간을 보내고, 같이 문제를 해결하고, 전반적으로 서로 좋아한다는 뜻이라고 본다면 말이다. 사람들이 '부모는 아이와 친구가 될 수 없다.'고들 하는 것은 실제로는 '부모는 아이를 훈육할 필요가 있지만 친구는 그렇지 않다.'는 뜻이다. 이런 측면에서는 부모와 친구가 다른 것이 맞다. 내가 수련회 지도자로서 조교들에게 아이들을 대하는 법을 훈련할 때 같은 말을 다른 식으로 표현한 적이 있다. 나는 수련회에 참여한 아이들과 함께 놀며 즐거운 시간을 보내는 것이 중요하지만, 교육자는 한쪽 눈으로는 시계를 보면서 노는 사람이라고 설명했다. 다시 말해서, 교육자든 부모든 책임을 지는 사람은 아이에게 멈추어야 할 시간을 알리고 다음 활동을 준비시켜야 한다는 것이다. 책임을 지는 사람은 또한 아이들이 규칙을 지키고 건강, 안전, 바람직한 가치관의 합리적인 한계 내에서 활동하게끔 지도해야 한다.

또래끼리의 친구 관계와 부모-자녀 간 친구 관계에는 분명 차이가 있다. 동성 친구와 이성 친구가 다르고, 또래 친구와 나이 차이 많이 나는 친구가 다른 것과 마찬가지이다. 그러나 이런 차이가 있다고 해서 친구 관계라는 개념 자체를 부정할 수는 없다. 어떤 친구 관계에서는 두 사람이 서로 다른 역할을 맡기도 한다는 것만 인식하면 된다. 부모-자녀 간 친구 관계에서는 부모가 가정의 지도자이자 인솔자 역할을 맡고 아이는 학생이자 참여자 역할을 맡는다. 부모는 자신과 아이 모두의 건강, 안전, 가족적으로 중요한 것들에 대해 결정을 내려야 하는 한편, 아이는 나이와 책임감 수준에 따라서 부모가 적절하다고 판단한 것들에 대해서만 결정을 내린다. 그리고 아이가 원하는 것을 부모가 거절해야만 할 때가 있다.

거절하는 역할을 해야 할 때 어떤 부모들은 아이와 사이좋아야 한다는 것에 너무 얽매여서 아이를 실망시키거나 화나게 할까 봐 두려워한다. 이런 부모들에게 효과적으로 거절하는 기술(6~8장에서 다룰 기술)이 없다면 점점 더 비합리적인 요구 사항들을 들어주는 바람에 나중에는 기 센 아이가 기 센 망나니가 되어 버리는 수가 있다. 바로 이 점 때문에 부모들이 흔히 아이와 친구가 될 수 없다고들 하는 것이리라. 하지만 사실은 친구들 사이에서도 거절을 해야 할 때가 있는 법이다. 그러니 아이의 비합리적인 요구를 거절한다고 해서 아이와 친구가 될 수 없는 것은 아니다.

둘째로, 아이와 친구가 될 수 없다는 것은 '나쁜' 조언이란 문제가 있다. 부모는 아이와 물론 친구가 될 수 있으며, 친구 관계를 맺기 위해 노력을 해야지 피해서는 안 된다. 구식 교육법에서는 부모가 아이와 수직적인 상하 관계를 지켜야 한다고 여겼다. 이는 친구 관계와는 거리가 멀다. 그리고 혹시 아이가 기 센 아이라면 일찌감치 주인 노릇을 해서 아랫사람인 아이의 의지를 꺾어 놓아야 한다고 여겼다. 앞서 지적했듯이, 오늘날의 아이들에게 이런 식으로 접근하면 아이가 굴복하기보다는 더 심하게 반항한다는 문제가 있다. 기 센 아이의 경우는 더욱 그렇다. 하지만 기 센 아이에게 천천히, 꾸준하게 친구가 되어 가며 길들인다면, 오래지 않아 새어머니가 퓨마(그리고 의붓아들)를 길들였듯이 아이와 가까워질 수 있다.

기 센 아이와 친구 되기

대개 친구 관계는 어느 한 사람이 특별히 노력하지 않아도 저절로 맺어지는 것처럼 보인다. 그러나 자세히 살펴보면 대부분의 친구 관계에서 나타나는 공통점이 있다. 두 사람이 참 쉽게 친해지는 경우도 있지만, 한쪽이나 양쪽 모두 의도적으로 많은 노력을 들여야 친해지는 경우도 있다. 기 센 아이와 부모의 관계에는 너무나 많은 갈등이 누적되어 있어서 어느 쪽도 친구가 되는 것을 상상하기 어려운 경우가 일반적이다. 수년에 걸친 힘겨루기, 떼쓰기, 분노, 처벌로 인해 양쪽 모두가 지치고 힘들고 괴로운 느낌을 받는다. 이런 상태에서 친구가 되려면 많은 노력이 필요하지만, 그래도 분명 될 수 있다. 그리고 친구를 사귀는 것은 즐거운 경험이므로 그렇게 해서 부모와 아이 간에 맺어지는 유대는 우리가 해 볼 수 있는 경험 중에서도 각별히 즐거울 것이다.

아이와 친구가 되는 것이 중요한 이유가 또 하나 있다. 아이가 부모와 함께 있기를 좋아한다면, 부모와의 관계에서 스스로 즐거움을 느낀다면, 부모에게 저항하기보다는 협조하려는 마음이 더 커진다는 것이다. 그러면 부모는 아이가 내리는 선택에 대해 훨씬 더 큰 영향을 줄 수 있게 되고, 그 영향으로 인해 사소한 투정에서 약물 오남용까지 수없이 많은 것이 달라질 수 있다.

기 센 아이와 긍정적인 관계를 맺고 친구가 되기 위해서는 시간과 끈기만이 아니라 전략과 기술 역시 필요하다. 민담에 나온 새어머니는 퓨마 굴로 달려가서 바로 수염을 잡아당기지 않았다. 그랬더라면 퓨마에게 잡아먹히는 참사를 당했을 테고 이야기는 모두에게 불행한 결말로 끝났을 것이다(고기를 실컷 먹은 퓨마만 빼고). 하지만 그 용감하고 상냥한 여인은 퓨마에 대한 지식을 바탕으로 전략을 생각해 내서 천천히 퓨마의 믿음과 애정을 얻었다.

머리글자 F-R-I-E-N-D로 알아보는 친구 되기

독자 나름의 전략을 세우는 데 도움이 되도록 'friend'라는 단어의 철자를 통해서 친구 관계를 맺을 때 유념해야 할 점들을 설명하기로 한다. 친구 되기에 필요한 필수조건까지는 아니지만 여러 유형, 특히 부모와 자녀 간의 친구 관계에서 지속적으로 발견된 핵심 사항들이다. 당신의 아이에 대한 지식을 이용해서 교육 방법과 아이의 특성에 맞게 다음을 직접 조율하면 된다.

재미있게 놀기

F(Fun)

자녀의 개성에서
기쁨찾고 발전 모습 보기

D(Delight)

자녀를 존중하고
자녀에게 존중받기

R(Respect)

자녀에게
친구되기

N(No)

한계 정하고
거절 요령알기

I(Interest)

자녀의 관심사 찾아
응원해 주기

E(Encouragement)

격려하는 부모되기

친구 관계 되기

재미(F)

아이가 친구를 사귈 때에는 거의 항상 같이 놀면서 친해진다는 점에 주목해 본 적 있는가? 나이를 먹을수록 대화를 하면서 친구를 사귀지만, 아동이나 청소년은 같이 노는 사람들과 친구가 되기 쉽다. 다른 사람과 함께 웃고 활동을 즐기는 등 같이 재미있게 놀다 보면 혈관에 엔도르핀이라는 물질이 분비되어 기분이 좋아진다. 그러면 재미있는 경험을 같이 한 사람에게서 기분 좋다는 느낌이 연상된다. 파블로프의 조건 형성[1]과 같다. 무의식적으로 '너와 함께 있을 때 기분이 좋아. 그래서 나는 네가 좋아. 그러니까 친구가 되자. 그러면 이 좋은 기분을 더 자주 느낄 수 있을 거야. (하지만 종은 치지 마, 침이 나니까.)' 하는 식으로 생각하게 된다. 아이와 함께 재미있게 노는 것은 아이를 길들이는 날을 향하여 크게 한 발짝 나아가는 일이다. 이것이 간단한 것처럼 들릴지도 모르겠지만 간단하진 않다.

　기 센 아이를 자녀로 둔 부모들은 대부분 아이를 언제나 좋아할 수만은 없다는 문제를 겪는다. 그렇더라도 부끄럽게 여길 필요는 없다. 기 센 아이들에겐 대단한 잠재력이 있지만 수시로 호기심, 모험심, 힘, 끈기, 예민함이 두드러지는 행동을 하기 때문에 함께 있기 괴로울 수 있다. 부모도 인간인지라 잠자는 개(그리고 퓨마)를 가만 놔두는 것이 더 안전하다고 판단하고 아이들과 놀이를 하려는 노력을 포기할 때가 많다. 그런 전략을 취하면 잠시 편안하게 쉴 수 있지만 관계를

---

1) 역주: 파블로프는 조건형성이라는 과정을 통해 행동의 수정이 이루어진다고 보았다. 조건형성이란 평소 특정한 반응을 이끌어내지 못했던 자극(중성자극)이 무조건적인 반응을 이끌어내는 무조건자극과 연합하는 과정을 말한다. 조건형성이 이루어지면 중성자극은 조건자극이 되어 조건반응을 이끌어낸다.
　예) 조건형성 이전: 개는 음식을 보면 무조건 침을 흘림(음식은 무조건 자극이 되고 침은 무조건 반응) 이때 종소리를 들려주면 개는 반응이 없다. (종소리는 중성자극이 됨)
　　조건형성 과정: 개에게 음식을 줄 때마다 종소리 들려줌(무조건자극과 중성자극의 연합을 조건형성이라 함)
　　조건형성 이후: 조건형성이 된 후에는 종소리(중성자극)만 들려주어도 침을 흘림. 여기서 조건형성이 된 후의 종소리는 조건자극이 되고, 조건형성이 된 후에 침을 흘리는 반응을 조건반응이라 한다.

개선하는 데는 도움이 되지 않는다. 그리고 좋은 관계를 맺지 못한 채로는 퓨마의 수염을 뽑을 수 없다. 그러니 아이를 길들이기 위한 첫걸음은 아이와 함께 재미있는 놀이를 하는 것이다. 이미 놀이를 하고 있다면 앞으로도 계속 하고 더욱 재미있게 놀 수 있는 창의적인 방법들을 찾으면 된다.

재미있게 함께 노는 방법에는 무엇이 있을까? 아이에 대한 지식을 활용하면 도움이 된다. 다음 방법들도 고려해 보자.

보드 게임 지능을 계발하고 공정성, 스포츠맨십, 차례 지키기 같은 사회적 기능들을 익히는 데에도 도움이 된다. 하지만 모노폴리는 조심하자. 순식간에 너무 치열해질 수 있다!

스포츠 영화 〈꿈의 구장〉을 보면, 죽기 전에 아이와 운동을 해 보지 않는 건 좋은 생각이 아니라는 감정이 들 것이다.

컴퓨터 · 비디오 게임 아이에게 무언가를 배우면서 아이의 자존감을 높여 줄 수 있는 좋은 기회이다. 하지만 아이가 폭력에 빠져드려는 경향이 있으면 주의하자.

몸으로 놀기 유대감을 쌓기에 아주 좋다. 말솜씨가 뛰어나지 못한 부모에게는 더욱 좋다. 하지만 기 센 아이의 성미를 자극하지 않도록 주의해야 한다. 기 센 아이는 놀이를 하고 나서도 좀처럼 진정하지 못하는 경우가 많다. 그런 경우 거친 놀이는 삼가야 한다. 아이가 넘치는 기력을 소모할 필요가 있다는 것은 착각이다. 엔진에 자주 시동을 걸어 줄수록 연료를 더 많이 만들어 내기 때문이다. 기 센 아이는 진정하는 법을 익히는 것이 좋다. 그 방법에 대해서는 10장을 참조하라.

만들기 놀이 기 센 아이는 점토 놀이, 손가락 그림, 모래 놀이 등 손으로 하는 만들기 놀이를 좋아한다. 재료들을 준비해 두고 시간을 내어 아이와 함께 하자.

연극 기 센 아이는 상상력이 풍부해서, 특별한 의상을 입고 연극을 하거나 인형극을 하는 것을 좋아한다. 부모가 함께 참여할 수도 있고 관객이 되어 줄 수도 있다. 과감한 부모라면 캠코더로 영화를 찍을 수도 있다. 나중에 조용할 때 아이와 함께 보면 좋다. 나에게는 우리 아들 벤이 인형극을 하는 멋진 영상들이 있다. 그중 하나는 '한스와 프란츠[2]' 연기인데, 여섯 살 아들이 "몸짱이 되자!"라고 외치는 장면을 아내가 찍어 두었다.

TV, 영화, 비디오 함께 보기 물론 대부분의 아이가 직접 활동하기보다 영상 매체를 보는 데 너무 많은 시간을 할애하는 것은 사실이다. 하지만 옛날식으로 소파에 늘어져서 재미있는 볼거리를 함께 보는 건 여전히 의미가 있다. 부모와 아이가 함께 즐겁게 보는 것이 관

---

2) 역주: 보디빌딩이 소재인 미국의 코미디 프로그램

건이다. 아이가 어리다면 무릎에 앉혀서 신체 접촉을 하면서 보면 더욱 좋다. 하지만 지나치게 많이 보진 말아야 한다. 우리집에서는 평일 밤에는 TV를 보지 않고 주말에만 보다가, 아이들이 자라서 학교에 잘 적응하게 되자 평일에도 좋아하는 프로그램 한두 가지는 보게 해 주었다. 심슨 가족처럼 옹기종기 모여 앉아 가족이 다 함께 할리우드를 즐기면 아주 행복한 가족 모임이 되는 것이 사실이다.

책 함께 읽거나 읽어 주기 책을 읽어 주는 것은 아이에게 재미도 있고 학교 성적을 올리는 데에도 도움이 된다. 아이가 어릴 때부터 방문을 잠그는 청소년이 될 때까지 꾸준히 읽어 주자. 아이가 스스로 읽을 수 있을 만큼 자라면 교대로 읽거나, 시나 희곡을 함께 읽자. 기 센 아이들에게 책을 읽어 주면 훨씬 진정이 되어서 넘치는 활동력을 가라앉히는 데 도움이 된다. 어린아이가 흥분하기 시작하는 것 같으면 큰 의자에 꼭 붙어 앉아서 좋아하는 책을 함께 읽어 보자.

함께 웃기 함께 웃는 것만큼 사람 사이에 친밀감을 잘 형성해 주는 일도 드물다. 코미디나 유머 책을 함께 보면 엔도르핀이 분비되기 쉽다. 언제든지 당신 자신의 유머 감각을 활용하면 더욱 재미있다. 아이도 그럴 수 있도록 격려해 주자. 물론 남에게 무례하거나 상처가 되는 유머는 삼가도록 가르쳐야 한다. 하지만 약간의 격식 없는 유머나 친구끼리 가볍게 장난치는 것은 괜찮다. 부모나 다른 어른이 재치 있는 유머로 기 센 아이의 화를 가라앉힐 수도 있다. 어느 유치원 교사가 집에 가고 싶다고 투정을 부리던 아이 이야기를 들려준 적이 있다. 아이는 "엄마 보고 싶어요!" 하며 울었다. 키가 2미터나 되는 교사는 조그만 아이를 내려다보다가 우는 흉내를 내며 "선생님도 엄마 보고 싶어요!" 하고 말했다. 커다란 선생님이 엄마가 보고 싶다고 우는 모습에 아이는 눈물을 뚝 그치고 웃기 시작했다!

물놀이　수영이나 물놀이가 기 센 아이를 진정시키는 효과가 있는 것으로 보인다. 이유는 확실하지 않지만 감각 처리와 어떤 관계가 있을지도 모른다. 어린아이와 함께 목욕하면서 물놀이를 하면 좋다. 음악을 틀고 물놀이용 장난감을 띄우고 공놀이를 하면 된다. 세면대에 받은 물로 놀게 해 주거나 큰 대야에 물을 채워 장난감이나 가지고 놀아도 안전한 물건을 챙겨 줘도 된다. 여름에는 수영장, 호수, 바다에 가서 함께 놀면 아주 좋다.

놀이를 할 때는 다음과 같은 점들도 고려하면 좋다.

매일 조금씩 놀기　아이와 거의 종일 함께 있을 수 있는 부모는 놀이 시간을 내기 어렵지 않을 것이다. 하지만 직장에서든 집에서든 일을 하는 부모는 시간을 내려면 노력이 필요하다. 매일 조금씩 놀아 주는 것이 중요하다. 주중에는 10분 정도밖에 놀지 못하고 주말에 더 오래 놀아도 괜찮다. 매일 빠뜨리지 않고 놀다 보면 관계가 크게 개선될 것이다.

부모와 아이 모두 즐길 수 있는 놀이 찾기　함께 논다는 것은 양쪽 모두 재미를 느낀다는 뜻이다. 싫어하는 것을 억지로 한다면 놀이를 해도 재미를 느끼기 어렵다. 부모와 아이 모두 재미있게 즐길 수 있는 놀이를 찾아야 서로 정말 좋아하게 된다. 혹시 너무 진지한 어른이라 아이와 어떻게 놀아야 할지 정말로 감이 오지 않는다면, 아이에게 배우면 된다. 아니면 20세기 시인들이 하던 말처럼 '마음속의 어린아이와 소통하면' 된다.

한계를 정하기   수련회 강사는 놀면서도 한쪽 눈으로는 시계를 보는 친구가 되어야 한다고 했던 말을 기억하는가? 함께 하는 놀이가 안전하고, 건강하고, 가족의 가치관을 벗어나지 않도록 하는 것이 부모의 역할이다. 이를 효과적으로 수행하려면 때로는 적절히 훈육을 할 필요가 있다. 만약 함께 보드 게임을 하는데 아이가 호텔을 사려고 은행에서 돈을 훔친다면(모노폴리는 역시 무서운 놀이이다), 화를 내지 않으면서 한계를 설정해야 한다. 이 책의 6장에서 8장까지 기 센 아이에게 그렇게 하는 방법을 다룰 것이다.

자극을 조심하기   기 센 아이는 남들보다 활발하고 기운이 넘쳐서, 일단 흥이 오르면 멈출 줄 모르고 뛰노는 경향이 있다. 이런 아이들은 삶을 속속들이 만끽할 수 있고, 이는 적당한 상황에서는 굉장한 장점이다. 하지만 식사 시간 20분 전이라든지, 숙제할 때라든지, 잠잘 시간에 그렇게 힘이 넘쳐서는 곤란하다. 이처럼 금방 아이를 진정시켜야 할 때는 차분하면서도 재미있는 활동을 하고, 활발한 놀이는 놀이터, 공원, 운동장에 갈 때나 열기를 식힐 시간이 충분할 때로 미뤄 두자.

존중(R)

재미있게 같이 놀면 친해지기 마련이지만, 두 사람이 서로 존중하지 않으면 그저 아는 사이에 그치거나 심하게는 서로 미워하게 될 수도 있다. 민주주의 사회에서 자란 사람은 사실상 누구든지 존중받길 원한다. 마트 계산원이든, 속도위반 딱지를 떼는 경찰관이든, 사장이든 사원이든, 친구든, 배우자든 마찬가지이다. 부모는 아이에게 존중받길 원한다. 그리고 놀랍게 들릴지도 모르겠지만, 아이 역시 부모에게 존중받길 원한다. 존중은 민주 사회에 워낙 깊이 뿌리내리고 있어서, 상대를 존중하지 않으면 눈물로 얼룩진 관계가 되어 회복하기 아주 어려워진다.

구식 교육법에서는 아이만 일방적으로 부모를 존중해야 한다고 여겼다. 아이는 당연히 부모를 존중해야 하는 반면 부모는 아이를 학대하지 않는 이상 아무렇게나 대해도 괜찮다고 여겼으며, 때로는 학대의 경계마저 모호했다. 여전히 많은 부모가 가끔은 아이를 존중하지 못하는 경우가 있으니, 다음 목록을 보면서 놓친 부분이 있지는 않은지 확인해 보자. 그리고 다음에는 아이를 존중하는 의사소통 방식을 찾겠다고 결심해 두자. 다음 예 중 일부는 당연해 보일 것이고 일부는 더 섬세해서 놓치기 쉽다.

부모가 아이를 존중하지 못하는 경우의 예

- 고함을 지른다. ("네 방 정리하라고 몇 번이나 말해야겠어!")
- 욕설을 한다. ("이 ××, 넌 네가 똑똑한 줄 아냐?")

- 인격을 모독한다. ("넌 너무 게을러!")
- 아이가 자기를 방어하거나 자기 관점에서 주장하려는 것을 거부한다. ("말대꾸하지 마!")
- 아이가 울 때까지 무시하다가, 울면 우는 것을 나무란다. ("뭐가 잘났다고 울어!")
- 언제나 부모의 방식만을 주장한다. ("내 집이니까 내 말 들어!")
- 아이가 바로 옆에 있는데 다른 어른들에게 소개해 주지 않는다.
- 부모의 결정에 대해 타당한 이유를 알려 주지 않고 권위를 내세운다. ("엄마가 하는 말이니까 들어.")
- 아이가 잘못하면 애정을 보이지 않거나, 때리거나, 무시하는 식으로 상처를 준다. ("너한테 할 말 없어.")
- 아이에게 협박을 한다. ("한 마디만 더 하면 크게 혼날 줄 알아!")
- 당신에게 해당되는 것을 한두 가지 추가해 보자.

친구가 우리에게 이런 식으로 대한다면 금방이라도 절교할 것이다. 우리 모두 아이가 우리를 존중하기를 원하지만, 작가 버나드 맬러머드의 말처럼 존중받으려면 먼저 상대를 존중해야 한다. 아이를 길들인다는 것은 아이를 존중하는 법을 익히는 것이기도 하다.

아이의 감정, 소망, 믿음 존중하기

우리는 우리가 받아 마땅하다 여기는 만큼의 존중을 해 주기를 원한다. 친구 관계에서 서로를 존중하면 달라지는(그리고 더 나아지는) 점은 친구가 우리를 이해해 준다는 느낌을 받게 되는 것이다. 친구는 우리의 감정, 소망, 믿음을 이해해 주고 존중해 준다. 친구가 우리 편인 것처럼 느껴진다. 친구는 우리가 행복하기를 원한다. 그러므로 아이를 무시하지 않는 것은 존중의 첫 번째 절반밖에 되지 않는다. 나머지 절반은 아이가 느끼고 원하고 생각하는 것을 귀담아 듣는 법을 익히고 그것을 존중하는 것이다. 비합리적인 요구를 들어주거나 마음대로 하도록 내버려 두라는 것이 아니다. 여전히 한계를 정하고 때로는 거절하고 훈육하는 역할을 해야 한다. 하지만 그 역할을 하는 방법이 좋거나 나쁠 수 있다. 효과적인 훈육의 기초로, 자녀의 감정, 소망, 믿음을 존중하는 의사소통을 생각해 보자. 다음과 같은 말들은 어떤가?

- "양말이 따끔거려서 많이 화났구나?"
- "오늘 넌 정말로 학교 가기 싫고 집에 있고 싶구나."
- "선생님이 너를 정말 미워한다는 생각이 드는구나?"
- "하고 싶은 게 너무 많아서 지금 자기엔 아쉽지?"
- "화가 나기 시작하나 보다."
- "그게 너에게 얼마나 짜증나는지 알겠어."

이런 말이 문제를 해결해 주지는 않는다는 것을 유의하자. 하지만 이 말들은 모두 아이에 대한 존중을 표현하고 아이에게 당신이 자기편, 즉 친구라는 신호를 준다. 아이의 감정, 소망, 생각을 알아보는 법을 익히고, 그것을 말로 표현해서 반응해 줌으로써 민감한 상황을 누그러뜨리고 문제를 해결하기 시작할 수 있다. 사실 때로는 이해받는다는 느낌만으로도 나쁜 상황의 격앙된 감정이 바뀔 수 있다. 이 중요한 영역에 대해서는 11장에서 더 다루기로 한다.

관심(I)

친구 사이에는 공유하는 관심사가 많다. 친구가 관심 있는 일이라면 자신은 관심이 없었어도 관심을 갖게 된다는 것은 더욱 중요하다. 친구에게 관심이 있기 때문에 친구가 좋아하는 것에도 관심이 생기는 것이다. 아이의 취미 생활에 관심이 있다는 것을 알리기 위해서 열 살 아이와 같이 스케이트보드를 탈 필요는 없다. 스케이트보드에 대한 이야기를 나누고, 스케이트보드에 관한 동영상을 같이 보고, 아이가 어떤 스케이트보드 기술을 연습하고 있는지 물어보고, 그 관심사를 응원해 줄 기회를 찾으면 된다.

아들 벤이 스케이트보드에 푹 빠져서 우리집 뜰에 하프 파이프[3]가 있으면 좋겠다고 한 적이 있다. 당신이 스케이트보드에 관심이 없다면 모를 수도 있는데, 하프 파이프란 나무나 콘크리트로 된 U자 경사 구조물로서 스케이트보드 마니아들은 그 위에서 목숨이 위험해 보일 만큼 아슬아슬하고 부모가 보면 기절초풍할 묘기를 부린다. 우리는 벤이 인터넷에서 관련 정보를 조사하도록 도와주었다. 심지어 실제로 설치하려면 비용이 얼마나 드는지 목공소에 문의해 보기도 했다. 조사를 하면 할수록 집에 설치했다가는 우리 정신이 반 나가게 되겠

---

3) 역주: 스케이트보드, 인라인스케이트 경기 등에서 사용되는 대표적인 구조물이다. 눈을 위에 설치하면 스노우보드, 스키도 사용되며, 경기종목 이름이기도 하다.

다는 생각이 들었다. 다행히 우리가 집에서 그 의논을 할 때 목수의 아내도 목수에게 사리에 맞는(법적으로도 맞는!) 이야기를 해 주었다. 우리집에 하프 파이프를 설치할 수는 없었지만, 벤이 가장 좋아하는 취미에 진심으로 관심을 가져 줌으로써 얻은 신뢰는 깎이지 않았다. 그리고 우리는 다른 사이트에서 찾은 훨씬 안전한 플라스틱 구조물을 설치하는 것으로 타협을 보았다.

어떤 부모들은 아이의 관심사에 열성적으로 맞춰 주지만, 사실 그 편이 예외적인 경우일 것이다. 부모의 개입은 대체로 긍정적인 것이다. 아이들은 우리의 관심을 원하지도 필요로 하지도 않는 것처럼 행동하지만, 관심을 갖고 걱정해 준다는 메시지를 보내면 아이는 어느 층위에서는 좋은 감정을 느끼게 된다. 아이에게 관심을 표현하는 의사소통 방법은 아주 다양한데, 예를 들면 다음과 같다.

시간을 내서 이야기 나누기 바쁜 아이와 바쁜 부모는 아이의 일상에 대해 좀처럼 이야기를 나누지 못한다. 세상사를 미뤄 둘 수 있는 조용한 시간을 찾아서 지금 아이의 관심사가 무엇인지 진정으로 집중해 보자. 자기 전 침대에서나, 간식 시간 식탁에서나, 아이가 활동하는 곳으로 태워다 줄 때 차 안에서도 모두 좋다(그 활동에 대해 얘기할 수도 있다!).

활동 참관하기 아이가 평생 동안 야구방망이를 휘두를 때마다 부모가 지켜봐야 한다는 것이 아니다. 아이도 관중에게 보여 주기 위해서만이 아니라 활동 자체를 즐기는 법을 익힐 필요가 있다. 하지만 가끔이든 자주든 보러 와 주는 부모는 관심이 있다는 강력한 메시지를 보내는 것이다. 교사-학부모 간담회, 학부모회 모임, 학예회 같은 행사에 참여하는 것은 특히 중요하다. 부모가 아이의 학교생활에 관심이 있고 아이가 성공하기를 바란다는 것을 전해 주기 때문이다. 멀리 떨어져 있거나 중요한 일 때문에 못 가게 된다면 전화를 하거나 (적절한 경우에는) 꽃을 보내서 관심을 보여 줄 수 있다.

아이에게 무언가를 가르치기 아이가 관심 보이는 일을 시간 내서 가르쳐 주는 것도 유대를 형성하는 아주 좋은 방법이다. 같이 운동 연습을 해도 좋고, 좋아하는 가정식 요리법을 알려 줘도 좋고, 자동차 엔진 오일 가는 것을 보여 줘도 좋다. 아이가 어리다면 신발끈 묶기부터 당근 썰기까지 생활에 필요한 간단한 요령을 아주 많이 가르쳐 줄 수 있다. 다만 나이에 맞는 일을 고르자. 다시 말해, 세 살 아이에게 신발끈 묶는 법을 가르치려고 하지는 말자. 서로가 답답하기만 할 것이다.

아이에게 가르침 받기 아이의 관심사를 알아내서 그것을 배워 보자. 특별한 흙 쌓기, 최신 게임, 핵융합 반응, 뭐든지 좋다. 부모는 진심으로 배우고자 하는 관심을 높이고 아이는 가르쳐 주는 것이 중요하다! 아이의 자아 존중감을 높이는 데에도, 관계를 돈독하게 하는 데에도 큰 도움이 된다.

함께 배우기 부모와 자녀의 공통된 관심사를 찾아 함께 배워 보자. 책을 구해 함께 읽고, 인터넷에서 검색해 보고, 강좌를 듣고, 함께 연습해 보자. 배운 것을 함께 활용해 보자. 하지만 대학생이 된 아이의 기숙사 방까지 찾아가지는 말자.

바람직하게 관심을 표현하는 요령에는 다음과 같은 것들이 있다.

격려하는 말 쓰기　아이의 관심사에 대해 이야기할 때 긍정적인 언어를 사용하자. "재밌네.""그렇구나.""그건 몰랐네.""아하.""멋있다.""너 정말 잘 아는구나!""신기하다.""대단하다."와 같은 말로 정말 관심이 있다는 것을 알려 줄 수 있다.

진심으로 대하기　물론 억지로 관심 갖는 흉내를 내면 아이는 곧바로 알아채고 오히려 믿음을 잃을 것이다. 그러니 진심으로 관심이 없는 내용이면 "넌 이걸 정말 좋아하는구나. 어떻게 하는 건지 알려 줄래?" 정도로만 이야기해도 좋다.

비판하거나 판단하는 것과 같은 열정을 식히는 말 피하기　혹시 언제나 무언가를 개선하려는 경향이 있다면 주의하자. 다 안다는 듯이 주도권을 가지려 하거나 고칠 점만 계속 지적한다면, 아이는 앞으로 관심사를 공유하지 않으려고 할 것이다.

판단하지 않는 질문하기　좋은 질문을 하면 아이가 활동하고 생각하고 좋아하는 일에 부모가 관심이 있다는 것을 알려 주게 된다. 좋은 질문을 하고 대답을 듣고, 더 알아보고 더 질문하는 법을 익히자. 주도권을 차지하고 강의를 하거나 지식을 자랑하지 않도록 주의하

자. 판단을 내리는 것도 주의하자. 좋아하는 관심사에 대해서 날카로운 말투로 "그게 뭐가 좋다고 그래?" 같은 질문을 받고 싶은 사람은 아무도 없을 것이다.

격려(E)

진정한 친구끼리는 친구가 성공하기를 원하고, 성공할 수 있도록 돕는다. 친구 관계의 숨은 기능은 경쟁 사회에서 성공할 가능성을 높여 주는 것이다. 친구끼리는 서로 최선을 다하고, 좋은 선택을 하고, 단점보다는 장점에 주목하도록 격려해 주기 때문이다. 친구끼리는 칭찬에 관대하고 비판에 인색하다. 비판을 할 때에는 깎아내리려는 것이 아니라 발전하도록 도우려는 의도를 확실하게 하고, 친구를 낙담시키지 않도록 조심한다.

아이가 낙담해서 용기를 잃으면 목표를 이루기 위해서 부정적인 행동을 할 가능성이 높다. 기 센 아이의 특별한 행동은 부모에게 대단히 성가시고 짜증나서 날카롭거나 비판적이거나 부정적인 말, 화내는 말 등 낙담시키는 말로 반응하기 쉽다. 그러면 아이는 자신에게도 부모에게도 나쁜 느낌을 받아서 부정적인 행동을 더 많이 하게 된다. 그 악순환을 대화로 표현하면 다음과 같을 것이다.

아이: 저는 기 센 성격 때문에 부모님을 화나게 하는 행동을 해요.
부모: 나는 네가 그런 행동을 하면 화가 나. 그래서 나는 비판적인
　　　말들로 화를 내.

아이: 저는 화내는 말을 듣고 낙담해요. 낙담하니까 나쁜 짓을 더 많이 하고 싶어져요.

부모: 나쁜 짓을 계속 하니까 훨씬 더 화나고 짜증나. 그래서 나는 더 비판적이고 날카로운 말을 해.

아이: 알겠으면 저를 말려 보세요. 하지만 전 낙담했으니까 부모님이 화를 내면 저도 화를 낼 거예요.

반복되는 악순환을 깨기 위해 부모가 해야 할 일이 두 가지 있다. 하나는 아이를 낙담시키지 않는 훈육 방법을 익히는 것이고(6~8장에서 다룸), 다른 하나는 낙담시키는 부모가 아닌 격려하는 부모가 되는 것이다(9장에서 다룸). 다시 말해서, 용기를 앗아 가는 대신에 용기를 불어넣어 주는 말과 행동을 해야 한다. 무너뜨리지 말고 쌓아올려 주어야 한다. 부모가 아이를 낙담시키는 많은 경우는 사실 격려를 할 수 있는 기회이기도 하다. 다음 중 당신에게 해당되는 것이 있는지, 더 추가할 것이 있는지 확인해 보자.

낙담시키는 말	격려하는 말
아이의 인격을 공격	아이의 행동에 주목
"너 진짜 나쁘다!" "엄마 화나게 하려고 작정했지!" "넌 아무 때나 끼어들기 좋아하지." "엄마 없는 동안 얌전히 있어." "넌 못됐어!"	"네가 그러니까 엄마는 정말 가슴 아프다." "집 안에서 소리 지르지 않으면 좋겠다." "너는 참 호기심이 많구나." "엄마 없는 동안 이모 말 잘 듣고 있어." "오늘 잠이 안 오나 보구나."
실수에 주목	장점에 주목
"넌 만날 우유를 엎지르잖아! 조심 좀 해!"	"오늘은 우유 안 엎질렀네. 앞으로도 이럴

"지금 바로 안 자면 매맞을 거다!"	게 하자."
"넌 맨날 늑장 부린다!"	"양치 다 했니? 잘했어. 이제 침대에 누우면 책 읽어 줄게."
	"너는 관심 가는 일이 정말 많은가 보다. 시간을 아꼈다가 집에 가서 또 재밌는 거 해 보자."
믿지 못함을 보이기	**믿음을 보이기**
"이건 어려워서 넌 못해."	"순서대로 차근차근 해 보면 괜찮을 거야."
"엄마 나간 동안 말썽 피우지 마."	"엄마 없어도 차분하게 지낼 수 있다고 믿을게."
"하루 종일 엄마 성가시게 할 거니?"	"5분 더 생각하고 나서 결정하자."
지나치게 높은 기대하기	**현실적인 목표 세우기**
"움직이지 말고 가만히 앉아 있어!"	"신날 때도 침착하게 있을 수 있는 방법에 대해 이야기해 보자."
"넌 똑똑하니까 전 과목 백 점 맞아야 해."	"이번 학기에는 어떤 과목을 더 잘하고 싶니?"
아이의 소중함을 행동으로 평가하기	**아이의 소중함을 아이 자체로 판단하기**
"다 컸으니까 가만 있어야지."	"너 정말 용감하다!"
"상받은 거 자랑스럽지 않아?"	"열심히 해 줘서 기뻐."
부모가 원하는 일을 달성할 때만 "사랑한다."라고 말하기	사랑하기 때문에 "사랑한다."라고 말하기
부정적인 말, 행동, 표정, 말투	**긍정적인 말, 행동, 표정, 말투**
말: 안 돼, 하지 마, 그만 해, 틀렸어, 못한다, 나쁘다, 왜, 싫어, 잘못	말: 그래, 부탁해, 고마워, 잘한다, 계속 열심히 해, 할 수 있어, 앞으로도 이렇게 하자, 그거 좋다, 도와줄까?
행동과 표정: 찡그리는 표정, 인상 쓴 표정, 화난 표정, 손가락질, 주먹 흔들기, 고개 젓기	행동과 표정: 미소, 다정한 표정, 따뜻한 눈빛, 격려하는 눈빛
말투: 날카로운 말투, 퉁명스러운 말투, 화난 말투, 무시하는 말투	말투: 상냥한 말투, 친절한 말투, 확고하지만 다정한 말투, 차분한 말투

거절(N)

아이와 친구가 된다는 것이 권위 있는 역할을 그만두어야 한다는 뜻은 아니다. 앞서 말했듯이, 또래 간의 친구 관계에서도 거절을 해야 할 때가 있다. 부모-자녀 관계에서는 그럴 때가 훨씬 더 많고, 특히 부모가 아이에게 거절해야 할 때가 많다.

"과자 더 먹으면 안 돼."

"밤늦게까지 안 자면 안 돼."

"19세 관람가 영화는 보면 안 돼."

"재미없어도 빨리 감기 하면 안 돼."

예를 들자면 끝이 없다. 아이에게 한계를 정해 주는 역할은 여전히 부모의 몫이다. 어떤 부모들은 아이와의 관계를 걱정해서 거절을 하지 않으려고 노력하지만, 그러면 부작용으로 아이가 거절을 받아들이는 법을 익히지 못한다. 점점 더 지나친 요구가 늘어서 나중에는 아무도 아이와 같이 있으려고 하지 않을 것이다. 기 센 아이는 끈기 있기 때문에 거절을 대답으로 받아들이기보다는 극복해야 할 장애물로 받아들이는 경향이 있다. 계속해서 말대꾸하고, 투정 부리고, 칭얼거리고, 반항하는 등, 지금까지 통했거나 부모가 지쳐 포기하게 만들었던 수단을 총동원할 것이다. 부모는 다정하면서도 확고하게 가정의 질서를 지켜야 한다. 8장에서 아주 효과적인 훈육 방법을 다루겠지만, 여기서는 좀 더 부드럽게 거절하는 요령부터 전하기로 한다.

단순히 안 된다고만 하지 않기 "안 돼!" "그만 해!" 하고 외치거나 아이의 면전에서 날카롭게 화내지 말고, 침착하고 다정한 표정을 유지하자. 부모와 자녀는 적이 아니다. 상황을 바꿀 필요가 있을 뿐이지 아이의 하루를 망쳐 놓을 필요는 없다. (물론 아이가 아주 위급할 때는 예외이다. 가령 차에 치이기 직전이라면 소리를 질러야 한다.)

아이가 무엇을 원하거나 싫어하는지 관심 가지기 기 센 아이들은 아주 예민하기 때문에 일견 황당해 보이는 투정에도 나름대로 하고 싶은 이유가 있을 수 있다. "어제 옷 또 입으면 안 돼." 하고 말해서 떼를 쓰게 만들지 말라. 이야기를 나누다 보면 그 옷은 부드럽고 다른 옷은 껄끄럽게 느껴져서일 수도 있다. 같은 재질의 옷을 몇 벌 더 사면 해결될 일이다.

아이가 원하거나 생각하는 것을 말해 주기 자신이 느끼고 원하는 것을 타인이 이해하고 인정해 줄 때면 그 원하는 것을 직접 주지 않더라도 기분이 좋아진다. "과자 그만 먹어."라고 말하기보다 "너는 이 과자를 진짜 좋아하는구나?" 라고 부드럽게 말하자.

합리적인 대안 찾기 공감하고 이해하는 말을 한 다음에는 피해 없이 문제를 해결할 만한 건전한 대안을 제시하자. 예를 들어 과자 때문이라면, "엄마도 과자 더 주고 싶지만, 단 걸 너무 많이 먹으면 몸에 해로워. 대신 시원하고 아삭아삭한 당근 먹지 않을래?"라고 말할 수 있다. 예로 든 대안이 시원찮아 보인다면, 내가 과자 대신 줄 간식 중 달지 않은 것이 생각나지 않았기 때문이다. 당신이 생각하는 그것으로 시도해 보자.

아이의 욕구를 환상으로 만들어 주기 아동심리학자 하임 지노트[4] 박사가 고안한 이 방법은 어린아이들에게 효과적이다. 아이에게 부모가 자기 편이라고 알려 줄 수 있을 뿐만 아니라 그 욕구를 채워 줄 수도 있다. 예를 들어, "넌 이 과자를 진짜 좋아하는구나? 하루 세 끼 과자만 먹고 간식으로 과자 또 먹으면 좋겠네! 침대도 과자로 돼 있어서 밤에 과자가 먹고 싶을 때마다 앙 하고 뜯어먹으면 좋겠다!"와 같이 말할 수 있다.

기쁨(D)

자녀 교육에 만병통치약은 거의 없지만, 아이와의 관계를 개선하는 데 항상 도움이 되는 일들은 있다. 그중 하나가 바로 아이의 어떤 면모에서 기쁨을 찾고 발전하는 모습을 보는 것이다. 작은 기적과도 같다. 아이에게서 유독 특별히 사랑스러운 점을 찾으면 관계가 크게 개선된다. 우리 아들 벤의 경우에는 그것이 유머 감각이었다. 벤은 재치 넘치고 웃음이 많아서 늘 우리를 기쁘게 해 주었다. 벤의 유머를 즐기는 것은 온 가족에게 축복이었고, 우리도 그런 벤을 늘 격려해

---

4) 역주: 부모-자녀 간의 문제는 자녀양육 방식을 모르기 때문에 일어난다고 보고 부모교육의 필요성을 강조하였다. 부모-자녀관계에서 상호작용을 촉진시키는 것이 가장 우선적으로 이루어져야 한다고 생각하였으며, 의사소통에서의 기본요소는 상호존중이라고 하였다.

주었다.

　친구끼리는 서로를 특별하게 해 주는 개성을 아는 것이 기쁨이 된다. 자신에게와 친구에게도 기분이 좋다. 자아 존중감, 자신감, 전반적인 관계 모두에 좋다. 당신은 아이의 어떤 점이 특히 기쁜가? 찾으려면 자세히 살펴봐야 할 수도 있지만 찾고 나면 금방 더 많이 찾아내게 될 것이다.

　이 책에서 아이의 기를 꺾지 않고 길들임으로써 지키려는 이런 특별한 장점들은 아이의 미래에 도움이 되고 아이 자신과 가족에게 기쁨이 되기도 한다. 가혹하게 용기를 꺾거나 의지를 꺾었다가는 평생 기뻐할 만한 이런 장점까지 꺾을 위험이 있다. 이제 열네 살이 된 우리 아들은 학교 연말 축제에서 처음으로 1인 코미디 공연을 했다. 부모는 참여할 수 없는 행사였지만 인기가 어마어마했다고 한다.

5

힘의 원리

성공하는 사람들의 기적 혹은 힘은 용감하고 의지 강한 영혼이
설득된 성실함, 노력, 끈기에서 나온다.

— 마크 트웨인(1835~1910)

세 살 니콜라스가 양말을 신지 않으려고 하자 어머니는 화를 냈다. 하지만 니콜라스는 아랑곳하지 않고 울고 소리 질렀다. 엄한 군인인 아버지를 불러와서 혼내 주면 고분고분해질 거라고 생각했다. 하지만 니콜라스는 똑같이 울고 소리 질렀다. 부모가 야단치고 혼내고 다 그칠수록 니콜라스는 더더욱 반항을 했다. 아무것도 소용이 없었고 절대 양말은 신지 않았다.

기 센 아이를 키우거나, 가르치거나, 다른 어떤 방식으로든 지도해 본 사람이라면 누구든 이 놀랍도록 고집 센 아이들과 힘겨루기를 하는 것이 얼마나 괴로운지 잘 알 것이다. 기 센 아이가 힘(Power)을 쓰고자 하면 끈기(Persistence)로 인해 그 효과가 배가된다. 기 센 아이의 힘(CAPPS의 첫 번째 P)이 자극을 받으면, 그 효과에 두 번째 P인 끈기가 곱해져 제곱이 된다. 이 P^2 공식은 엄청난 양의 에너지를 만들어낸다

는 점에서 그 유명한 아인슈타인의 $E=mc^2$ 공식과도 비슷하다. 그렇게 기 센 아이와의 힘겨루기는 몇 시간이고 지속되어서, 부모는 매우 지치고 온 가족이 휘청이곤 한다.

열 살 엘레나가 어머니에게 쇼핑몰에 가고 싶다고 했지만 어머니는 바빠서 안 된다고 했다. 그러자, 엘레나는 안 된다는 것을 받아들이지 못해서 울고 불고 소리 질렀다. 결국 어머니는 지쳐서 "하던 일을 마치게 15분만 조용히 해 주면 쇼핑몰에 데려가 줄게."라고 약속했다. 엘레나는 10분간 조용해졌고 어머니는 고마워하며 쇼핑몰에 데려갔다.

기 센 아이를 다른 아이들과 구분 짓는 특징이 있다면 힘이 넘친다는 것이다. 호기심 많고 모험심 많고 끈기 있고 예민하기도 하지만, 부모를 벽에 부딪히게 만드는 것은 바로 이 힘이다. 아이들은 원하는 것을 얻어야만 적성이 풀리고, 그것을 기어이 얻어 내거나 아니면 적어도 얻지 못하게 하는 부모를 몹시 괴롭히게 되는 에너지가 있다. 게다가 진짜 문제는 따로 있다. 힘이란 꼭 필요한 것이다. 모두가 힘을 원한다. 문제는 힘을 가지려는 기 센 아이의 지나친 욕구를 어떻게 다뤄야 하는지 부모가 이해하지 못하여 상황을 개선하지 못하고 활활 타오르는 불에 기름을 붓는 격일 때이다. 이 장에서는 힘의 법칙이라는 새로운 개념들을 제시해서 부모가 나쁜 상황을 더 악화시키는 함정에 빠지지 않도록 돕고자 한다. 그리고 6장에서 8장까지는 힘이 넘치는 기 센 아이의 잘못된 행동을 바로잡는 효과적인 훈육 방법들을 공유하고자 한다.

나의 경험상 다음 여섯 가지 힘의 법칙은 국가, 회사, 가족 등 어떤 종류의 집단에도 적용된다. 하지만 이 책의 목적에 맞게 그것이 기 센 아이에게 어떻게 적용되는지를 중심으로 살펴보자.

힘의 법칙

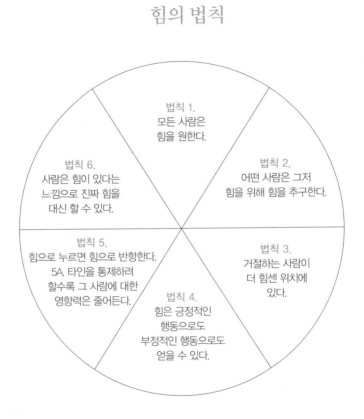

법칙 1.
모든 사람은
힘을 원한다.

법칙 2.
어떤 사람은 그저
힘을 위해 힘을 추구한다.

법칙 3.
거절하는 사람이
더 힘센 위치에
있다.

법칙 4.
힘은 긍정적인
행동으로도
부정적인 행동으로도
얻을 수 있다.

법칙 5.
힘으로 누르면 힘으로 반항한다.
5A 타인을 통제하려
할수록 그 사람에 대한
영향력은 줄어든다.

법칙 6.
사람은 힘이 있다는
느낌으로 진짜 힘을
대신 할 수 있다.

법칙 1: 모든 사람은 힘을 원한다(1A: 힘은 도덕적으로 중립이다)

힘은 좋은 것도 나쁜 것도 아니다. 그저 어떤 일을 하기 위해 필요한 에너지일 뿐이다. 그 일이 다리를 건설하는 일인지 혹은 폭파하는 일인지는 힘의 개념과는 무관하다. 다리를 건설하거나 폭파하는 일이 좋은 일인지 혹은 나쁜 일인지 역시 핵심이 아니다. 그 일이 발생하기에 충분한 에너지가 있는지의 여부가 중요하다.

힘을 가지려는 욕구는 어떤 일을 일어나게 하고자 하는 욕구이며, 모든 사람에게 자연스럽게 드는 욕구이다. 아기 때 배고파서 울다가 신기하게도 울면 먹을 것이 나타난다는 것을 발견하는 시점부터, 우리는 점점 더 많은 힘을 가져 원하는 일을 일어나게 하고 싶어 한다. 대부분의 사람은 결국 타인이 해 주는 일에만 의존하는 것은 위험하다는 것을 깨닫고, 스스로 그 일을 하는 능력을 계발하고자 한다. 아이는 스스로에게도 힘이 있다는 것을 알아 감에 따라서 해 달라고 우는 대신에 "엄마, 저 이거 했어요!" 하고 자랑하게 된다. 배우기, 기술 익히기, 문제 해결하기 등은 모두 아이가 부모, 교사, 또래와 같은 타인과 협력해 가며 성공적으로 발달시키는 힘이다. 에덴 동산 같은 완벽한 낙원에서는 그런 힘이 없어도 뭐든지 저절로 얻어지겠지만, 현실에서 힘은 살아남고 성공하기 위한 첫걸음이다. 그런데 힘은 좋은 쪽으로 쓰일 수도 있지만 나쁜 쪽으로 쓰일 수도 있다.

충분히 큰 용기와 자아 존중감을 가지고 부모 등 어른들의 효과적인 지도를 받으면서 자란 아이는 힘을 올바르게 쓰는 방법을 터득한다. 받은 만큼 돌려주는 법을 배운다. 함께 나누고, 만족을 미루고, 차례를 지키고, 화를 참는 것과 같이 상황에 맞게 힘을 절제하는 방법을 익힌다. 저녁 먹을 시간에 과자를 달라고 울고 소리 지르지 않고, 저녁 먹고 나서 과자를 먹겠다고 할 것이다. 반면, 이렇게 스스로를 절제하는 법을 익히지 못한 아이는 화가 나면 주체가 되지 않아서 다른 사람들이 부여한 한계를 깨뜨리고 자기 앞을 막는 사람은 누구든지 힘으로 꺾어 누르려 한다.

힘의 갈등

그런 아이들 중에 이 책에서 말하는 기 센 아이들이 있다. 아이들은 자기만족을 위해 남을 조종하려고 힘을 추구하는 영화 속 악당들과는 다르다. 아이들은 그보다는 특별한 성격에서 비롯되는 내적 갈등을 훨씬 더 많이 겪는다. 너무 호기심 많고("하고 있던 일이 너무 흥미진진해서 엄마가 불러도 못 갔어요!"), 모험심 많고("뭔가 놓칠까 봐 잠을 자기 싫어요!"), 끈기 있고("안 된다는 건 받아들일 수 없어요!"), 예민하기("이 양말은 따끔거려서 신기 싫어요!") 때문이다. 이런 특징으로 인해 기 센 아이는 부모나 교사를 비롯해 아이가 다른 사람들과 조화롭게 살아가도록 지도해야 하는 모든 어른과 갈등을 겪는다. 어른들이 힘으로 아이를 통제하고자 하면 양쪽이 서로 이기려고 하는 극심한 힘겨루기로 이어지기 쉽다. 그러고 나면 어른은 머리끝까지 화가 나고, 아이는 영문도 모른 채 훌쩍이게 된다.

이 책의 목적은 기 센 아이의 힘을 줄이려는 것이 아니라 아이가 그 힘을 자신과 타인을 위해 좋은 곳에 쓰도록 돕는 것이다. 올바르게만 사용하면 힘은 거북스러운 것이 아니고 소중한 것이다.

법칙 2: 어떤 사람은 그저 힘을 위해 힘을 추구한다

대부분의 사람은 목표를 이루기 위한 수단으로, 자신이 원하는 일을 일어나게 하기 위해서 힘을 원한다. 아이들 역시 목표에 따라 행동한다. 사실 대부분의 사람은 아이가 이유에 따라 행동한다고 오해하고, 어떤 이유로 아이가 잘못된 행동을 하는지 고민하느라 에너지를 소비한다. 잘못된 행동을 하는 '이유'가 잠을 적게 자서, 단것을 너무 많이 먹어서, 친구에게 나쁜 말을 들어서, 부모와 보내는 시간이 부족해서, 유전자가 잘못돼서, 환경이 나빠서, 이혼한 부모가 나빠서, 또는 입냄새가 고약해서일까? 늘어놓자면 한도 끝도 없다. 그리고 이 요인들 중 더러는 잘못된 행동에 영향을 줄 수도 있겠지만, 과거의 이유를 생각하기보다는 미래의 목적을 생각하는 편이 훨씬 유용하다.

어떤 잘못된 행동이든 핵심 문제는 '이 사람이 이 행동으로 무엇을 이루려고 하는가, 이 사람의 목적은 무엇인가?'이다. 예를 들어, 아이는 과자를 먹고 싶어 할 수도 있고, 늦게까지 깨어 있고 싶어 할 수도, 목욕을 하고 싶지 않을 수도, 또는 다른 분명한 활동이나 사물을 원할 수도 있다. 하지만 이런 분명한 목적 말고도 자기 자신조차 모르는 심리적인 목적들이 있는 것이 보통이다. 예를 들어, 아이의 잘못된 행동에는 흔히 다음 네 가지 목적 중의 하나가 있을 수 있다. 첫째, 어른과 접촉하려는 목적, 둘째, 자신의 안전이나 자아 존중감을 지키려는 목적, 셋째, 어려운 일을 피하려는 목적, 넷째, 힘을 얻으려는 목적이다.

기 센 아이를 지도할 때에는 힘의 목적이 중요하다. 아이들은 힘이 있다. 힘을 좋아하고 힘을 더 갖고 싶어 한다. 힘 자체가 수단이 아닌 목적이 되었을 때 힘겨루기가 수시로 일어난다. 그러면 갈등은 더 이상 과자를 먹느냐 마느냐가 아닌 주도권을 누가 쥐느냐의 문제가 된다.

아이의 목적이 타인을 이길 힘 자체임을 알려 주는 두 가지 단서가 있다. 첫 번째 단서는 힘겨루기 상대에게 발생하는 감정이다. 부모든 교사든 그 감정은 주로 분노이다. 우리는 아이가 협조하기를 거부하거나 우리에게 복종하기를 요구할 때 좌절감을 느낀다. 이때 아이는 '나는 내 마음대로 할 때만 중요한 사람이야.' 또는 '나를 엄마 마음대로 할 수 없다는 걸 보여 줘야겠어.' 하고 생각한다. 부모의 좌절은 제대로 제어하지 못하면 분노로 악화되기 쉽다. 그리고 부모가 분노하면 갈등에서는 아이가 이긴 것이다. 비합리적인 요구를 부모가 들어주지 않았는데 어떻게 아이가 이겼느냐고? 화를 참지 못하는 행동 자체가 힘을 원하는 아이에게는 자기 힘으로 어른을 화나게 만들었다는 만족을 주기 때문이다. 자신에겐 거인 같은 어른의 감정을 조종한다는 것이 아이에게는 광장한 일이다. 부모가 분노를 표출하게 되면 아이에게 지는 것이다.

아이가 힘 자체를 위해 힘을 추구한다는 두 번째 단서는 부모가 아이의 잘못된 행동을 바로잡으려고 할 때 반응하는 방식이다. 아이의 목적이 평범할 때는 바로잡아 주면 잘못된 행동을 멈추겠지만, 힘을 추구하는 경우라면 아이가 그것을 도전으로 받아들이고 잘못된 행동을 더 열심히 하려 할 것이다. 싸우면 싸울수록 잘못된 행동이나 반항은 더 심해진다. 영화 〈위험한 질주〉의 명대사로, "조니, 넌 무엇에 반항하는 거냐?"라고 묻자 조니는 "아무거나."라고 대답한다. 말론 브란도가 오토바이 폭주족 두목인 조니에게 "무슨 소리야?" 하고 반문했던 것과 같다. 다시 말해, 이는 "무엇에 반항하는지는 상관없어. 나는 힘 자체를 위해서, 남들이 나를 마음대로 할 수 없다는 걸 보여 주기 위해서 반항하는 거야."와 같은 대답이다.

법칙 3: 거절하는 사람이 더 힘센 위치에 있다

반항적인 행동이 힘이 된다는 것은 아주 어려서부터 습득된다. 우리가 무엇을 원하면 부모는 거절한다. 우리가 무엇에 손을 뻗으면 부모는 우리 손을 치우고 거절한다. 우리가 무엇을 입에 넣으려고 하면 전지전능한 거인이 또 그것을 빼앗고 거절한다. 우리는 이 정보를 흡수하다가 어느 날 이 거인이 아무것도 모르고 우리에게 하고 싶지 않은 것을 시키면 거인의 완강한 말투를 따라 말한다. "싫어요! 엄마도 안 하잖아요!" (적어도 "싫어요!" 부분은 맞을 것이다.) 그리고 훨씬 더 중요한 것을 배운다. 부모가 생각하는 것만큼 뭐든지 시킬 수는 없다는 것이다! 목욕해라, 자라, 먹는 걸로 장난치지 마라, 코 파지 마라, 그 어떤 명령이든지 아이는 자신이 거부하는 이상 부모가 억지로 시킬 수는 없다는 것을 깨닫는다. 부모가 소리치고 화내고 정말로 성가시게 굴어도, 심지어 자신을 때리더라도 손발을 잡고 억지로 움직이지 않는 이상 안 하겠다는 것을 시킬 수는 없다. 거절할 수 있는 사람에겐 큰 힘이 있다.

다행히 이 원리는 어느 쪽에든 똑같이 통한다. 부모가 거절할 수 있는 위치일 때에는 부모에게 힘이 있다. 예를 들어, 아이가 지금 당장 쇼핑몰에 데려가 달라고 떼를 쓸 때는 부모에게 거절할 힘이 있다. 아이가 과자를 먹고 싶다고 떼를 쓰는데 과자를 부모만 손이 닿거나 부모만 아는 곳에 숨겨 두었다면 부모에게 큰 힘이 있다. 거절하는 힘을 활용하는 것은 부모가 기 센 아이에게 한계를 정해 주는 방법 중 하나이다. 물론 거절했을 때 아이가 '소리치고 화내고 정말로 성가시게 굴어서' 부모가 견디지 못하고 요구를 들어준다면, 아이에게 앞으로도 그렇게 하라고 가르치는 게 된다. 아이가 결국 원하는 것을 얻었다면 성공한 전략이다. 여러 번 말했다시피, 기 센 아이는 힘을 추구한다. 그러므로 거절을 할 때는 확실히 하도록 주의해야 한다. 그리고 마음을 바꾸려면 아이가 소리치고 화낼 때가 아니라 정당하게 의견을 제시할 때만 바꿔야 한다. 8장에서 아이가 감정적으로 폭발하거나 떼를 쓰지 않고 받아들일 수 있도록 거절하는 방법을 다룰 것이다.

아이가 거절할 수 있는 위치에 있을 때에도 부모는 상황을 통제할 책임이 있다. 아이가 수긍하게 할 창의적인 방법을 찾아야 한다는 뜻이다. 창의적인 방법이란 위협, 처벌, 소리치기 같은 구식 훈육 방법이 아니다. 아이에게 지는 것도 아니다. 이 장의 다음 절과 6, 7, 8장에서 그 창의적인 방법들을 다루기로 한다.

법칙 4: 힘은 긍정적인 행동으로도 부정적인 행동으로도 얻어질 수 있다

힘은 중립적인 것이므로 긍정적인 행동이나 부정적인 행동에 상관없이 얻어질 수 있다. 기 센 아이들은 자연히 보통 아이들보다 더 많은 힘을 갖고 있지만, 그 힘을 어떻게 쓰느냐에 따라 긍정적인 행동을 할 수도 있고 부정적인 행동을 할 수도 있다. 힘을 쓰고 싶어 하는 아이는 언제나 명령을 내리고 자기 삶을 조종하려 하는 부모에게 반항하기 쉽다. 하지만 아이와 협조하는 방법을 익혀 아이의 평생에 영향을 미칠 결정들에 참여할 수 있게 해 주면, 아이는 반항에 의존하지 않고도 정당한 힘을 갖게 된다.

지도자로서 해야 할 일은 아이가 힘을 올바른 방식으로 사용하고 타인을 존중하도록 돕는 것이다. 부모는 아이가 긍정적인 방식으로 힘을 갖도록 해서 잘못된 행동을 예방할 수 있다. 예를 들어, 기 센 아이가 목욕하기를 거부함으로써 부모에게 힘을 행사한다면, 언제 어떻게 씻을지 아이가 정하게 해서 아이에게 힘을 줄 수 있다. 그러면 아이는 자신의 의견과 대안이 중요하다는 느낌, 반항하지 않고도 영향력을 행사할 수 있다는 느낌을 받는다. 부모가 적이 아니라 문제를 해결하도록 돕고자 하는 아군이라는 느낌을 받는다. 자기 정신으로 문제를 해결하고자 할 때 자신이 힘이 있다는 느낌을 받는다.

앞서 말했듯이, 반항하는 것은 힘을 얻는 가장 쉬운 방법이다. 그저 싫다고만 하면 된다. 사실 싫다는 말조차 할 필요 없이, 부모 말을 듣지만 않으면 된다. 아이들은 부모가 시킨 일을 하지 않는 것만으로 말없이 반항할 때가 적지 않다. 이런 힘겨루기는 아주 조용할 수 있다. 그리고 부모의 힘이 너무 커서 정면으로 대결할 수 없다고 생각한다면, 아이는 언제든지 실패함으로써 힘겨루기에 뛰어들 수 있다. 부모의 목적은 아이가 성공하는 것이므로, 아이는 일부러 실패함으로써 부모 마음대로 되지 않는다는 것을 보여 주려 할 수 있다. 그리고 아이는 부모의 가치 체계를 속속들이 알고 있기 때문에 부모가 가장 중요히 여기는 부분에서 실패하려고 할 것이다. 예를 들어, 부모가 공부를 중요히 여긴다면, 아이는 학교 공부를 소홀히 함으로써 부모를 이기려 할 것이다. 마치 "나를 학교에 보낼 수는 있지만, 학교에서 공부하게 시킬 순 없어요!" 하고 반항하는 셈이다. 물론 이 목적을 직접 의식하지는 않겠지만 그럼에도 그에 따라 행동하는 것은 마찬가지이다.

법칙 5: 힘으로 누르면 힘으로 반항한다

'적극적 부모역할훈련' 과정에 참여하는 부모들에게 권하는 활동 중 독자도 따라 해 볼 만한 것이 있다. 성인 파트너와 함께 마주보고 서서, 서로 양손을 가슴 높이로 들고 손바닥을 맞대자. 그리고 별다른 지시 없이 파트너의 손바닥을 살짝 밀어 보자. 파트너도 비슷한 힘으로 밀어낼 것이다. 더 세게 밀면 어떻게 되는지 보자. 아마 파트너도 더 세게 밀어낼 것이다. 힘을 주면 줄수록 파트너의 반발력도 더 세질 것이다. 그러다 힘주기를 멈춰 보자. 파트너도 힘을 뺄 것이다. 사실 갑자기 힘을 확 빼면 파트너는 중심을 잃고 비틀거릴 가능성이 크다.

왜 상대가 밀면 따라 미는 것일까? 대부분의 사람은 남에게 밀리는 것을 좋아하지 않아서, 밀리면 자연스럽게 따라 밀기 때문이다. 기 센 아이들은 힘을 가지려는 목적이 뚜렷하기 때문에 아주 확실히 반발할 것이다. 구식 교육법에서 아이를 적은 힘으로 움직일 수 없으면 더 큰 힘을 쓰라고 하는 것은 안타까운 일이다. 그 방식이 통하는 아이들도 있겠지만, 기 센 아이라면 거의 확실히 문제가 더 심각해질 것이다. 조련사가 힘을 쓰면 쓸수록 시비스킷은 고삐를 팽팽히 당기고 뒷발로 일어서고 조련사를 걸어찼다. 설령 아주 강한 힘으로 기 센 아이를 굴복시켰다 하더라도 승리는 한순간에 불과하다. 아이는 나중에 더 싸우려고 후퇴했을 뿐이기 때문이다. 인간적인 관계를 형성하지 않는다면, 즉 길들이지 않는다면, 힘으로는 반항을 더 키울 뿐이다.

아이의 반항을 줄이려면 부모가 먼저 밀기를 그만둬야 한다. 호전적인 부모가 "지금 당장 씻으러 안 오면 혼난다!"와 같이 외치면, 아이는 싫다고 반항할 것이다. 그리고 거부할 수 있는 위치에 있는 사람에게 힘이 있기 때문에 갈등에서 승리하는 것은 주로 아이 쪽이다. 하지만 역설적으로 힘을 빼면 힘이 더 커진다. 부모가 밀기를 그만두면 아이는 마주 밀칠 것이 없어서 중심을 잃는다. 그러면 부모는 대안을 제시할 수 있다. "목욕 때문에 너와 싸우기는 싫어. 하지만 엄마는 너를 사랑하고 네가 건강하길 바라. 네가 몸을 깨끗이 하고 건강하려면 어떻게 하는 게 좋겠니?" 하고 타이르는 것이다. 이는 전쟁을 하는 말투나 태도가 아니다. 화해하는 말하기이다. 전쟁이 끝난 뒤엔 무엇을 하게 될까? 반항은 소용없다. 아무도 공격하거나 화내지 않기 때문이다. 대신 문제에 대한 해결책을 찾아낼 수 있다.

법칙 5A: 타인을 통제하려 할수록 그 사람에 대한 영향력은 줄어든다

기 센 아이 때문에 답답해하는 부모나 어른들 사이에는 어른이 아이를 '통제'해야 한다는 잘못된 믿음이 퍼져 있다. 기 센 아이가 공공장소에서 뛰어다니는 것처럼 남에게 피해를 주어도 된다는 것이 아니다. 아이는 예의범절이나 존중 등 집단 생활에 필요한 가치를 익혀야 한다. 잘못된 부분은 사람이 다른 사람을 통제할 수 있다는 믿음이다. 물리적인 힘으로 통제하는 극히 예외적인 상황(예를 들어, 경찰이 흉악범을 연행할 때, 부모가 우는 두 살 아기를 데리고 식당에서 나갈 때 등)이 아니고서야 사람이 다른 사람을 통제할 수는 없다. 단지 영향을 줄 뿐이다.

영향이란 말은 통제권이 여전히 상대 쪽에 있음을 전제한다. 타인의 행동을 통제하려고 하기보다는 그 사람 스스로 다른 행동을 선택하도록 생각에 영향을 주는 편이 낫다. 하지만 그 선택(즉, 통제권)은 여전히 그 사람에게 있다. 반항적인 사람을 통제하려 할수록 그 사람은 오히려 우리의 영향에 저항한다. 아이가 자람에 따라 물리적 통제는 점점 불가능해지고 영향이 중요해진다. 아이가 어릴 때 강제와 통제에 의존하던 부모는 아이가 십 대에 접어들면 극심한 힘겨루기에서 이기기 어려울 것이다. 반면, 아이와 존중하는 관계를 쌓아 온 부모는 아이가 십 대가 되어도 큰 영향력을 발휘할 것이다.

법칙 6: 사람은 힘이 있다는 느낌으로 진짜 힘을 대신할 수 있다

힘은 머나먼 과거부터 존재했으며, 적대적인 환경에서 살아남으려던 욕구와 밀접한 관련이 있다. 힘 있는 사람들은 불을 발견하든 검치호[1]를 사냥하든 더 많은 일을 할 수 있었고 더 잘 살아남을 수 있었다. 또한 부족이 살아남는 데 더 많이 기여할 수 있었다. 이 사람들은 힘 있는 자로서 사회적 특권을 가졌고, 다른 구성원들에게 존경을 받았을 것이다. 아마 동굴에서 가장 좋은 털가죽 깔개도 가졌을 것이다. 현대 사회에서도 여전히 힘 있는 사람들을 존경한다. 살기 위해서는 아니지만 그들이 힘으로 우리 삶의 질을 높이거나 낮출 수 있기 때문이다. 우리는 여전히 그들에게 더한 존경과 특권을 바친다. 힘을 존중하는 이 거래는 아주 오랫동안 지속되었기 때문에 사람은 힘으로 할 수 있는 것들을 위해서뿐만 아니라 힘 있는 지위 자체를 위해서도 힘이 있다고 여겨지길 원한다. 현대 사회에서 힘은 실제 힘으로 실현할 수 있는 결과보다는 자아와 더 관련 있을 때가 많다. 우리는 원하는 방식대로 하지 못하더라도 힘이 있다고 '느끼고' 싶어 한다. 반대로 힘이 없다고 느끼면 좌절감과 반항심이 든다.

따라서 기 센 아이의 힘센 의지를 길들이려면 힘 있다고 '느낄' 만큼의 힘을 줄 필요가 있다. 그래서 아이의 의지를 꺾으려는 부모들은 사실상 힘겨루기를 심화하고 만다. 아이의 방식에 다 맞춰 줄 필요는

---

1) 역주: 고양잇과에 속한 육식동물, 송곳니는 구부러진 칼같이 생겼으며 그 길이가 20cm나 되었다. 지금은 멸종되어 보이지 않는다.

없지만, 아이에게 힘을 줄 필요는 있다. 부모는 아이를 굴복시키려고 하는 대신에 상황에 따라 타당한 한계 안에서 힘을 공유하는 법을 익힐 수 있다. 이기고 지는 힘겨루기 대신 당면한 문제를 해결하는 데 집중할 수 있다. 아이를 협력자로 삼아 함께 해결책을 찾는다면 커다란 협력의 문이 열린다. 이제부터 힘겨루기를 피하거나 해소하고 협력으로 나아가는 열 가지 전략을 소개한다.

힘겨루기를 피하는(해소하는) 10가지 전략

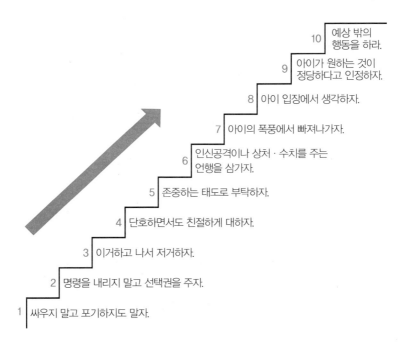

힘겨루기 해소 전략

전략 1: 싸우지 말고 포기하지도 말자

이 첫 번째 전략은 가장 중요하다. 힘겨루기를 풀거나 아예 피하는 열쇠는 기 센 아이와 싸움을 하지 않으면서 비합리적인 요구에 굴복하지도 않는 것이다. 그런데 이 중 하나를 놓치거나 둘 다 놓치는 부모가 정말 많다. 구식 교육법에 익숙한 부모는 아이에게 위아래를 확인시켜 줘야 한다고 믿고 분노, 위협, 처벌 등으로 아이를 제압하는 데 집착한다. 힘의 법칙 부분에서 보았듯이, 그러면 아이는 제압당하지 않으려고 더 강하게 반항할 뿐이다. 반면, 지나치게 유한 부모는 아이에게 굴복하고 요구하는 대로 다 들어주어서 힘겨루기를 피하려 한다. 이 전략에도 아이가 힘을 보여 주기만 하면 뭐든지 얻을 수 있다고 생각하게 된다는 부작용이 있다. 그러면 기 센 아이가 버릇까지 나빠지게 된다.

어떻게 해야 굴복하지 않으면서 싸움을 피할 수 있을까? 우선, 부모 역시 힘이 있어야 한다. 부모는 가족의 지도자이며, 그 역할을 용기 있고 자신 있게 받아들여야 한다. 부모에겐 아이의 건강, 안전, 성격에 영향을 주는 결정들을 내릴 권리와 책임이 있다. 그런 결정들을 있게 할 힘도 있다. 아이를 위해, 가족을 위해, 사회를 위해 최선이라면 힘을 행사하기를 두려워 말자. 말하는 내용뿐만 아니라 말투, 몸동작, 표정까지 모두 이렇게 말할 수 있도록 주의를 기울이자. "난 너를 사랑하고 존중하고 네 의견을 들어 주지만, 그래도 결국에는 내가 부모이니 최종 결정을 내려야 해."

아이는 부모가 버티는지, 굽히는지, 또는 싸우는지 시험하려 할 것이다. 그리고 부모를 굴복시킬 수 없다면 차선으로 싸움을 하려고 할 것이다. 부모는 싸움에 말려들지 않으면서 아이의 분노와 반항심을 흡수해 주어야 한다. 싸움을 시작하면 부모가 지는 것이다. 대신 이 제부터 소개할 지침에 따라 아이의 분노를 해소해 주자. 10장에서는 떼쓰는 아이의 경우도 다룬다. 필요하다면 다음 장의 훈육법들로 아 이에게 가르치고자 하는 5을 보강하자. 목적은 싸움에서 이기는 것도 져 주는 것도 아님을 유념하자. 기 센 아이를 오랫동안 길들이는 것 이 목적이다. 싸우기도 굴복하기도 거부하는 것은 이 관계를 형성하 는 과정의 핵심 단계이다.

전략 2: 명령을 내리지 말고 선택권을 주자

과거 세대에 비해 현대의 아이들은 명령에 민감하다. 기질적으로 예민하고 힘이 넘치는 기 센 아이들은 더욱 그러하다.

명령받는 것을 좋아하는 사람은 극히 드문 것이 사실이다. 우리는 정중하게 부탁받거나, 실제 힘을 받는 편을 훨씬 선호한다. 삶에 선 택권이 있다면 통제받는다는 느낌 대신 힘을 받는다는 느낌이 든다. 선택의 여지들을 비교하고 결정할 때 반항심은 놀랍도록 줄어든다. 사실 선택권이란 실제 힘은 거의 없는 환상에 불과할 때가 많다. 하 지만 앞의 힘의 법칙 6에서 설명했듯, 사람은 실제 힘이 아닌 힘이 있 다는 생각만으로도 만족할 수 있다.

마키아벨리식으로 들릴지도 모르겠다. 기 센 아이를 거짓 힘, 거울 과 연기로 현혹하라는 것일까? 아이가 없는 힘을 있다고 착각하게끔 해야만 할까? 만일 그렇다면 언젠가 아이가 속았다는 것을 알고서 보복하려 하지 않을까? 해답은 실제 힘을 주기는 하지만 부모가 상황에 따라 적합하다고 보는 한계 내에서 주는 것이다. 조련사가 말이 울타리 안에만 있다면 그 안 어디서든 풀을 뜯을 자유를 주는 것과 같이, 한계 내에서의 자유는 힘과 한계를 동시에 부여한다. 아이에게 한계가 있지만 분명 어느 정도 힘도 있다고 말해 주는 셈이다.

아이는 결국에는 이 타협점에 만족할 것이다. 다정하고 공정한 부모가 지켜 주는 범위 안에서 안전하게 지내면서도 자기 욕구를 충족할 수 있다는 안정감이 들기 때문이다. 성장하며 경험을 쌓을수록 이 한계는 확장되고 아이는 점점 더 많은 결정을 스스로 내릴 수 있다. 나중에는 이 '자유로운' 나라의 모든 사람이 지키는 한계 내에서 똑같은 자유를 누릴 수 있다. 어차피 우리의 자유도 일정 부분은 환상에 불과하지 않은가? 우리도 법과 타인의 한계에 따르지 않는가? 어른 역시 자유의 전체가 아닌 일부를 포기함으로써 얻는 안정감을 가치 있게 여기는데도, 이를 인식하지 못하는 어른들이 많다.

기 센 아이에게 명령을 내리는 대신 선택권을 주는 현실적인 사례를 살펴보자.

명령

부모: 게임 그만 하고 밥 먹어!

아이: 잠깐만요!

부모: 지금 바로 끄고 식탁으로 와!

선택

부모: 밥 지금 먹을래, 아니면 5분 동안 하던 거 마무리할래?

명령하는 것은 "네가 원하는 것은 중요하지 않아. 내가 원하는 것만 중요해. 너는 이 상황에서 아무 힘이 없어. 힘은 내가 다 가지고 있어. 힘을 갖고 싶으면 반항해서 빼앗아야 할 거야. 내가 다른 선택권을 남겨 주지 않았으니까."와 같이 말하는 것이다.

반면, 선택권을 주는 것은 "너에게도 욕구가 있다는 걸 이해해. 그 욕구 중 하나는 한 활동에서 다른 활동으로 전환할 시간일 거야(기 센 아이는 기질적으로 더 끈기 있기 때문에 이 시간이 더욱 중요하다). 그리고 너도 힘을 갖길 원하고 뭔가를 당연히 해야 한다고 여겨지길 원하지 않는다는 걸 이해해. 너는 지금 저녁을 먹을지, 아니면 몇 분 있다 먹을지 결정하는 힘을 행사할 수 있어. 이 힘은 네가 반항하지 않아도 가질 수 있어. 네가 선택하기만 하면 돼."와 같이 말하는 것이다.

모든 상황에 들어맞는 완벽한 해법은 없다. 선택권을 주어도 아이가 여전히 반항할 때도 있을 것이다. 그럴 때는 각 선택에 논리적으로 유관한 결과를 결합하면 아이를 존중하면서 훈육하는 효과가 있다. 이 '논리적 결과' 방법은 7장에서 자세히 다루기로 한다.

선택의 묘미는 아이에게 정당한 힘을 준다는 것이다. 명령할 때 아이가 힘을 행사할 방법은 명령에 따르기를 거부하는 것뿐이다. 아이는 가장 쉬운 반항 수단으로 힘을 가지려 할 것이다. 아이의 안전이 위급할 때는 긴급히 명령할 필요도 있지만, 한계 내에서 선택권을 줄 수 있는 상황이 훨씬 많다. 명령 대신 다음처럼 선택권을 줘 보자.

- "숙제 하고 나서 저녁 먹을래, 저녁 먹고 나서 숙제할래?"
- "저녁 반찬으로 브로콜리 먹을래, 완두콩 먹을래?"
- "상 차리는 거 도와줄래, 쓰레기 버리는 거 도와줄래?"
- "오늘 밤에는 어떤 책 읽어 줄까?"
- "엄마랑 같이 슈퍼 가서 먹을 거 고를래?"(먹을 것의 종류에는 한계를 정할 수 있다)
- "갈색 외투 입을래, 파란 외투 입을래?"

전략 3: 이거 하고 나서 저거 하자

사람은 대개 해야 하는 일보다는 하고 싶은 일을 하려고 한다. 기 센 아이도 마찬가지이다. 다시 말해, 일하기보단 놀기가 좋다. 안타깝지만 아담과 이브가 친 사고 때문에 우리는 일을 해야 살 수 있다.

이 현실을 받아들이고 '놀기 전에 일하기'를 인생 철학으로 삼는 것은 성숙의 일부이다. 아이들에게 재미있는 일을 하기 전에 해야 할 일을 하는 것을 가르치면 소중한 깨달음이 될 것이다. 이는 힘겨루기에서 벗어나는 방법이기도 하다.

아이에게 어떤 일을 시키려고 하지만 아이가 그 일을 피하거나 거부하는 상황에서 '이거 하고 나서 저거 하자' 전략을 쓰면 동기부여가 된다. 싸우거나 굴복하는 대신, 아이가 좋아하는 일을 생각해 내서 그것을 해야 하는 일과 연결 짓자. 예를 들어, 부모는 아이가 방 청소를 했으면 하지만 아이는 TV를 보고 싶어 할 때, "방 청소 하고 나서 TV 보렴."과 같이 말할 수 있다. 이는 뇌물과는 다르다. 일상에서 벗어난 상을 주는 것이 아니라 일상 속에서 당연히 일어나는 두 사건에 순서를 부여해서 일을 먼저 하게 하고, 놀이는 나중에 하게 하는 것이다. 뇌물을 거는 대화법은 보통 '~하고 나서' 보다는 '~하면'의 형태를 취한다. 뇌물은 삼가야 한다. 긍정적인 행동에 상을 주기 시작하면 끝이 없다. 아이는 영리하고 앙큼한 자본주의자라서 점점 더 많이 달라고 조를 것이다. 그러면 협동이 아닌 잔꾀만 배우게 된다.

'이거 하고 나서 저거 하자' 방식은 상이 아닌 명령에 가깝다. 그리고 가정에 질서를 세울 수 있다. 이 심오한 심리학적 접근법에는 '할머니의 규칙'이란 이름도 있다. 할머니나 할아버지 나이가 되어서는 저절로 깨우치기 때문이다. 다음 예들을 통해 싸우지도 굴복하지도 않고 이 전략으로 힘겨루기를 피하는 법을 살펴보자.

- "설거지 먼저 하고 나가서 놀렴."

- "숙제 하고 나서 30분간 컴퓨터 하렴."
- "학교 갈 준비 하고 나서 밥 먹자."
- "여기 정리하고 나서 책 읽어 줄게."
- "진정하고 나서 어쩌면 좋겠는지 차분하게 이야기해 보자."

전략 4: 단호하면서도 친절하게 대하자

레이건 대통령이 대단한 업적을 남겼다고 보든 대단한 실패를 했다고 보든, 지도자로서 그의 면모 중 한 가지는 인정할 만하다. 그는 위태로운 세계에서 단호하면서도 친절한, 자상한 아버지 이미지를 만들었다. 힘겨루기의 상대가 레이건 시대의 소비에트 연합이든 독자 시대의 기 센 아이든, 단호하면서도 친절하게 대하면 효과가 있다 (그렇다고 레이건처럼 상대를 '악의 제국'이라고 부르지는 말자!).

공격적이지 않게 힘을 보여 주면서도 비굴하지 않게 친절을 베푸는 것이 핵심이다. 차분하면서도 권위 있는 목소리를 내자. 어조와 몸짓으로 친절한 윗사람이라는 메시지를 전하자. 부모의 목적은 냉전 시대 미국의 목적과 마찬가지로 싸우지도 굴복하지도 않는 것임을 유념하자. 친절한 목소리로 싸우기를 원치 않는다고 알리면서도 단호한 목소리로 굴복하지 않겠다는 것도 알리자. 평화롭게 해결하되 이용당하지는 않아야 한다. 그리고 무엇보다 적이 아닌 친구로 통해야 한다.

전략 5: 존중하는 태도로 부탁하자

누군가가 당신에게 무언가를 부탁하면서 당신을 무시했던 기억을 떠올려 보자. 당신이 기분 상한 것은 그 사람의 날카로운 목소리 때문일 수도 있고 잘난 척하는 태도 때문일 수도 있다. 또는 그 사람의 눈빛 때문일 수도 있고 아예 눈을 마주치지 않은 것 때문일 수도 있다. 어떤 종류의 무례를 범했든, 그 사람의 부탁(또는 요구)에 응하기가 달갑지 않았을 것이다. 따르기는 따랐을지 몰라도 그 사람과의 관계에선 무언가가 손상되고, 그 손상이 관계를 악화시켰을 것이다. 그 대상은 다시는 가고 싶지 않은 가게, 사표를 쓰게 만든 직장 상사, 또는 훗날 잘못된 행동으로 반격하게 만든 부모일 수 있다.

모든 사람이 동등한 대접을 받길 원하는 오늘날의 평등 사회에서, 상대에 대한 존중은 건강한 인간관계의 주춧돌이다. 아이도 예외가 아니다. 아이는 자신도 남과 마찬가지로 존중받을 자격이 있다는 것을 직간접적 체험으로 알고 있다. 부모가 아이를 무시하는 투로 말하거나 아이의 소망이나 관점을 무시하거나 하면, 아이는 부당하다고 받아들인다. 오늘날의 아이들, 특히 기 센 아이들은 무시당하면 분노로 반응하고, 분노를 바로 표출하든 나중에 표출하든 반격할 방법을 찾을 것이다.

그러면 부모는 힘겨루기의 올가미에 묶이고 만다. 아이가 잘못된 행동을 한다. 부모는 좌절하고 분노해서 더 이상 참을 수 없다! 그런데 부모를 존중하지 않고 제멋대로 구는 아이를 존중해야 한다니? 제정신인가? 물론 제정신이다. 당신을 존중하지 않는 사람을 존중하는 것은 그 사람에게 거울을 보여 주는 셈이다. 상대는 침착하고 정중한 당신의 모습에서 자기 행동이 지나치다는 것을 깨닫고 내면에 당신을 닮고 싶은 마음이 생길 것이다. 물론 그게 통하지 않을 때도 있기는 하다. 하지만 그러지 않고 존중하지 않는 태도로 부탁한다면 불에 기름을 붓는 것과 같다.

전략 6: 인신공격이나 상처, 수치를 주는 언행을 삼가자

식초보단 꿀을 놔야 벌이 더 모인다는 속담이 있다. 그런데, 많은 사람이 그걸 잊어버린 것 같다. 그 사람들은 모욕하고 불평하고 비난하고 심지어 수치와 굴욕을 주면서까지 남을 바꾸려 한다. 그러고는 원한 대로 바뀌지 않는 것에 놀란다. 그들 중 상당수는 아이를 둔 부모이다.

한 어머니가 방에 들어왔더니 다섯 살 아이가 자신의 몇만 원 되는 화장품을 가지고 신나게 방바닥에 낙서를 하고 있었다고 생각해 보자. 어머니는 화가 치밀어서 소리친다. "그게 뭐하는 짓이니? 네 것 아닌 물건에 손대지 말았어야지! 이 난장판 좀 봐! 부끄러운 줄 알아! 이거 비싼 거란 말이야! 얼른 방으로 들어가서 반성해!"(아이는 곧 엉덩이를 맞고 울음을 터뜨린다)

아이는 방으로 돌아가서 베개에 얼굴을 파묻고 비참하게 흐느낄 것이다. 그러면서 무슨 생각을 할까(의식적으로든 무의식적으로든)?

(A) '엄마 말이 맞아. 손대지 말았어야 했는데. 엄마가 날 사랑해서

내가 잘못했단 걸 알려 주어서 다행이야. 앞으로는 그러지 말아야겠어. 엄마한테 자랑스러운 아이가 될 거야. 내가 화장품을 망가뜨려서 속상하실 만큼 엄마한테 더 효도해야겠어.'

(B) '엄마 나빠! 엄마 미워! 엄마 힘이 훨씬 세서 이길 순 없지만, 나는 내가 하고 싶은 대로 할 거야. 엄마가 나한테 이런 식으로 대하면 안 된다는 걸 보여 줄 거야!'

물론 부모는 A쪽이기를 바라겠지만, 부모가 공격적으로 대한다면 아이는 B쪽 반응을 할 가능성이 훨씬 크다. 부모가 화내면 고개 숙이고 부끄러움을 느끼는 아이도 있기는 있다. 앞으로는 더 잘 하거나 적어도 고통을 피하려고 할 수도 있다(안타깝게도, 부모가 그 고통이다!). 자라서는 조용하게 절망하고 자기도 모르게 자신에 대해서든 타인에 대해서든 소중함을 느끼지 못할 것이다. 다행히 기 센 아이는 그러지 않는다. 젖 먹던 힘까지 다해 대들고, 자기 힘을 행사하려고 죽을 때까지 싸울 것이다. 그리고 부모가 더 나이 많으니 보통 먼저 죽고, 결국에는 아이가 이긴다.

다른 관점에서 살펴보자. 대부분의 축구 감독이 경기 전에 상대 팀을 추켜세우고 최대한 무시하는 것을 삼가는 걸 아는가? 이쪽 팀은 지역 1위를 놓치지 않고 상대 팀은 시즌 내내 한 경기도 못 이겼다 한들 상관없다. 감독 말만 들으면 상대 팀은 전국 선수권 대회라도 나갈 것처럼 생각될 것이다! 감독들이 왜 그럴까? 약자가 강자에게 모욕당하면 '저 재수없는 ××들에게 무시당하지 않겠다.'는 각오로 더 강해지기 때문이다. 현명한 감독들은 이 동기부여 효과를 상대 팀에게 주지 않으려고 경기 당일 상대 팀을 크게 칭찬한다.

현명한 부모는 또한 분노를 표현하거나 잘못된 행동에 대해 훈육할 때 아이를 신체적으로든 언어적으로든 공격하지 말아야 한다는 것을 안다. 분노에 대해서는 10장에서 더 자세히 다룬다. 여기서는 분노가 일더라도 인신공격이나 모욕 등의 학대를 해선 안 된다는 것만 확실히 짚고 넘어가자. 학대한다면 아이는 부모를 이기고 힘을 행사하려고 더욱 반항할 것이다.

전략 7: 아이의 폭풍에서 빠져나가자

허리케인 속으로 항해해 본 적 있는가? 나도 없다. 사실 나는 폭풍이든 어떤 악천후든 두렵지 않다. 바람이 거세어지려는 조짐이 보이면 배를 부두에 정박시키고 따뜻한 차나 마실 것이기 때문이다. 별로 마초 같지 않다는 것 안다. 하지만 헝가리 출신 영화배우 자 자 가보의 말처럼, "마초는 마초가 다가 아니다." 독자의 처신도 나처럼 현명할 것이다. 영화 〈퍼펙트 스톰〉을 봤다면 나처럼 이렇게 생각했을 것이다. '얼른 배 돌려서 돌아가! 큰 폭풍이 올 거야! 고기는 다음에 잡아도 돼! 아, 너무 늦었군.'

하지만 부모들은 아이 교육에 있어서는 심지어 기 센 아이라도 역경을 정면으로 돌파하고 폭풍 속 10미터 파도를 넘어야 한다고 생각하는 것 같다. 배는 뒤집히고 선원들은 갑판 아래 물이 차오르는 선실에서 영문도 모른 채 숨 막혀 한다. 기 센 아이가 힘겨루기를 걸 때 더 나은 전략은 아이의 폭풍에서 빠져나가는 것, 즉 그 상황을 벗어나는 것이다. 미국의 철학자 스티브 마틴이라면 절대 안 된다고, 부모가 어른이란 것을 폭풍처럼 증명해 보여야 한다고 말할지도 모른다. 그래서 부모들은 말싸움하고, 위협하고, 벌을 주고, 소리 지르는 식으로 힘겨루기에 뛰어든다. 그 결과, 아이는 지더라도 이기게 된다. 부모를 자기 수준으로 끌어내리는 데 성공했기 때문이다.

아이를 바꾸려고 애쓰기보다 부모가 바뀌는 편이 훨씬 쉽다. 침착함을 잃지 말고 6~8장에 나오는 훈육법을 사용하자. 아이의 허리케인이 그치지 않는다면, 그냥 화장실에 간다고 둘러대도 된다. 정신의학자 루돌프 드라이커스가 명명한 이 '화장실 수법'은 마법 같은 효과가 있다. 부모는 타당한 이유로 힘겨루기에서 벗어날 수 있고, 아이는 화를 쏟아 낼 상대가 없으니 씩씩대면서도 가만히 있을 수밖에 없다. 부모가 빠져나가고 나면 폭풍은 보통 급속도로 힘을 잃는다. (그리고 화장실에서 이 책 6~8장을 다시 읽으며 나가서 할 일을 생각해도 된다!) 아이가 너무 어려서 다치거나 물건을 부술 우려가 있다면 유아 침대나 안전한 곳에 두고 빠져나가자.

전략 8: 아이 입장에서 생각하자

많은 사람은 힘겨루기 상황을 스포츠 경기처럼 생각한다. 네가 이기면 내가 지고, 내가 이기면 네가 지는 대결 말이다. 스포츠에서는 승리와 패배의 이분법이 사실일지 몰라도, 그 밖의 갖가지 분야에서는 공동 승리(또는 불행하게도 아무도 승리하지 못하는 공동 패배)가 있을 수 있다. 예를 들어, 기업 간의 경쟁을 생각해 보자. 헤르츠 사와 에이비스 사는 렌트카 시장에서 각각 연매출 1위와 2위를 달리고 있다. 에이비스 사는 2등이기 때문에 광고에 '더 열심히 노력합니다.'라는 표어를 내세우기까지 한다. 이 경쟁에서 승자는 누구일까? 둘 다 승자이다. 경쟁을 의식하면서 두 회사 모두 매출이 급증하기 때문이다.

자신과 상대가 모두 승리할 수 있는 방법을 찾는다면 힘겨루기를 피할 수 있다. 이것이 가능한 이유는 양자에게 서로 다른 목적이 있고 그 목적들이 반대되지 않는 경우가 아주 많기 때문이다. 상대가 당신과 정확히 같은 것을 원한다고 가정하지 말고, 상대가 원할 만한 다른 것이 있는지, 당신의 목적을 희생하지 않으면서 그것을 이뤄 줄 수 있는지 상대의 입장에서 생각해 보자. 시간을 내어 상대의 관점에서 바라보면 둘 다 이길 수 있는 경우가 얼마나 흔한지 놀라울 것이다. 기 센 아이들을 상대할 때도 예외가 아니다. 아이가 '정말로' 원하는 것은 부모가 생각하는 것과 다를 수 있다. 부모는 아이에게 숙제를 하라고 하지만 아이는 나중에 하겠다고 버티는 경우를 생각해 보자. 부모는 '내가 지금 하라고 하니까 지금 바로 당장' 하게 해야 한다고 생각한다. 그렇지 않으면 아이가 이기고 자신은 진다고 생각할 수 있다. 하지만 사실 문제는 이기고 지는 것이 아니라 숙제를 하는 것이다. 아이가 사실은 숙제를 '언제' 할지에 대해 자기주장을 하려는 것일 수 있다. 그렇다면 잘 시간 전까지 숙제를 확실히 마치도록만 하면 된다. 그렇게 해서 둘 다 이기는 것이다. 아이에게 "넌 숙제를 언제 하고 싶니?" 하고 물으면 부모의 목적과 본분을 희생하지 않으면서 아이에게 힘을 줄 수 있다.

아이가 잠자기 겨우 한 시간 전에 숙제를 하겠다고 한다면? 그렇게 해 보자. 그리고 너무 졸려 하거나 다 마치지 못하면, "내일은 더 일찍 해야겠다." 하고 부드럽게 말하자. 화를 낼 필요가 없다. 아이가 경험에서 배우게 해 주고, 다음 날은 확실히 숙제를 더 일찍 하게 하면 된다.

전략 9: 아이가 원하는 것이 정당하다고 인정하자

아이 입장에서 생각하면 아이가 정말로 원하는 것을 이해하는 데 도움이 된다. 원하는 것을 언제나 이뤄 줄 순 없지만, 그 바람을 부모가 이해하고 존중한다는 것을 알리면 아이도 거절을 납득할 가능성이 훨씬 크다. 아무도 비난당하기를 좋아하지 않는다. 기 센 아이는 특히 싫어한다. 당신이 골라 준 옷을 아이가 입기 싫어한다면, 다음 중 어떤 반응이 힘겨루기를 일으키고 어떤 반응이 갈등을 해소할까?

(A) "바보 같은 소리 그만 하고 얼른 옷 입어!"
(B) "이까짓 옷 가지고 왜 그렇게 난리법석이니?"
(C) "넌 이 옷 정말 입기 싫은가 보구나?"
(D) "셋 셀 때까지 안 입으면 오늘 저녁 먹고 나서 자유시간 없다. 알았어?"
(E) "옷을 아예 안 입어도 되면 좋을 거 같은 날이 있지? 엄마는 신발을 안 신어도 되면 좋겠더라!"

아이가 어떤 반응을 좋아할지는 상상하기 어렵지 않다. 노골적인 반응(A, B, D)은 기 센 아이에게는 힘 의식에 정면으로 도전하는 것으로 받아들여진다. 다윗과 골리앗의 싸움을 하려 들 수도 있다. 결국에는 작은 다윗이 큰 골리앗을 이겨 버린다. 반면, 공감하는 반응(C, E)은 사실 상대의 무장을 해제한다. "나도 이해해. 나에게도 중요해. 나는 네 편이야. 나는 네 적이 아니고 친구야."라고 하는 셈이다. 공감은 진정한 협력과 문제 해결로 통하는 문을 열어 준다.

기 센 아이가 느끼고 원하는 것이 정당하다고 인정해 주면 아이의 머릿속에도 마법 같은 일이 일어난다. 원하는 것이 현실에선 이뤄지지 않아도 상상 속에선 이뤄질 수 있다. 때로는 상상만으로도 머릿속의 화학적 불균형이 해소되어서 폭풍 같은 감정이 예방되거나 가라앉기도 한다. 다음 두 장면에서 원하는 것을 어떻게 인정해 줌으로써 완화 효과가 생기는지 생각해 보자.

장면 1. 현실

아이: 오늘 학교 가기 싫어요.

부모: 미안하지만 얘야, 우리 모두 할 일이 있어. 학교 가는 건 네 일이야.

아이: 그래도 가기 싫어요!

부모: 우리 모두 하기 싫은 일이라도 해야 할 때가 있어.

아이: 싫어요! 안 갈래요!

장면 2. 원하는 것 인정하기!

아이: 오늘 학교 가기 싫어요.

부모: 눈이 엄청 많이 와서 학교 휴교하고, 집에서 하루 종일 놀면 좋겠지?

아이: 맞아요! 그럼 진짜 좋겠어요!

부모: 그럼! 나도 회사에 못 간다고 전화하고 너한테 쿠키나 구워 주면 좋겠다.

아이: 커다란 초콜릿 쿠키요!

부모: 엄청 많이 구워 주고 싶네!

아이: 주방에 쿠키가 꽉 차겠어요!

부모: 쿠키 백만 개!

장면 1의 부모는 현실만 고집해서 힘겨루기를 일으킨다. 전적으로 옳은 말이지만, 기 센 아이에게는 차갑고 무심한 말로 들리기 때문에 맞서 싸울 가치가 있다. 장면 2의 부모는 아이가 어차피 학교에 가야 한다는 것을 알고 있다. 그래서 설교를 하지 않고 깜찍한 대리만족을 도와준다. 그 결과, 아이의 기분이 변화해서 힘겨루기가 생길 뻔한 관계가 창의적인 협력 관계가 된다.

전략 10: 예상 밖의 행동을 하라

힘겨루기에 빠지는 사람들은 상당히 예상하기 쉽다. 작은 힘으론 소용이 없을 테니 더 큰 힘을 쓴다. 그러면 상대는 '더 큰 힘'에 대항하려고 자신도 힘을 키우는 전략을 쓴다. 이내 사소한 갈등이라도 총력전으로 부풀고 만다. 사실 아이들은 어떻게 될지 잘 알고서도 부모를 열 받게 하는 버튼을 누르기 때문에, 부모가 굴복하거나 아니면 본격적으로 싸울 때까지 어떻게 맞설지도 알고 있다. 그리고 부모가 싸우든 굴복하든 이기는 쪽은 아이라는 것을 유념하자. 물론 이는 주로 무의식적 수준에서 일어나므로 아이든 부모든 자신도 이유를 모른 채 화가 나서 소리 지르기 쉽다. 부모와 아이 모두 예상하기 쉽고 파괴적인 이런 악순환에 접하면 폭풍에 휩쓸리듯 감정적으로 반응하도록 조건 형성이 되어 있다. 악순환을 깨기 위해서는 예상 밖의 행동으로 아이의 무의식적 기대를 변화시킬 수 있다. 다음 예를 보자.

열 살 오스틴의 어머니는 오스틴에게 저녁 먹기 전에 상을 차리라고 재촉하느라 지쳤다. 매일 저녁 가족이 식사를 할 준비가 됐어도 오스틴은 오지 않는다. 몇 번이고 불러야 겨우 나타나고, 화가 난 어머니는 오스틴을 야단친다. 이 힘겨루기 때문에 가족 모두 불편한 저녁 식사를 할 때가 많다. 어느 날 어머니는 부모교육 영상에서 본 방법을 실천해 보기로 한다. 오스틴에게 오늘 저녁에는 재촉하지 않겠다고, 6시까지 상을 차린다는 약속을 지킬 거라고 믿는다고 미리 말한다.

6시 10분, 어머니가 스파게티 면을 건지고 있을 때 오스틴이 슬렁슬렁 나타나 상을 차리려 한다. 그러자 어머니는 단호하게 말한다. "그만. 여섯 시까지 상을 차리기로 했는데, 지금 여섯 시 십 분이잖니. 그러니까 그냥 앉아 있어."

아버지와 나머지 가족이 자리에 앉고, 오스틴도 슬그머니 가서 앉는다. 어머니는 무표정한 얼굴로 접시 하나 없는 식탁에 각자의 스파게티를 덜어 놓는다. 너무했다고? 면 위에 소스를 부을 땐 어땠겠는가!

이것이 아무 힘겨루기에나 통하는 방법은 아니겠지만, 어머니는 예상 밖의 행동을 함으로써 오스틴이 상 차리기를 다시 생각하게 하는 효과를 거두었다. 다음 날 저녁, 오스틴이 5시 45분부터 상을 차리고 있었다 해도 납득이 갈 것이다. 형태는 다르지만 '전략 9 아이가 원하는 것이 정당하다고 인정하자'도 예상 밖의 행동이다. 아이들이 부모에게서 화나서 벌을 주겠다고 위협하는 것 같은 권위적인 행동을 예상할 때 부모가 아이의 감정과 욕구를 진심으로 신경 써 주면 예상치 못한 충격을 준다. 아이는 무의식적으로 "잠깐! 적인 줄 알았는데 친구처럼 행동하시네요. 웃는 얼굴에 침 뱉을 순 없죠."라고 말하는 것과 같다.

마찬가지로, 늘 안절부절못하고 굴복하던 부모가 단호하게 나올 때 ("미안하다, 캐런. 쿠키가 맛있어 보인다는 건 이해하지만, 이제 곧 저녁 먹어야 하잖니. 이따가 간식으로 먹으렴.") 역시 부모-자녀 간 역학 관계에 예상치 못한 충격을 준다. 아이는 '무슨 일이지? 엄마는 갈등을 피하려고 뭐든지 해 줄 줄 알았는데. 내가 엄마를 과소평가했나 봐.' 하고 놀랄 것이다.

마지막으로, 아이에게 문제 해결을 도와 달라고 요청하는 것도 부모가 할 수 있는 예상 밖의 행동이다. 해결 과정에 아이를 참여시켜 존중을 보이면 아이가 힘겨루기 대신 유용한 활동에 자신의 정신적·정서적 에너지를 쏟을 수 있다. "금요일에 정말 TJ 집에서 자고 싶은 거 알아. 하지만 우리 다 리사 이모 집에 초대받았잖아. 그날 모두 다 기분 좋게 보낼 수 있는 방법이 있을까?" 물론 누구에게나 진정 실효성이 있는 방법은 아닐지 몰라도, 아이를 문제 해결 과정에 참여시키는 자체가 힘겨루기를 해소하기 충분할 때도 있다. 해결책을 함께 찾는 이 방법과 8장에서 다룰 훈육법들을 결합하면 아주 효과적일 것이다.

6
훈육: '괜찮음' 울타리에서의 대결

아이가 자기 욕구를 제한하고 규칙을 따르고 타인의 권리와 욕
구를 고려하는 법을 처음으로 배우는 곳이 가정이다.

— 시도니 그룬버그(1881~1974,

작가·교육자·미국아동연구협회 임원)

내게 가장 놀라운 것이 무엇인지 아는가? 무엇이든 정리하는 힘
의 중요성이다. 세상엔 오직 두 가지 힘이 있다. 영혼의 힘 그리
고 칼의 힘. 결국은 늘 영혼이 칼을 정복하는 법이다.

— 나폴레옹 보나파르트(1769~1821)

기 센 아이를 훈육하려면 아이 못지않게 부모 스스로도 훈련해야
한다. 아이가 잘못된 행동을 하면 부모는 훈육의 칼을 뽑아들고 그만
하라고 겁을 주곤 한다. 위협하고, 소리치고, 때리고, 권리를 빼앗고,
반성시키고, 외출을 금지하지만, 결국에는 아이의 기를 이기지 못
한다.

〈몬텔 윌리엄스 쇼〉에 출연했을 때, 네 살 아이에게 몹시 시달린

나머지 전국 방송에 사연을 내보내고 조금이라도 도움을 받으려고 대륙 저편에서 비행기를 타고 날아온 부모가 있었다. 약하고 무기력한 사람들은 아니었다. 심지어 아버지는 특수기동대 대원이었다. 그런데 아동 학대가 되지 않는 선에서 아무리 힘을 써도 기 센 아들을 이길 수 없었다. 아버지와 싸울수록 아이는 더 반항했다. 어머니가 간절히 부탁할수록 아이는 어머니를 더 우습게 여겼다. 이 몹시 기 센 아이를 길들이려면 부모 모두 훈육 방법을 바꿀 필요가 있었다. 하지만 변화에는 자기 훈련이 필요하다. 그래서 기 센 아이를 훈육하려면 아이뿐만 아니라 부모도 부모 훈련을 해야 하는 것이다.

문제는 대부분의 부모가 반항하는 아이를 훈육하려면 처벌을 해야 한다고 배웠다는 점이다. 가벼운 처벌이 통하지 않으면 더욱 무거운 처벌로 잘못을 인식시키고 부모의 권위에 복종시키라고 말이다. 이 전략은 대부분의 아이에게 통하지만, 그래도 부작용이 있을 수 있다. 그리고 기 센 아이에게는 거의 통하지 않는다. 부모가 처벌을 할수록 아이는 더 반항한다. 부모가 뇌물을 쓰고 구슬릴수록 아이는 더 부모를 우습게 여긴다. 기 센 아이가 부모의 통제에 저항하는 힘에는 끝이 없는 것처럼 보인다.

그러니 분명 다른 방법을 써야 할 것이다. 기 센 아이의 부모는 아이가 잘못된 행동을 할 때 싸우지도 굴복하지도 않는 법을 익혀야 한다. 굴복하면, 자기가 대장이라는 아이의 잘못된 믿음만 강해진다. 싸우면, 부모를 자기 마음대로 화내게 할 수 있고 자기와 같은 수준으로 끌어내릴 수 있다는 아이의 잘못된 믿음만 강해진다.

싸우지도 굴복하지도 않으면서 가정의 지도자 역할을 유지하는 것이 이 장의 목적이며, 또한 이 책 전체의 목적이기도 하다. 훈육은 저절로 발생하는 것이 아니라 항상 아이와 맺는 관계 내에서 발생한다. 관계가 긍정적이라면 훈육은 교육과정 전반의 필수 요소로서 매끄럽게 진행된다. 하지만 관계가 적개심, 분노, 원한으로 점철되어 있으면 훈육은 악몽이 되며, 아이는 부모를 적으로 여기고 말을 듣느니 차라리 벌이나 모욕을 받으려 할 것이다. 그래서 이 책의 많은 부분을 부모와 자녀의 관계 형성에 할애하는 것이다. 길들인다는 개념은 곧 유대를 형성하는 것이다. 아이와 긍정적인 관계를 형성할수록 훈육하기가 쉽다. 그러니 앞부분을 건너뛰고 이 장부터 읽는 것은 추천하지 않는다. 기 센 아이의 반항심을 자극하지 않도록 아이를 존중하는 훈육 방식을 설명하긴 하지만, 활용하기 전에 꼭 책 전체를 읽기 바란다. 뒤에서 다룰 관계 형성 기술들도 병행하면 효과가 훨씬 크기 때문이다.

훈육이란 무엇인가

더 이야기하기 전에 오해를 하나 풀어 두자. '훈육'이란 말은 아이에게 고통을 준다는 뜻이 아니다. 우리는 역사적으로 신체 건강에 통하는 '고통 없이는 얻는 것도 없다.'라는 철학이 아이에게 선과 악, 예의범절, 가정의 가치관, 바람직한 행동을 가르치는 데도 통하는 것처럼 여겨 왔다. 예전에는 읽기, 쓰기, 기하학을 가르치는 데도 통한다고 여겨서 수많은 아이가 쓰라린 손마디, 얼얼한 엉덩이를 부여잡고 공부했다. 그렇지만 교육자들은 결국 처벌을 받을 두려움이 없을 때 학습 능률이 더 높다는 것을 알아내었다. 그래서 요즘 부모들은 수학 문제를 틀렸다고 교사가 손마디를 때렸다는 이야기를 들으면 몹시 분노할 것이다. 그런데 바로 그 부모들이 행동과 가치관을 가르칠 때 고통 없이는 얻는 것도 없다고 믿을 때가 많다.

이 장에서 '가르치다'란 말을 의도적으로 여러 번 사용했는데, 훈육, discipline의 어원인 라틴어 'diciplina'가 바로 '가르치다'라는 뜻이기 때문이다. 훈육은 아이에게 가르치는 것이다. 수학이든 영어든 과학이든 다른 어떤 과목이든, 아니면 가정과 사회의 규칙과 필요에 따라 사는 법이든 마찬가지이다. 여기서는 아이에게 한계를 정해 두고 지키게 함으로써 사회적으로 바람직한 행동방식을 가르치는 일이라고 정의할 수 있겠다.

'고통을 준다'가 아니다. 물론 무언가를 가르치기 위해 고통을 주는 방식은 인간 역사상 오랫동안 꽤 잘 통했다. 왕, 여왕, 황제, 귀족 등의 권력자가 지배한 이래로 처벌과 보상이란 쌍둥이는 질서를 제법 잘 유지했다. 하지만 '자기 분수를 알고' '묻는 말에만 대답'하고 권위에 머리를 조아리던 계급 사회에서 벗어나 민주적인 현대 사회에 접어들면서, 보상과 처벌의 효과는 점점 더 약해지고 있다.

이제 옳은 행동을 했다고 아이에게 상을 주더라도 아이는 왕에게 상을 받은 노예처럼 황송해하지 않는다. 민주 사회에서 보상은 일종의 암묵적 합의이다. '내가 당신이 원하던 것을 했으니 당신은 나에게 상을 주는군. 그러니 앞으로 같은 것을 다시 하면 상을 또 주겠지.' 상, 뇌물, 칭찬으로만 키운 아이는 민주 사회에서 진정으로 성공하기 위해 필요한 협동하는 태도를 배우지 못한다. 대신에 '그거 하면 내가 얻는 게 뭐죠?'라는 정신과 특권 의식을 습득해서 결국 부모나 교사를 비롯한 주위 사람들이 버릇 나쁜 아이라고 경멸하게 될 것이다.

토니아의 부모가 아침에 이불을 개면 용돈을 주기로 하자 토니아는 기쁘게 승낙했다. 토니아에게 집안일을 거의 아무것도 시키지 못하던 부모에게 이는 잘 통하는 것처럼 보였다. 사실 워낙 잘 통해서 저녁 먹은 뒤 그릇을 식기세척기에 넣는 일에도 용돈을 주기로 했다. 돈의 쓸모를 잘 아는 똑똑한 토니아는 바로 승낙했다. 모두 잘 되어 가는 것 같았다. 어느 날 저녁 전까지는. 초인종이 울리는데 어머니는 손이 바빴고 아버지는 신문을 읽고 있었다. 그래서 토니아에게 누군지 가 보라고 했더니 이렇게 대답하는 것이었다. "네, 그러면 얼마 주실 거예요?" 어머니와 아버지는 놀란 눈으로 서로를 쳐다보았다. 그들이 딸을 돈 밝히는 괴물로 만들고 있었다는 것이 믿기지 않았다.

요즘 아이들은 잘못된 행동에 대해 벌을 주더라도 아이가 순순히 받아들이지 않을 것이다. 분수를 모르면 벌을 받아 마땅했던 과거의 노예와는 다르다. 민주 사회에서는 당신이 타인에게 고통을 주면 피해자도 당신에게 고통을 줄 권리를 보장받는다. 그런데 고통을 직접 갚다 보면 연관된 사람들 모두 더 많은 고통을 받기 때문에, 대부분의 어른은 직접 나서지 않고 사법 체계가 '고통 갚기'를 대신하게 하는 법을 익혔다. 하지만 아이들, 특히 기 센 아이들의 정의 개념은 이렇게 심오하지 않다. 아이는 곧바로 직접 반격하고 싶어 하고, 실제로 그렇게 하며, 그럴 때의 완력과 공격성은 부모의 예상을 훨씬 뛰어넘는다.

에이프릴의 부모는 딸이 집안일을 거들기 시작할 나이라고 판단했다. 그래서 에이프릴에게 아침에 이불을 개지 않으면 저녁에 TV를 보여 주지 않겠다고 했다. 에이프릴이 새 규칙을 시험하는지 이불 개기를 '깜빡'한 날, 어머니는 집에 돌아온 딸을 야단쳤다.

엄마: 에이프릴! 얼른 방에 가서 네가 뭐 잘못했는지 얘기해 봐!(에이프릴은 방에 가서 개어있지 않은 이불을 보고는 대답했다.)

에이프릴: 어, 깜빡했나 봐요.

엄마: 그러면 오늘 저녁엔 TV 못 보는 거야. 알았지?

에이프릴: 지금 개면 되잖아요.

엄마: 그래, 지금 개야지. 그래도 TV는 안 돼.

에이프릴: 불공평해요! 진짜 갠다니까요.

엄마: 학교 가기 전에 안 개면 TV 못 본다고 했잖아. 그러니까 오늘은 안 돼. 이제 어서 개고, 내일은 깜빡하지 말렴.

에이프릴: 안 갤래요.

엄마: 뭐라고?

에이프릴: 안 갠다고요. 어차피 오늘 TV 못 보는데 개 봤자 무슨 소용이 있어요?

엄마: 엄마 말 들어!

에이프릴: 그럼 엄마가 개든가요!(에이프릴은 빽 소리 지르고 방에서 뛰쳐나가 버렸다.)

엄마: 너, 일주일간 외출 금지야!

에이프릴: 엄마 미워요!(에이프릴은 현관문을 꽝 닫고 밖으로 달려 나갔다.)

당신은 에이프릴이 흠씬 두들겨 맞아야 한다는 생각이 들지도 모른다. 이렇게 버르장머리 없고 말을 함부로 하는 아이는 버릇을 고쳐줘야 할 것이라고 다짐하게 된다. 수백 년 동안 부모들은 이렇게 생각했고, 수백 년 동안 이 방법은 제법 잘 통했다. 하지만 오늘날엔, 특히 기 센 아이를 상대하는 데는 아이가 판돈을 더욱더 키우기만 하고 결국에는 아무도 이기지 못하는 거액 도박과도 같다. 아이가 끝내 굴복하더라도 받은 벌에 대해 큰 분노심이 쌓여서 나중에 보복하려 한다는 것이 처벌의 함정이다. 아이는 부모의 가치관, 소망, 화내는 이유를 과자 봉지의 성분표 보듯 훤히 들여다보기 때문에 어렵지 않게 복수할 방법을 찾아낸다. 그러다 온갖 방법이 다 실패한다면, 아이는 자기 전부를 거는 초강수를 둘 수 있다. 바로 부모는 아이가 성공하기를 간절히 바란다는 점을 역이용해서 일부러 실패하는 것이다. 아이는 학교 공부를 망칠 수 있다. 친구를 괴롭히거나 술, 담배, 나쁜 약물에 손댈 수 있다. 성적으로 문란해질 수 있고 심지어 법을 위반할 수도 있다. 어느 경우든 결과적으로 부모는 어디서부터 모든 게 잘못됐나 고뇌하며 가슴 아파할 것이다.

실패한 삶 모두가 부모 책임이라는 뜻은 아니다. 부모가 아주 열심히 노력했지만 아이가 아무도 이해하지 못할 이유로 끔찍한 선택을 하는 경우도 있다. 내가 말하고자 하는 바는 기 센 아이를 상대로는 상과 벌을 거는 내기가 잘 통하지 않는다는 것이다. 아이를 더 존중하면서도 한계를 지키고 규칙을 따르며 사는 법을 가르치는 훈육 방법을 개발해야 한다. 싸워서도 안 되고 굴복해서도 안 된다. 강하면서도 다정해야 한다. 호기심 많고, 모험심 많고, 힘이 넘치고, 끈기 있고, 예민한 아이들을 길들여야 하는데, 그 과정에서 옛날 부모들보다 더욱 머리를 써야 한다. 과거의 당근과 채찍은 이제 소용없다.

첫째, 울타리 세우기(한계 설정하기)

기 센 아이를 길들이려면 기 센 말을 길들일 때처럼 울타리가 필요하다. 진짜 울타리는 아니고, 카우보이가 울타리로 된 우리에서 야생마를 길들이는 것처럼 부모는 아이의 넘쳐 나는 기운과 뜨거운 열정을 담아 두는 구조를 세워야 한다는 것이다. 그런 구조 없이는 야생마의 부름이 너무 커서 열린 세상을 바람처럼 자유로운 정신으로 종횡무진 쏘다닐 것이다.

아이에게 세워 줘야 할 구조에는 다음 세 가지가 있다.

- 시간의 울타리(한계)
- 공간의 울타리(한계)
- 행동의 울타리(한계)

짧은 우화

어느 날 심리학자가 해변을 걷다가, 모래밭에 앉아 드넓은 바다를 바라보는 아이를 만났다.

"뭐 하니?"

"파도가 치는 걸 보고 있어요."

"뭘 배웠니?" 심리학자는 아이에게 좀 더 의미를 찾아 주려고 물었다.

"파도가 치는 걸 제가 멈출 수 없다는 거요." 아이가 영특하게 대답했다.

"그래서 어떤 기분이 드니?" 심리학자는 역시 심리학자였다.

"안심이 돼요." 아이가 대답했다.

시간의 울타리

아이들은 대개 자기가 원하는 시간에 자기가 원하는 일을 하고 싶어 한다. 언제 뭘 하고 언제 뭘 하지 말라고 정해지는 것을 싫어한다. 기 센 아이는 힘이 넘치고 끈기 있기 때문에(P²) 이 욕구가 차원이 다르게 강하다. 세상에는 질서가 있다는 것을 일찍 가르칠수록 아이는 하고 싶지 않은 일도 해야 할 때가 있다는 것을 더 수월하게 받아들일 것이다. 어쩔 수 없는 일을 받아들이는 법을 익히는것이야말로 훈육의 근본적인 측면이다. 또한 정신건강, 영성, 대인관계의 주춧돌이기도 하다.

아이가 이 교훈을 거부할 수도 있다. 하지만 해변의 아이가 자신이 파도를 어찌할 수 없다는 것을 깨닫고 안심한 것처럼, 기 센 아이도 자신보다 더 큰 힘이 우주뿐만 아니라 집에서도 작용한다는 것을 깨달으면 결국에는 안심하게 된다. 부모나 다른 어른들이 이 어려운 가르침에 나서지 않으면 기 센 아이는 시간을 관리하는 법을 익히지 못할 뿐만 아니라 삶 전반에 대해 초조하고 의기소침해진다. 파도가 치는 걸 멈출 수 없다는 것을 알 때 안심이 되는 만큼이나, 파도를 멈출 수 있다고 생각할 때는 스트레스를 받기 때문이다.

시간의 울타리를 세워 줌으로써 아이에게 세상은 제멋대로가 아니라 질서가 있다는 것을 가르쳐 줄 수 있다. 우리는 일정한 시간에 일어나고 일정한 시간에 잠을 잔다. 그 사이에는 다른 구조화된 활동도 있고 구조화되지 않은 자유 시간도 있다. 이렇게 구조와 자유가 공존하기에 아이는 균형 감각을 갖추고 각종 '부담'을 받아들이는 법을 배울 수 있다. 시간 관리 훈육은 일찍 시작할수록 쉽지만, 조금 큰 아이에게도 할 수 있으며 해야만 한다.

왜 마음 내키는 대로 살게 해 주고, 자기 리듬에 따르게 하고, 다른 북소리에 맞춰 행진하게 해서는 안 되는가? 유명하지만 진부한 비유들인데 모두 같은 의미이다. TV 앞에서 자고 싶다면 그렇게 해 주면 안 되는가? 하지만 세상에는 시간 관리를 하지 못해서 온갖 성공할 기회를 빼앗기는 어른들이 너무나 많다. 이들은 재능이 있더라도 수시로 늦잠을 잔다든지, 서류를 제때 제출하지 못한다든지, 회의에 빠진다든지 해서 너무 많은 것을 놓치고 만다. 그리하여 친구들, 중요한 사람들, 직장 동료들과의 관계가 틀어진다. 심지어는 스스로를 도저히 관리하지 못하는 나머지 일정한 직업을 갖지 못하기도 한다. 삶의 한 부분에서 질서를 받아들이는 법을 익힌 아이는 또한 다른 부분에서도 받아들이기 쉽다. 그러니 시간의 확실한 구조화는 자기 관리를 시작하는 첫걸음으로 안성맞춤이다.

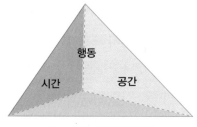

시간 · 공간 · 행동의 울타리

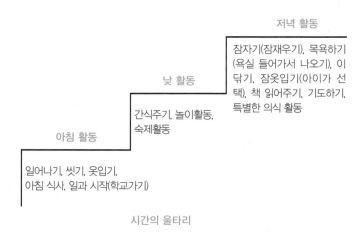

저녁 활동

잠자기(잠재우기), 목욕하기 (욕실 들어가서 나오기), 이 닦기, 잠옷입기(아이가 선택), 책 읽어주기, 기도하기, 특별한 의식 활동

낮 활동

간식주기, 놀이활동, 숙제활동

아침 활동

일어나기, 씻기, 옷입기, 아침 식사, 일과 시작(학교가기)

시간의 울타리

타이머 사기

주방용 타이머는 어느 부모에게도, 특히 기 센 아이를 둔 부모에게는 더욱 필수품이다. 사실 산부인과에서 돌아올 때 기저귀와 분유 사이에 하나 끼워 와야 한다. 타이머를 장만하기 전까지는 이 장에서 제시하는 어떤 전략도 사용하지 말기를 강력히 권한다. 그리고 아이가 어릴수록 타이머가 더욱 중요하다. 어린아이는 시간 같은 추상적인 개념을 온전히 터득하지 못하지만, 종소리가 나면 무언가를 해야 한다는 것은 이해할 수 있다. 시계를 읽을 줄 아는 아이들은 시간이

란 개념은 이해하지만, 시간이 얼마나 빨리 흘러가는지 실감하기는 어렵다. 아이는 타이머의 숫자가 내려가는 걸 지켜보면서 시간의 흐름을 직접 측정할 수 있고, 나중에는 타이머 없이도 감을 잡을 것이다. 게다가 할 일을 미루는 사람들(즉, 정도는 다르지만 우리 모두)에게는 타이머가 '정신 차릴 시간'을 알려 준다.

잠자기 전의 절차

하루를 시작하는 잠자리부터 짚고 가자. 우리는 대개 잠을 하루의 끝으로 생각하곤 하지만, 숙면은 다음 날의 기분을 좌우하므로 잠자는 시간은 아이의 하루 중 가장 우선되고 중요한 시간이다. "세상의 거의 모든 싸움은 수면 부족 때문에 일어난다."라는 말도 있다. 몇 시간 동안 갈등이나 과도한 자극을 겪고 늦게 자기를 반복하는 아이는 다음 날 쉽게 짜증을 내는 경향이 있다. 하지만 다정한 부모가 상냥하게 재워 주고 따뜻한 침대에서 안전하고 건강하게 잔 아이는 밤에 푹 쉬고 다음 날을 상쾌하게 시작할 수 있다

어렵게 들리지만 크게 어렵지 않다. 아들 벤이 가장 기 세던 시절에도 밤에 재우는 것은 문제없었다. 시간을 구조화함으로써 울타리를 세웠기 때문이다. 그 절차는 다음과 같다.

매일 밤 일정한 시간에 목욕을 한다 저녁에 목욕하는 시간을 정해 두면 유용하다. 부모가 자는 시간이 매일 밤 들쑥날쑥해 버리면 아이가 규칙적인 생활 습관을 익히기 어렵다. 아이에게 어렵다면 부모에겐 더욱 어렵다. 부모는 수시로 아이를 제때 재우지 못해 난처한 상

황에 처한다. 결국 아이는 밤늦게까지 깨어 있고, 합리적인 시간에 자는 습관을 들이지 못할 것이다. 어쩌다 한 번쯤은 예외로 해도 좋다. 일정한 시간을 정해 두고 평상시에 잘 지키면 예외는 문제가 되지 않는다. 사람은 습관의 생물이기 때문에 잠자리 시간을 습관 들여놓으면 저절로 몸이 따라온다. 따라서 굳이 일부러 의식하지 않아도 저절로 잘 수 있다.

목욕 시간에는 기 센 아이의 부모도 휴식을 취할 수 있다. 기 센 아이들은 천성적으로 물을 좋아하기 때문이다. 욕실에 들어가게 하는 것보다 나오게 하는 것이 더 어려울 수 있다. 혹시 그렇다면 욕조 근처에 타이머를 두고 아이에게 언제까지 물놀이를 해도 되는지 알려주자. 시간이 되면 다음 단계로 넘어가면 된다. 아이가 물을 좋아하지 않는다면 물놀이용 장난감과 음악으로 목욕을 더 재미있게 만들어 주자. 내가 딸의 머리를 감겨 주다가 〈꾸러기 클럽〉의 알팔파처럼 한 가닥을 길게 세워 주고 거울을 보라고 했더니, 딸은 "알팔파다!" 하고 깔깔 웃었다. 유치해 보일지도 모르겠지만 세 살 아이에겐 기막히게 재미있다.

토막 뉴스: 아이들은 재미있는 것을 좋아한다

우리는 시간의 구조화를 다루는 정규 회기 때마다 끼워 넣는 중요한 소식이 있다. 아이가 지루해하거나 하기 싫어하는 일에 재미를 더해 줄수록 아이의 협조를 이끌어 내기 쉽다는 것이다. 일상 속 무엇이든 유머나 놀이로 만드는 개그맨이 되라는 것은 아니다. 그저 일상적인 일에 간단한 유머 감각이나 놀이 요소를 첨가해서 조금 덜 일상적으로 느껴지도록 만드는 방법을 생각해 보라는 것이다. 그러면 아이에게 기대할 것이 생긴다. 그리고 아이에게 기대할 것이 있으면(음흉한 웃음) 그것을 아이 머리 위에 들고 천천히 협조하게 만들 수 있다.

예를 들어, 목욕을 좋아하지만 더러워진 옷을 빨래 바구니에 넣는 것은 좋아하지 않는 아이가 있다면, "더러운 옷은 빨래 바구니에 넣고 나서 목욕하자." 하고 제안할 수 있다. 그러면 아이에게 옷을 정리하게 하는 강한 자극이 된다. 5장에서 소개한 전략 3과도 같다.

잠옷이나 아이가 입고 싶어 하는 옷을 입게 한다 부모가 입히고 싶어 하는 옷을 입지 않으려고 한다면, 선택권을 주기에 좋은 시간이다. '한계 안의 자유'를 기억하자. 상황에 적합하다면 여유 있게 한계를 두자. 엄마가 생일 선물로 준 잠옷 대신에 티셔츠와 속옷을 입고 잔다고 해도 나쁠 것은 없다. 이 부분에서는 확고하게 버티다 싸움을 일으키기보다 여유를 주는 게 낫다.

책을 읽어 준다 아이에게 책을 읽어 주는 것은 대단히 좋다. 특히 아이가 공부를 잘할 수 있도록 돕는 최고의 방법이다. 우리 부부는 두 아이의 첫돌(혹은 그 이전)부터 중학생 때까지 매일 밤 20분 정도 책을 읽어 주었다. 아이들이 어릴 때는 그림책을 많이 장만해 두었고 크면서는 혼자 읽기에 아주 조금 어려울 법한 책을 읽어 주었다. 아들은 셸 실버스타인의 해학적인 시와 『언더팬츠 선장의 모험』을 특히 좋아했다. 나중에는 우리 아이들 세대가 다들 그랬듯이 해리 포터 시리즈에 반했다. 좀 더 크면서는 시, 희곡, 영화 대본을 재미있게 읽었다. 벤은 〈맨 인 블랙〉을 좋아했다.

책을 읽어 주는 것은 공부뿐만 아니라 유대를 형성하는 데도 큰 도움이 된다. 푹신한 침대에 아이와 나란히 누워 근사한 이야기나 모험담에 빠져 보자. 시간을 내어 읽은 책에 대한 이야기를 나누고 아이의 생각과 의견을 들어 보자. 아이는 창의적으로 생각하는 방법을 배울 것이고, 부모는 길들이기의 핵심인 관계 형성에 도움을 받을 수 있다.

기도나 영적인 이야기를 한다 종교가 없거나 영적인 것을 믿지 않는 가족도 물론 있다. 그래도 이런 대화는 기 센 아이와 영적으로 연결될 뿐만 아니라 아이가 마음의 휴식을 취할 수 있도록 돕는 훌륭한 안정 활동이다. 정식 기도를 하고 싶지 않다면 직접 만들면 된다. 가족들이 감사할 만한 모든 것에 대해 그저 감사하는 말만 해도 된다. 우리 가족은 불을 끄고 기도하는 편을 선호한다. 이는 하루가 끝났다는 신호이기도 해서, 아이들은 기도를 시작하면 저절로 하품을 했다. 지루해서가 아니라 기도를 한 다음엔 잠을 자도록 조건 형성이 되었기 때문이다. 규칙적인 일과가 이렇게나 효율적이다.

자신만의 특별한 의식을 한다 자신만의 특별한 잠자기 전 의식을 만들어 보자. 등 긁어 주기, 안마, 시 읽기 등 같이 할 수 있는 것이 좋다. 나는 벤의 머리에 손을 올리고 "내 머리에서 네 머리로", 가슴에 손을 올리고 "내 가슴에서 네 가슴으로", 손에 손을 올리고 "내 손에서 네 손으로. 생각으로, 마음으로, 행동으로, 너를 사랑한다."라고 말한다. 그러면 벤도 곧 나를 따라 해서, 우리는 "생각으로, 마음으로, 행동으로, 너를 사랑한다."라는 말로 하루를 마친다. 잠들 때마다 사랑

받고 있다는 사실을 확인하는 것은 좋은 일이다. 좋은 하루를 보냈든 그러지 못했든 당신은 아이에게 놀랍도록 중요한 사람이다. 되도록 매일 자기 전에 사랑한다는 말을 들려주자.

이것이 시간 구조화의 장점이다. 대단히 바람직한 활동을 포함해 여러 활동을 연결함으로써 모든 활동이 자연스럽게 잠으로 이어지도록 유도하는 것이다. 그중 아이가 망설이는 활동이 있으면(잠옷 입기 등) "지금 입어도 되고, 아니면 바로 자도 돼."와 같이 말하자.

다시 말해서, 여러 활동 중 하나를 빠뜨리면 아이는 나머지도 놓치게 된다는 것이다. "사랑한다." 하며 뺨에 뽀뽀하고 불을 끄고 나가는 것만 빼고. 바로 자기로 한 아이의 선택에 맞는 결과를 제공할 때에는 침착하고 다정하고 확고해야 한다. 논리적 결과를 이용해 훈육하는 방법은 다음 장에서 더 자세히 다루기로 한다.

그 밖의 시간 구조화

그 밖에도 다음과 같은 시간의 울타리를 세워 볼 수 있다.

아침 일과 어떤 아이들은 아침에 일어나기를 대단히 힘들어한다. 어떤 어른들도 마찬가지이다. 이들은 몸속 시계가 남들과 다르게 맞춰져 있는 것 같다. 그런데 기 센 아이들은 반대인 경우가 많다. 벤은 유아 때부터 워낙 아침형 인간이라 우리는 해가 뜰 때(sun is up)까지는 침대에 있어야 한다고 설명해 주었다. 그런데 sun을 son(아들)으로 듣고는 다음 날 새벽 5시에 침대에서 "아들 깼어요! 아들 깼어요!" 하고 소리치는 것이었다. 이런 아이는 알람이 울릴 때까지 방이나 침대에서 조용히 놀라고 해 주어야 한다. 전날 밤에 책이나 적당한 장난감을 꺼내 주고는 조용히 놀라고 당부하자.

일어날 시간 이후에는 일과를 정하자. 일어나는 시간은 자는 시간과 마찬가지로 일정하게 해서 습관을 들이자. 예를 들면 다음과 같다.

- **일어나기**: 내 아내는 다정한 목소리와 웃는 얼굴로 아이들을 깨우는 솜씨가 대단했다.
- **씻기**: 아이가 어리다면 저녁과 마찬가지로 직접 도와줘야 한다.
- **옷 입기**: 아이가 어리다면 아침에 입을 옷을 전날 밤에 미리 골라 두자. 조금 큰 아이들은 입을 옷을 스스로 고를 수 있지만, 그래도 밤에 골라 두면 아침 시간을 절약할 수 있다.
- **아침 식사**: 바람직한 식습관을 형성하기 위해서는 아침을 거르지 말아야 한다. 하지만 기름진 '미국식' 식사까지는 필요하지 않다. 간소하고 영양가 있는 음식이면 된다.
- **일과를 시작하기**: 학교에 가거나 아니면 집에서 특정한 활동을 시작한다.

각 단계가 얼마나 걸리는지 알아보고 한두 가지가 늦어져도 괜찮도록 기상 시간을 여유 있게 정하자. 하루를 쫓기듯이 시작하는 가정이 너무 많은데, 이는 기 센 아이에게 정말 좋지 않다. 시간 여유를 넉넉히 주되 추진력을 잃지 말자.

낮 시간 일과 낮 시간 일과는 가정마다 다르고 요일마다 다르다. 맞벌이 가정에서는 학교나 유아교육기관이 주를 이룬다. 교육기관을 꼭 잘 선택하자. 아이를 다룬 경험이 많고, 다정하게 훈육하고, 아이를 꾸준히 봐 줄 끈기 있는 교사가 필요하다. 학교에 대해서는 11장에서 더 자세히 다루지만, 요점은 좋은 교육기관이 중요하다는 것이다. 인근에 있으면 아주 좋다. 지역 내에 없다면 이사를 고려하거나 좋은 사립학교를 찾아보자.

낮 시간에 아이와 함께 집에서 보낸다면, 규칙적인 활동을 할 '기준'을 잡자. 예를 들어, 미술 시간을 정해 두고 아이와 함께 그림을 그리거나, 만들기를 하거나, 색칠 책을 채우는 식이다. 아니면 식사를 준비 하는 것을 아이가 관찰하게 해도 좋다. 이는 서로 함께 활동할 시간이 되고(유대 형성), 아이를 지켜보게 해 주고, 아이에게 어른들도 할 일이 있다는 본보기를 보여 준다. 그 밖에도 독서, 점심 식사, 낮잠 등의 활동을 정해 둘 수 있다. 영화를 좀 봐도 괜찮은데, 오후 내내 보지는 말자.

아이를 학교에 보내지 않고 집에서 가르친다면 일과를 시작하는 시간, 각 과목을 시작하고 끝내는 시간, 일정한 쉬는 시간, 일과를 마치는 시간을 정해 두자. 하루 종일 공부를 해도 상관없는 것처럼 행동해서 파킨슨의 법칙("완수하기까지 들일 수 있는 시간만큼 일은 늘어난다.")에 굴복하지 말자. 시간표를 짜서 지키자.

아이가 학교에 다닌다면, 집에 돌아온 이후의 일과를 짜자.

간식 시간 저녁 식사에 지장을 주지 않는 가볍고 몸에 좋은 간식은 학교에서 힘든 시간을 보내고 온 아이에게 활력을 준다. 간식 종류를 고르는 데 아이도 참여하게 하되, 늘 그렇듯이 합리적인 한계를 두자.

구조화하지 않은 놀이 시간　학교에 다녀온 아이들은 긴장을 풀거나 머리를 식힐 시간이 필요하다. 학교에서 운동을 하지 않는다면 바깥에서 노는 시간을, 학교에서 운동을 한다면 차분한 실내 활동 시간을 마련하자.

숙제 시간　빨리 끝내 버리려고 숙제를 낮에 하는 아이들도 있고, 일단 놀고 나서 저녁 먹은 뒤에 하는 아이들도 있다. 일정한 시간에 숙제를 하기만 한다면 어느 쪽이든 무방하다. 이 의사 결정에도 아이가 참여하게 하자. 다음과 같이 질문하면 된다.

- "이번 학기엔 숙제 언제 할지 이야기해 보자. 저녁 먹기 전에 하는 게 좋니, 저녁 먹고 나서 하는 게 좋니?"
- "숙제를 다 하려면 시간이 얼마나 걸릴 것 같니?"
- "숙제를 몇 시부터 하면 좋겠니?"
- "어떤 방에서 숙제를 하고 싶니?"

숙제하기도 아이에게 습관이 되도록 일상으로 만드는 것이다. 집 안 어디에서 하는지는 중요하지 않다. 주위에 가족이 돌아다니는 식탁에서 하고 싶을 수도 있고, 방에서 혼자 하고 싶을 수도 있다. 음악을 틀어 놓고 하고 싶을 수도 있고, 조용히 하고 싶을 수도 있다. 다만 너무 시끄러운 음악이나 TV는 공부에 방해가 되기 때문에 만류해야 한다. 책은 침대에서 읽어도 좋지만 글을 침대에서 쓰는 것은 좋지 않다. 누워 있는 자세는 펜을 잡고 글을 쓰는 데 도움이 되지 않는다. 물론 노트북으로 글을 쓴다면 침대나 다른 어디서든 잘 쓸 수 있다. 숙제 시간에 부모는 집을 조용하게 해 주면 좋다. 아이가 숙제를 하는 동안 부모 역시 책을 읽거나 공부를 함으로써 모범을 보이면 더욱 좋다. 자신이 공부하는 가족의 일원이라는 생각은 숙제하는 아이를 크게 격려해 줄 것이다.

저녁 식사 시간 가족이 함께 하는 저녁 식사는 대부분의 가정에서 중요하다. 하지만 과로와 시간 압박 때문에 본디 성실한 부모들이라도 패스트푸드에 의존하거나 아이들과 따로 식사를 할 때가 있다. 음식을 가스레인지에 그냥 두고 각자 시간 날 때 먹으라고 하는 가족도 있다. 노먼 록웰[1]이 무덤에서 뒤집어질 이야기이다.

가족과 함께 하는 식사는 기 센 아이는 물론 모든 아이에게 도움이 된다. 사실 가족과 식사하는 날이 일주일 중 이틀 이하인 아이들은 알코올이나 마약을 사용하는 것과 같은 유해 행동에 빠지는 경우가 월등히 많다. 물론 기 센 아이는 어떤 식사든 난장판으로 만들 능력이 있다. 예민한 아이는 으깬 감자에 뿌려진 그레이비 소스가 감히 완두콩에 침범했다고 화낼지도 모른다. 힘이 넘치는 아이는 오늘 밤

---

1) 역주: 미국 중산층 가정의 일상생활을 그린 화가

브로콜리를 먹기 싫다고 바닥에 던져 버릴지도 모른다. 끈질긴 아이는 밥 대신 아이스크림을 먹겠다고 요리 세 가지가 나올 동안 울다가 결국 아이스크림을 받거나 아니면 식탁에서 쫓겨날지도 모른다.

건강한 식습관을 위해서는 아이에게 이것저것 먹이려고 하기보다는 아이가 무엇을 '먹지 않는지'에 주목하자. 영양가 있는 음식을 먹고 설탕을 너무 많이 먹지만 않으면 균형은 저절로 이루어진다. 억지로 채소를 먹이지 않아도 된다. 채소를 꼭 먹이고자 한다면, 내 아내가 생각해 낸 기발한 방법이 있다. 먼저 어떤 채소를 좋아하는지 혹은 싫어하지 않는지 알아보자. 벤의 경우에는 브로콜리였다. 아내는 찐 브로콜리를 벤이 가장 배고플 때 먹도록 전채 요리로 내오고는 했다. 그러면 별 탈 없이 먹었다. 그리고 우리는 다음과 같이 말함으로써 힘겨루기를 예방했다.

"벤, 브로콜리는 몸에 좋은 음식이야. 간식은 맛있지만 몸에 안 좋고. 그러니까 밤에 간식을 먹고 싶으면 브로콜리도 먹으렴. 혹시 먹기 싫으면 둘 다 안 먹어도 괜찮아."

가끔은 둘 다 안 먹겠다고 하는 날도 있다. 하지만 당을 너무 많이 섭취하는 것이 아닌 이상 아이의 건강에는 별 탈 없을 것이다. 하지만 간식을 보상으로 이용하지는 말아야 한다. 채소를 먹는 대가로 간식을 주는 방식은 안 된다. 단 음식은 몸이 자연스럽게 욕구를 제어하는 능력을 방해한다. 그러니 '영양가 있는 걸 먹고 나면 간식을 먹어도 된다.'를 규칙으로 삼자.

또한 기 센 아이는 대개 입맛이 까다롭다는 것도 유념하자. 아이가 좋아하는 음식을 아이와 함께 찾아서 꾸준히 먹게 해 주자. 만약 아이가 가지를 싫어한다면 '먹다 보면 맛있다.'는 논리로 힘겨루기를 일으키지 말고, "사양할게요."라고 말하는 법을 가르치고 아이의 말을 존중하자. 벤은 이제 브로콜리를 3천 번은 먹어서 기 센 아이 명예의 전장 후보이다. 물론 과장이지만, 벤이 좋아하는 것은 적고 싫어하는 것은 끝이 없는데도 아주 건강하다는 것은 분명 사실이다.

가족이 규칙적으로 함께 식사할 수 없더라도 될 수 있는 대로 자주 하자. 가족이 함께 하는 식사에는 다음과 같은 장점들도 있다.

- 가족이라는 사실을 상기시켜 준다.
- 식사 예절을 가르칠 수 있다.
- 대화, 웃음, 격려를 통해 유대를 형성하기에 좋은 기회이다.
- 어지간한 외식보다 건강에 좋다.
- 상 차리기, 식사 준비 같은 일을 돕게 함으로써 책임과 협동을 가르칠 수 있다.

주말과 휴일 아이들은 휴일을 좋아하지만 부모들은 걱정하기도 한다. 평일이면 아이가 학교에 가 있던 시간이 빠지니 귓가에 우렁찬 나팔을 길게 부는 것과 같이 당혹스러울 것이다. 기 센 아이들은 호기심과 모험심이 많아서 자기들은 재밌고(또는 짜증나고) 부모는 짜증만 나는 혼란을 얼마든지 일으킬 수 있다. 길어진 시간을 구조화하는 것이 핵심이다. 다시 말해서, 특정한 시간 동안 구체적인 활동을 하도록 하루의 계획을 짜는 것이다. 그러면 아이는 기대할 것이 생긴다. 독서 시간이든 동물원 나들이든, 활동은 질서를 잡고 아이가 궁정적인 기대를 하게끔 한다. 또한 아이가 부산스럽게 굴 때도 큰 도움이 된다. "제프리, 30분쯤 놀 거리를 찾아보렴. 그런 다음에 동물원에 가자. 블록 갖고 노는 건 어때?"

공간의 울타리(한계)

이것은 집과 집 주위의 공간에 대한 이야기이다. 구조화된 공간은 아이의 행동 범위에 한계를 주면서도 한계 내에서 자유롭게 움직이게 함으로써 아이에게 안정감을 준다. 공간을 구조화하는 것의 예는 다음과 같다.

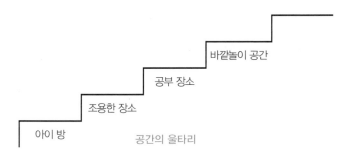

아이 방   방은 아이의 개인적인 공간이다. 한계는 있지만. 이는 아이에게 부모가 용납할 수 있는 한계 안에서 가구를 배치하고 벽을 장식하는 것과 같은 꾸밈새를 결정할 수 있는 자유를 주어야 한다는 뜻이다. '용납할 수 있는' 한계라고 해서 부모가 선택하고 아이가 따라야 한다는 것이 아니다. 아이의 건강이나 안전, 집안의 예산이나 가치관에 문제가 없는 이상 아이가 편안하게 여기는 곳에서 지내게 해 주자. 설령 방을 형제자매와 같이 쓰더라도 자기 공간이 있다는 것은 자신이 가족의 일원이면서도 자신이 좋아하고 좋아하지 않는 것을 진지하게 배려받는 개인이라고 느끼게 해 준다. 제안을 해도 좋지만 강요는 하지 말자. 이불, 커튼, 소품 같은 것을 사러 갈 때 최대한 아이와 함께 가자. 아이와 함께 방 꾸미기를 하면 관계 구축에도 도움이 되고, 당신이 아이를 사랑하고 신경 쓴다는 것을 알려 줄 수 있다.

조용한 장소 기 센 아이는 만사가 틀어질 때를 대비해 마음을 가라앉힐 곳이 필요하다. 침대에 눕기를 좋아하는 아이도 있고, 안락의자 또는 구석진 곳에 깐 이부자리를 좋아하는 아이도 있다. 그런 장소를 마련할 일에 대해 아이와 이야기를 나누고, 모두가 만족할 수 있게 마련하자. 그리고 아이가 화를 내려는 것 같다는 느낌이 들 때는 부드럽게 "내 생각엔 네가 조용한 데서 좀 쉬다 오는 게 좋겠어."와 같이 말하자. 쫓아내는 벌을 주려는 것이 아니라, 불편한 상황에서 벗어나는 것이 머리를 식히는 최선의 방법일 때가 많다는 뜻으로 말해야 한다.

공부 장소 앞서 이야기했듯이 아이마다 공부가 잘 되는 곳이 다르다. 공부를 할 조용한 장소에 대해 아이와 이야기를 나누자. 그리고 밝은 조명, 연필과 펜, 사전, 컴퓨터(나이가 적당할 경우), 그 밖에도 두 사람이 필요하다고 생각하는 다른 것들을 구비해 주자. 아이도 공간의 주인이라고 느낄 수 있도록 협동 프로젝트로 진행하자. 그러면 아이에게 그곳에서 공부를 할 동기가 부여되고, 숙제나 시험공부는 모두 학업에 중요하다. 아이가 이 공간에만 붙어 있어야 한다고는 생각하지 말자. 글쓰기 숙제는 공부 장소에서 하지만 책을 읽을 때는 침대나 편한 의자에서 읽을 수도 있다. 기본 장소를 두는 것이 핵심이다.

바깥 놀이 공간 기 센 아이들은 넘치는 에너지를 발산할 안전한 공간이 필요하다. 호기심과 모험심이 많아서 명확한 경계가 없으면 길을 잃기 쉽다. 놀이 공간의 울타리가 담장으로 막혀 있을 필요는 없다. 아이가 어리다면 바깥에서 놀 때 안전사고에 대비해 계속 지켜보고 있어야 한다. 어느 정도 컸다면 어디까지 가서 놀아도 되는지 아주 확실하고 확고하게 정해 두어야 한다. 이는 아이의 나이와 주변 환경의 안전성에 따라 다르다. 복잡한 거리에 산다면 놀이 공간은 뜰 안, 어쩌면 뒤뜰만으로 제한해야겠지만, 아이들이 많고 한적한 거리에 산다면 거리에 나가 놀아도 안전할 것이다. 안전을 우선하여 결정해야 하지만, 어떻게 결정하든 아이와 확실하게 소통하고 지켜보아야 한다.

아이가 정해진 한계를 지키는 것이 중요하다는 것을 잘 이해할 수 있도록 "이 구역 안에서 놀든가, 아니면 집 안에서 놀아야 한다."와 같이 선택을 제안하자. 아이가 그 공간을 벗어나면 그 결과는 다음 날 밖에서 놀 권리를 잃는 것이다. 이 훈육 방법을 '논리적 결과'라고 하는데, 이는 다음 장에서 더 자세히 다룰 것이다.

한계 밖의 것 알기 아이들은 집 바깥뿐만 아니라 안에서도 무엇이 한계 밖의 일인지 알아야 한다. 아이가 아주 어리다면 직접 가르칠

수 없으므로 위험하거나 아이가 손대지 말아야 할 물건이 있는 장소에 가지 못하도록 막아 두어야 한다. 아이 눈높이에 맞도록 앉은 걸음으로 다니면서 위험하거나 손대지 말아야 할 것이 있는지 확인하고, 그런 것이 있다면 확실히 치우거나 막아 두자. 콘센트에 덮개를 씌우고, 구슬 등 입에 넣을지도 모를 작은 소품을 치우고, 그릇과 냄비는 아이 손이 닿지 않는 곳에 올려 두자. 집 안 곳곳의 위험을 예방하는 방법에 대한 책은 아주 많이 나와 있다.

아이가 어느 정도 자랐더라도 손대지 말아야 할 것들은 보이지 않고 찾을 수 없는 곳에 두는 것이 좋다. 고급 오디오를 아이가 뜯어 보길 원하지 않는다면 아이 손이 닿지 않는 높이에 올려 둘 수 있다. 무엇을 손대면 안 되는지 알려 주는 것은 좋지만, 아이가 오히려 매력을 느끼지 않도록 주의하자. 기 센 아이들은 호기심이 많다.

총기 문제는 특히 심각하다. 미국에서는 매년 수많은 기 센 아이가 부모의 총을 가지고 놀다가 발사하는 사고로 목숨을 잃는다. 개인적으로는 기 센 아이가 있다면 집 안에 아예 총을 두지 않는 편이 낫다고 본다. 아이가 사고를 낼 가능성이 총으로 아이를 구할 가능성보다 높다. 위험을 부담할 만큼의 가치가 없다. 취미로 사냥이나 사격을 한다면 보관함에 넣고 꼭 잠그자. 한 번이라도 잠그기를 잊는다면 안전하게 아이가 다 클 때까지 치우든가, 아니면 집에서 떨어진 곳에 보관하자. 이는 부모 자신의 잘못된 행동에 대한 논리적 결과이다.

행동의 울타리(한계)

대부분의 부모는 수동적이다. 즉, 아이가 잘못을 할 때까지 기다린 뒤에 반응을 한다. 주로 분노, 무리한 요구, 처벌 등의 반응이다. 그 결과로 아이와 전면적인 힘겨루기를 하거나, 아이가 나중에 더 큰 잘못을 하고 만다. 나의 부모교육 프로그램이 '적극적 부모역할훈련'인 이유는 부모가 아이에게 긍정적인 행동을 가르치기 위해 '먼저 행동하는 것'이 중요하다고 강조하기 위함이다. 부모 먼저 적극적으로 나서서 아이의 행동을 명확히 예상하면 다른 가족이 겪는 갖가지 문제를 예방할 수 있다. 그냥 행동이 잘못된 방향으로 엇나가지 않게 하려면 명확한 규칙을 세우고, 기 센 아이가 어떤 상황에서 돌발 행동을 할지 예상해야 한다. 아이가 한계를 알고 그 안에서 자유롭게 선택할 수 있다면, 훨씬 나은 행동을 할 뿐만 아니라 자기 자신과 가족 내에서의 자기 역할에 대한 안정감도 커진다. 그런 식으로 구속되는 데서 안정감을 느끼는 것이 이해되지 않는다면, 그러지 못한 한 여인의 슬픈 이야기를 읽어 보자.

미국 대법원이 중범죄자에 대한 사형 제도를 부활시킨 1970년대 말, 한 남자가 살인죄로 사형을 선고받았다. 특이하게도, 그는 목숨을 연장하려는 어떤 노력도 하지 않았다. 기자가 왜 굳이 죽으려고 하느냐고 묻자, 그는 이렇게 답했다. "저는 뭘 해도 되고 뭘 하면 안 되는지 아무도 알려 주지 않는 가정에서 자랐고, 제 삶은 그 자체로 지옥이었으니까요."

이 일화가 전하는 무거운 진실은 기 센 아이들이 잘못된 길로 빠지는 경우도 있다는 것이다. 그런 아이들은 점점 더 거칠어져서 행동장애를 일으키거나 결국에는 범죄자가 되어 남을 해칠 수 없는 울타리(교도소)에 갇히고 만다. 더러는 그 때문에 삶 전체를 빼앗기기도 한다.

아이들은 뭘 해도 되고 뭘 하면 안 되는지 아무도 알려 주지 않는 가정을 정말로 좋아하지는 않는다는 진실도 있다. 그런 가정이 아이에겐 낙원일 것 같지만 그렇지 않다. 용납되는 행동과 문제되는 행동을 구분하지 못해서 '삶 자체가 지옥'일 뿐이다. 이 슬픈 이야기의 또 한 가지 진실은 아이를 과보호하면 오히려 잘못된 행동에서 보호해 주지 못한다는 것이다. 살인을 저지른 아들이 그래도 마음은 착하다고, 한 번만 더 기회를 달라고 슬퍼하던 어머니는 아이의 잘못된 행동이 사소했을 적에 무시하는 바람에 그러면 안 된다고 가르치지 못했을 것이다.

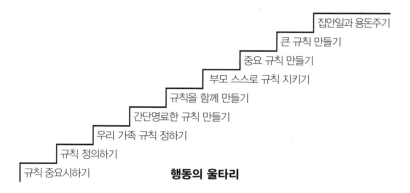

집안일과 용돈주기
큰 규칙 만들기
중요 규칙 만들기
부모 스스로 규칙 지키기
규칙을 함께 만들기
간단명료한 규칙 만들기
우리 가족 규칙 정하기
규칙 정의하기
규칙 중요시하기

행동의 울타리

아이들은 생활에서 지킬 규칙이 필요하다. 그것이 약속, 지침, 가훈 등 여러 가지로 불릴 수 있겠지만 해도 되는 일과 하면 안 되는 일이 나뉜다는 요점은 같다. 이런 한계가 아이 스스로는 할 수 없는 방식으로 기 센 아이의 행동을 제어한다. 이를 위해 부모는 침착하고 확고하며 공평하고 융통성도 있는 적극적인 지도자 역할을 해야 한다. 기 센 아이를 지도하려면 큰 용기가 필요하지만 힘든 만큼 보람도 크다. 아이는 가족의 규칙에 따라 사는 법을 익히면서 사회의 규칙에 따라 사는 법 역시 익히게 된다. 효과적인 가족 규칙을 정하는데 다음의 사항들이 참고가 될 것이다. 또한 다음 장에서는 그것을 실현하는 요령에 대해 더 설명할 것이다.

아이가 아닌 규칙에 주목하자 법치 사회의 장점 중 하나는 법이 누구에게나 평등하다는 것이다. 법은 특정인을 규제하기 위해서가 아니라 모든 사람, 적어도 특정 부류의 모든 사람을 똑같이 규제하기 위해 존재한다. 법은 누구에게나 평등하기에 개개인이 불만을 가질 일이 적다. 게다가 다른 사람들도 모두 규제받는다는 것을 알면 규제에 덜 연연해하게 된다.

규칙을 일반적인 말로 정의하자 '~해야 한다.' '~하지 말자.'와 같은 것보다는 일반적인 표현으로 규칙을 만들자.

- '8시에 자야 한다.' 대신 '자는 시간은 8시'
- '집 안에서 뛰면 안 된다.' 대신 '집 안에서 뛰지 않기'
- '엄마 때리지 마!' 대신 '가족을 때리지 않기'

가족 전체의 규칙을 진술할 때 '우리 가족은'이란 표현을 쓰자 가족의 일원이란 사실을 깨닫는 것은 아이가 용기와 자아 존중감을 발달시키는 데 중요하다. 가족 규칙을 받아들이는 데도 도움이 되는 것은 당연하다. 결국 모두가 함께라면 모두 같은 규칙을 따르는 것도 설명이 된다. 물론 '우리 가족은 사람을 때리지 않는다.'를 규칙으로 하려면 부모 역시 그것을 지켜야 설득력이 있다. 다음 장에서 처벌보다 효과적인 훈육 방법들을 소개할 것이다. '우리 가족은' 형식 규칙의 다른 예는 다음과 같다.

- 우리 가족은 자기 전에 목욕을 한다.
- 우리 가족은 입은 옷을 빨래 바구니에 넣는다.
- 우리 가족은 서로 존중한다.

아이가 어리면 규칙을 간단명료하게 만들자 5~6세 이전의 아이에게는 부모가 규칙을 말로 일러 주는 것이 좋다. 짧고 간단하게 정하고 다정하지만 확고한 목소리로 말하자. 이는 거창한 토론이 아닌 간단한 정보 전달이다. 물론 배우자 등 중요한 사람과 같이 산다면 규칙을 만들기 전에 미리 상의해야 한다. 예를 들어, 부부 중 한 명은 '장난감을 가지고 논 다음에는 치운다.'를 규칙으로 정했는데 다른 한 부모가 아이가 장난감을 치우지 않아도 아무 말 않는다면 아이는 '가끔은 장난감을 치우지 않아도 된다.'는 암묵적 규칙을 따르게 된다. 그러다 규칙을 정한 쪽의 부모가 "장난감 치우라고 했지?" 하고 화를 내면, 아이는 혼란스러운 메시지 때문에 화가 날 것이다.

아이가 조금 크면 규칙을 함께 만들자 아이가 7세 정도면 보통 자기가 지킬 규칙을 만드는 데 참여할 수 있다. 아이에게 한계를 결정하는 일을 온전히 넘기라는 뜻은 아니다. 그렇게 하는 건 수감자들이 교도소를 운영하는 셈이다. 그보다는 아이에게 발언권을 주어 민주적인 절차에 참여하게 하라는 뜻이다. 사람은 나이를 무시하고 자신이 절차에 영향을 줄 수 있다고 생각하면 그 절차를 뒤엎으려고 반항할 가능성이 훨씬 적다. 아이는 규칙을 일방적으로 통보받을 때보다 협상해서 같이 만들 때 훨씬 잘 지킨다. 또한 의사 결정에 참여하면서 배우는 한계 설정과 문제 해결이라는 귀한 절차는 훗날 직무와 인생 전반에 걸쳐 도움이 된다. 그래도 부모는 부모이니만큼 동의할 만한 일에만 동의해야 한다. 아이가 9시에 자는 게 더 적절하다고 생각한다면 10시 30분에 자겠다는 데 동의하지 않아도 된다. 대신 9시까지 자러 가면 30분간 혼자 책 읽을 시간을 주겠다는 식의 제안을 할 수 있다. 다음과 같은 표현을 사용해 보자.

- "이번에 바다로 여행 가서 지킬 약속을 상의해 보자."
- "올해는 몇 시에 자면 좋을지 이야기해 보자."
- "TV를 하루에 얼마나 보면 좋을지 이야기해 보자."

부모 스스로도 규칙을 지키자 수많은 정치인과 기업가가 법 위에 있는 사람은 없으며 법을 어기면 벌을 받는다는 것을 보여 준다. 하지만 부모들은 대개 자신들에게는 규칙이 예외인 것처럼 행동한다. 마치 '어른이 되면 내 마음대로 해도 아무도 잔소리 안 하겠지!'와 같

은 어릴 적 생각을 그대로 가지고 있는 것 같다. 부모가 정한 규칙을 부모 자신이 어기는 모습을 보이면 규칙에 대한 신뢰가 떨어진다. 물론 아이들에게는 적절하지만 어른들에겐 부적절한 규칙도 있다. 하지만 가족 모두에게 똑같이 적용되는 규칙이 있으면 훨씬 확실하다.

예를 들어, 매일 저녁 한 시간은 가족 모두 공부하거나 책을 읽는다는 규칙을 만들 수 있다. 그 시간에 아이들은 숙제를 하고 부모는 독서를 함으로써 평생 공부하는 모범을 보이면 된다.

규칙을 너무 많이 만들지 말자 어떤 부모는 규칙에 심취해서 하루나 이틀 간격으로 새 규칙을 만들어 내고는 한다. 일상생활 구석구석 6백 개가 넘는 규칙을 정한 고대 히브리인들의 『레위기』[2]도 아니고 말이다. 규칙은 적당히 아껴 쓸 때 더 효과적이다. 고대 히브리인들도 그것을 알았는지 십계명이라는 가장 중요한 규칙을 따로 뽑아 놓았다. 지속적으로 아이의 행동 하나하나에 호들갑을 떠는 부모는 권력 갈등을 조장하고 만다. 당신과 자녀에게 정말로 중요한 것들에 주목하고 그것들에 대해서는 확고해야 한다.

몇 가지 '큰 규칙'을 만들자 규칙의 수를 줄이기 위해 여러 행동을 포괄하는 몇 가지 큰 규칙을 만들자. 예를 들어, '우리 가족은 서로를

---

2) 역주: 레위기는 타나크의 율법서 토라의 세 번째 부분이다. 레위기라는 이름은 그리스어에서 온 라틴어 Leviticus에서 따왔으며, 율법 가운데 제사와 종교를 관장하는 레위인의 이름이 그 기원이다. 신자들이 지켜야 할 종교, 생활, 관습, 제사의식 등의 여러가지 율법에 대한 내용을 담고 있다.

존중한다.'는 규칙이 있으면 형제를 때리는 것에서부터 부모를 이름으로 부르는 것까지 모두 다룰 수 있다. 아이가 동생에게 소리 지른다든지 해서 이 규칙을 어기면, 간단히 "너는 동생을 존중하고 있니?"와 같이 물으면 된다. 다음과 같은 큰 규칙들도 만들 수 있다.

- 다른 사람을 괴롭히지 않는다.
- 공부 먼저 하고 나서 논다.
- 부모님 말씀 잘 듣는다.

규칙을 꾸준히 관리하자　규칙은 시간을 들여 확실히 지켜지도록 하고, 어길 때는 그 결과(대가)가 따르게 하자. 경영학에서 말하듯이 '기대하는 대로 되는 게 아니라 검사하는 대로 된다.' 아이들은 부모가 정말로 규칙을 유지하는지 아니면 잊어버리거나 무시하는지 시험할 것이다. 다음 장에서 깨진 규칙에 대처하는 법을 다루겠지만, 우선은 규칙이 잘 지켜지는지 검사해야 한다는 것을 유념하자. 예를 들어 아침 먹기 전 이불을 개야 한다는 규칙을 정했다면, 아이가 이불을 갰는지 확인해야 한다. 그러지 않으면 아이는 얼마 지나지 않아 옛날 습관으로 돌아갈 것이다.

집안일과 용돈
행동 구조화의 특별한 유형으로 아이에게 심부름과 용돈을 주는 것이 있다. 이런 활동은 아이에게 책임, 신뢰, 경제관념 등의 교훈을 줄 뿐 아니라 가족끼리는 집 안의 일과 자원을 서로 공유한다는 관념을 강화해 줄 수 있다. 그러면 아이가 자존감과 협동심을 키우는 데 필수인 소속감 역시 커진다.

만 3세 정도의 어린아이는 주방 일이나 간단한 심부름을 도울 수 있다. 아이가 도와줄 때 많은 격려를 하면 그 자체로 보상이 된다. 만 6~7세 정도면 대부분의 집안일을 거들 수 있다. 가족 회의를 열어 누가 어떤 일을 맡을지 상의하자. 부모의 일도 포함해서 말이다. 해야 할 일을 살피고, 어른만 할 수 있는 일도 이야기하자. 그러면 아이들은 도움받는 일을 알고 감사할 수 있고, 자기가 할 수 있는 일을 해 달라는 요청도 공평하다고 느낀다. 그리고 매달 새로 분담을 해서 한 사람이 계속 쓰레기만 버린다든지 하는 일이 없도록 하자!

아이들에게 집안일의 대가로 용돈을 주면 좋을 것 같다는 생각이 들지도 모르지만, 나는 그러지 말라고 권한다. 집안일은 윤택한 삶을 위해 가족 모두가 당연히 도와야 하는 것이라는 교훈을 가르칠 필요가 있다. 용돈 역시 가족의 일원이기에 받는 것이다. 혹시 용돈이 더 필요하다고 하면 구두 닦기나 세차 같은 특별한 일을 주면 된다. 또한 한 사람이 맡은 집안일을 정해진 시간까지 하지 않으면, 다른 사람이 대신 해 줄 수 있되 원래 하기로 했던 사람은 그 사람의 일을 대신해야 한다는 규칙을 두는 가족도 많다.

용돈은 받은 돈으로 무엇을 해야 할지 확실히 분간할 수 있는 만 7세 정도부터 주길 권한다. 그보다 어린 아이는 돈을 아무렇게나 써 버릴 수 있다. 또한 정식으로 용돈을 주면 아이가 무언가를 원할 때마다 돈을 주지 않아도 되는 여유가 생긴다. "그러라고 용돈이 있는 거란다."라고 말하기만 하면 된다. 아이가 자랄수록 용돈도, 용돈으로 해결할 일도 늘려 주자. 대학생이 된 우리 딸은 용돈으로 모든 지출을 해결한다. 천문학적인 등록금만 빼고.

7

진보적인 훈육: 길목 막기

부모가 나태한 탓으로 엄격과 훈육을 잘못 해석하여 매질과 학대를 당한 자식들은 그들의 자식에게도 비슷한 방식으로 대하기 마련이다.

— 쇠렌 키르케고르(1813~1855),
『쇠렌 키르케고르의 일기와 논문』(1967)

아이들이 세상에 존재했던 내내 그들은 부모가 제시한 한계를 시험해 왔다. 일만 년 전 동굴에 살았던 석기시대에도 아버지가 아들에게 혼자서 꿀을 따러 가지 말라고 했어도 겨우 몇 시간 만에 돌아와서 보면 아들은 꿀과 벌침 자국 투성이였다는 일화를 어렵잖게 떠올릴 수 있다. 기 센 아이들에게 삶의 어떤 것들은 저항할 수 없이 유혹적이다. 바로 그 부분에 부모가 개입해야 한다. 그러한 잘못된 행동을 올바른 행동으로 바로잡기 위해 효과적인 훈육법을 적극 사용해야 한다. 아이가 그릇된 길로 빠지려는 모습을 보면 울타리를 벗어나기 전에 막아야 한다. 혹은 앞으로는 울타리를 벗어나지 말라는 교훈을 주어야 한다.

아이의 정신을 개조하거나 의지를 꺾는 것과 같이 신이 주신 개성을 바꾸자는 것이 아니다. 아이가 강한 개성을 좋은 곳에 쓰도록 이끌어서 개인적으로 성공하고 또한 공동체의 안녕에 기여하게끔 하자는 것이다. 아이의 생각과 행동에 영향을 줄 수 있다면 느낌에도 영향을 줄 수 있고, 결과적으로 아이의 삶이 더욱 만족스러워진다. 물론 150년도 더 전에 키르케고르가 살핀 것처럼, 기 센 아이는 어떻게 훈육하느냐에 따라 더 나아질 수도 있고 나빠질 수도 있다. 그러므로 부모는 기 센 아이에게 가장 적합한 훈육법을 찾아내야 한다.

아이를 때리면 안 되는 8가지 이유

하면 '안 되는' 것부터 시작하다니 이상하게 보일지도 모르겠지만, 매질은 중세 시대 이래로 줄고는 있으나 여전히 널리 쓰이는 훈육법이기 때문에 특별히 언급할 만하다. 〈오프라 윈프리 쇼〉에서 왜 매를 때리면 안 된다고 생각하느냐는 질문을 받은 적이 있다. 토크쇼 직전에 한 어머니가 어린 딸을 자동차 뒷좌석에서 학대한 혐의로 체포되었다는 뉴스가 방영되었다는 것도 염두에 두자. 나는 매를 때리는 것은 너무 위험한 훈육법이라고 대답했다. 마치 안전띠를 매지 않고 운전을 하는 것과 같다. 괜찮을 때도 있지만 혹시라도 잘못된다면? 기센 아이들에게는 위험할 뿐만 아니라 부작용으로 더 큰 문제를 일으킬 공산이 크다. 매를 때리면 안 되는 타당한 이유 여덟 가지를 살펴보자.

화난 부모는 매를 때리다가 학대하기가 쉽다 앞서 언급한 뉴스가 매를 들면 훈육이 얼마나 아동 학대로 변질되기 쉬운지를 보여 주는 좋은 예이다. 아이에게 분노와 짜증을 표출하다 보면 아드레날린이 분비되어서 습관적으로, 심지어는 중독적으로 흥분 상태에 빠져들 수 있다. 쌓인 화를 푸는 것은 대단히 시원하다. 안타깝지만 분노의 안개가 걷히고(학대 증거가 발각되고) 보면 매 정도가 아니라 폭행, 밀치기, 따귀 등 아동 학대를 해 버린 부모들이 많다. 그래서 매를 때리는 데 동의하는 부모교육자들조차도 화가 났을 때는 절대 매를 들지 말라고 조언한다. 그리고 화가 가라앉은 뒤에는 매보다 더 나은 문제 해결법을 생각해 낼 수 있다.

매를 때리면 더 많은 잘못을 한다 어지간한 아이들은 매를 맞으면 당장은 잘못된 행동을 그친다. "당장 그만 해!" 하고 외쳐도 효과가 있는 것처럼 보인다. 하지만 아이들은 마음속으로는 매맞은 것에 대해 몹시 분개하고 의식적으로든 무의식적으로든 앙갚음을 하고자 한다. 그래서 나중에 더 많은 잘못된 행동을 하기도 하고, 더러는 다른 아이들에게 공격적인 행동을 하기도 한다. 기 센 아이들은 이런 부작용이 심할 뿐만 아니라 그 자리에서도 매질에 반항할 때가 많다. 굴복하는 대신 꼿꼿이 버티고 발길질, 주먹질, 고함, 욕설을 하면서 계속 맞서 싸우려고 할 것이다.

매를 때리면 공격적인 행동을 가르치게 된다 매를 자주 맞는 아이들은 때리거나 때리겠다고 위협함으로써 온갖 문제를 해결할 수 있다는 것을 학습한다. 그리고 부모는 분풀이를 하기에 너무 힘이 세니까 대신 다른 아이들을 괴롭히기도 한다. 폭력이 용납되지 않는 요즘 시대에 폭력적인 아이는 정학이나 심지어는 퇴학을 당할 수 있다. 부모는 아이에게 폭력은 오로지 자기 몸을 지키기 위해서만 제한적으로 허용되는 것이지 남을 '처벌'하거나 자기 뜻을 강요하기 위한 수단으로 활용해서는 안 된다는 것을 가르칠 필요가 있다. 기 센 아이들은 학교 폭력 말고도 문제에 휘말릴 위험이 충분히 많다.

매를 때리면 아이와의 관계가 망가질 수 있다 평생 단 한 번을 때리더라도 아이로선 평생 그 기억이 남아서 부모 곁을 안전하다고 느끼지 못할 수가 있다. 매를 때릴 때의 험악한 분위기는 관계를 크게 해친다. 기 센 아이를 길들이는 법의 핵심이 유대를 형성하는 것이니만큼 매를 때리는 것은 길들이기에 완전히 어긋난다. 아이를 때릴 때마다 관계는 조금씩 망가진다. 극복할 수 있을지도 모르지만, 그보다 더 나은 훈육법들이 엄연히 있는데 위험을 감수할 이유가 없다.

매를 때리는 것은 시대에 뒤처진 방식이다 내가 자란 1950년대에는 95% 이상의 부모가 매를 때렸다. 나 역시 많이 맞았지만 멀쩡하게 자랐다. 사실 1950~1960년대에는 지금보다 매의 효과가 있었다. 중세 계급 사회에서 발전한 훈육법이니만큼 진짜 효과가 있으려면 계급 사회여야 한다. 차별받는 농노 계급이 존재하지 않는 오늘날의 민주 사회에서는 누구나 존중받는 것이 당연하다. 잘못을 한 사람도 마찬가지이다. 그래서 공권력의 폭력, 태형, 공개 감금형 같은 것들은 도

태되었다. 이런 사회이니 아이들이 매질 같은 체벌에 저항하기 시작한 것은 시간 문제였다.

매를 때린 부모는 죄책감이 들 때가 많다   오늘날 대부분의 부모는 아이를 때리는 것이 옳은지 논란이 되고 있다는 사실을 안다. 매를 때리는 부모는 최근 50~60% 정도로 급감했다. 미국소아과협회도 체벌에 반대했다. 그 이전에도 수많은 부모가 '아이를 위해서' 아이를 때리는 것은 옳지 못하다는 생각에 죄책감을 느꼈다. 양육에는 부모의 죄책감이 아닌 자신감이 필요하다. 그리고 아이에게 상처를 주고 있단 것을 본능적으로 알고부터는 자신감을 가질 수 없다.

매가 통하면 부모 역할이 쉽다   부모나 아동 전문가들에게 좋은 부모가 되는 것이 어렵다는 점에 동의하느냐고 물으면 모두 그렇다고 한다. 얼마나 어려운지 누구나 잘 알고 있을 것이다. 그래서 부모 교육이 필요하며, 그래서 많은 단체에서 '적극적 부모역할훈련' 같은 과정을 후원한다. 예전에 가족과 샌디에이고 동물원에 가서 고릴라를 구경한 적이 있다. 어미 고릴라가 먹이를 먹는데 새끼 고릴라가 어미에게 성가시게 굴었다. 그러자 그런 잘못된 행동을 보고는 어미가 새끼를 커다란 팔로 때려눕혀 버렸다. 이 말의 요점은? 아이를 때리는 것은 IQ 60 정도 수준이란 것이다. 때리는 것은 누구든지 할 수 있으니 인간에게 긍정적인 행동을 가르치는 데 매가 통한다면 부모 역할은 어렵지 않고 쉬운 일이 된다. 복잡한 우리 사회에는 원시적인 유인원 집단의 그것보다 효과적인 훈육법이 분명 존재한다.

더 효과적인 훈육법이 많다 무엇보다도 우리가 사는 현대 사회에는 기 센 아이를 훈육할 더 나은 방법들이 있다. 정중한 요청, '나' 전달법, 확고한 주의 환기, 논리적 결과, 적극적 문제 해결, FLAC 등이 그 예이다. 이런 방법들은 행동 문제를 해결할 뿐만 아니라 책임, 협동, 용기, 존중, 자아 존중감 같은 덕목을 형성하는 데도 도움이 된다. 효과가 있느냐고? 그것들만으로는 아닐 수 있지만, 이 책에서 소개하는 관계 형성 전략들과 함께 사용하면 근사한 훈육이 될 것이며 매 때리기는 흉내에 불과하다는 사실을 깨닫게 될 것이다.

더 나은 훈육법

이제부터 소개할 훈육법들은 우리가 사는 사회에 더 적합하며, 이 책에서 소개하는 다른 방법들과 함께 사용할 때 더욱 효과적이다. 혹시 책의 앞뒤는 건너뛰고 이 부분만 읽을 생각이었다면 부디 그러지 말길 바란다. 이 훈육법들도 당신이 지금까지 시도해 본 여느 보상과 처벌 방법처럼 부작용이 따를 수 있다. 아이한테는 아무것도 통하지 않는다고 오히려 불평하게 될 것이다. 그러면 당신 아이가 정말로 너무나도 특별해서 부모교육 전문가든 심리학자든 아무도 도움이 되지 않는다는 의혹에 확신을 가짐으로써 조금은 마음이 편할지도 모른다. 하지만 그런다고 부모나 아이의 삶이 더 만족스러워지거나 행복해지지는 않는다. 또한 이는 부모에게 책의 다른 부분에서 소개하는 덜 마초적인 방법들을 활용할 만큼의 자기 훈련이 부족하단 것이다.

훈육은 진공 상태에서 시작하지 않는다는 사실을 기본으로 염두에 두자. 훈육은 항상 관계의 맥락 내에서 행해진다. 정말로 아이의 행동이 개선되기를 원한다면 훈육을 하기 전에 먼저 관계를 구축하자.

경고도 했으니 이제 아이의 잘못된 행동을 바로잡고 6장에서 세운 울타리 안에 있게 할 훈육법들을 소개한다. 단호함과 간섭의 정도가 약한 것에서부터 강한 것의 순으로 제시한다. 잘못된 행동을 훈육하는 것은 이라크전과는 다르다. 충격과 공포를 지향해선 안 된다. 오히려 그 반대를 지향해야 한다. 강제력은 변화를 이끌어 내기 위해 최소한으로 필요한 만큼만 사용해야 한다.

여기에는 두 가지 이유가 있다. 첫째, 기 센 아이에게 과도한 강제력을 사용하면 아이는 힘 의식을 자극받고 더욱 끈질기게 저항한다. 게다가 기 센 아이는 끈질기기도 해서 힘겨루기가 몇 시간씩 이어지고 만다. 둘째, 공포심 때문에 행동을 바꾸는 식으로는 아이가 협동의 필요성을 배우지 못한다. 대신 아이는 '부모님 계실 때는 이런 짓 하면 혼나는구나. 안 계실 때만 해야지.'와 같이 생각할 것이다. 그리고 결국 다른 곳에서 문제에 휘말리고 만다. 하지만 강제력을 절제해서 사용하면 '이 상황에서는 이렇게 행동하는 게 정말로 최선이구나.'와 같이 생각할 것이다. 그러면 아이는 나중에도 올바른 선택을 하고 협동의 소중함을 배울 수 있다.

그러니 훈육법들을 다음 순서대로 사용하는 것이 좋다. 먼젓번 것이 통하지 않으면 다음 것을 쓰고, 그것도 통하지 않으면 그다음 것을 쓰는 식으로, 문제가 해결되고 아이가 다시 한계 내에서 살게 될 때까지 차근히 나아가면 된다. 이 훈육법들이 전부 통하지 않는다면 놓친

부분은 없는지 다른 장들을 다시 확인해 보자. 정말로 아무것도 통하지 않는다면 11장을 유심히 읽고 정신건강 전문가 등 외부의 도움을 구하자.

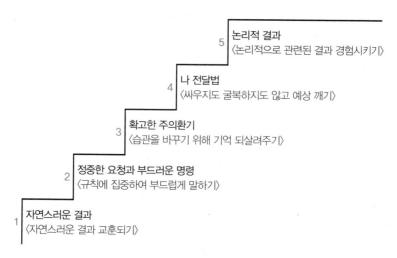

5 논리적 결과
〈논리적으로 관련된 결과 경험시키기〉

4 나 전달법
〈싸우지도 굴복하지도 않고 예상 깨기〉

3 확고한 주의환기
〈습관을 바꾸기 위해 기억 되살려주기〉

2 정중한 요청과 부드러운 명령
〈규칙에 집중하여 부드럽게 말하기〉

1 자연스러운 결과
〈자연스러운 결과 교훈되기〉

효율적인 훈육법

자연스러운 결과

역설적으로, 첫 번째 훈육법은 아무것도 하지 않는 것이다. 부모가 개입하지 않고 놔두기만 해도 아이는 대자연에서 많은 교훈을 배울 수 있다. 아이가 선택하는 행동에 자연스러운 결과를 따르게 하면 선택의 책임은 온전히 아이에게 간다. 그리고 오랫동안 책임감이 몸에 배면 아주 긍정적인 성격이 형성될 수 있다.

하지만 부모로선 자연스러운 결과를 내버려 두기가 쉽지 않을 때도 많다. 부모에게는 결국 아이를 보호할 책임이 있다. 찻길에서 놀면 안 된다는 것을 가르치기 위해 아이가 교통사고를 당하게 내버려 둘 수는 없다. 자연스러운 결과가 너무 위험하다면 부모가 개입해서 방지해야 한다. 하지만 자연스러운 결과 그대로 교훈이 되도록 내버려 둬도 좋은 상황도 많은데, 부모들은 대개 아이가 기분 상하거나 문제를 일으킬까 염려해서 상황에 굴복하고 훈육 기회를 놓치고 만다. 철학자 버트런드 러셀이 아들에게 뚜렷한 교훈을 준 다음 일화를 보자.

우리 아들은 음식 투정을 했다. 유모가 어르고 달래서 먹이곤 했지만 점점 더 투정이 심해졌다. 하루는 점심 식사 중에 아들이 푸딩을 먹기 싫다고 했다. 그래서 우리는 푸딩을 치워 버렸다. 나중에 아들은 푸딩을 도로 먹겠다고 했지만, 이미 요리사가 먹은 뒤였다. 아들은 깜짝 놀라서 다시는 그런 투정을 부리지 않았다(『Education and the Good Life』, 1926).

만약 러셀이 아들의 식사를 너무 걱정해서 요리사에게 새 푸딩을 만들거나 푸딩 대신 다른 음식을 가져오게 했다면? 배고픔이라는 자연스러운 결과가 나오지 못했을 것이고, 아이는 계속 남들이 자기 변덕에 맞춰 주리라고 생각했을 것이다. 약간의 실망, 불쾌, 불편을 겪음으로써 아이는 자신의 선택을 되돌아보고 다음에는 더 나은 선택을 하게끔 동기 부여를 받을 수 있다. 이런 동기 부여를 받지 못한 아이들은 대개 같은 실수나 잘못을 몇 번이고 반복한다.

자연스러운 결과의 예들을 살펴보고, 그것을 어떻게 활용해서 우리 아이의 잘못된 행동을 바로잡을 수 있을지 생각해 보자.

- 제니가 좋아하는 책을 바깥에 놔뒀는데 비가 내리자, 어머니는 안타깝지만 책을 새로 사 주지 않겠다고 부드럽게 거절했다.
- 타일러가 장갑을 끼지 않고 눈싸움을 하러 나가자, 아버지는 말리지 않았다. 그러다 타일러가 손 시려워 하자 아버지는 돌아와서 장갑을 끼지 않겠느냐고 부드럽게 물었다.
- 웨이터가 리사에게 접시가 뜨거우니 만지지 말라고 하자마자 리사는 손을 내밀어 접시를 만졌다. 리사는 화들짝 고개를 들며 외쳤다. "앗, 뜨거!"

경험은 훌륭한 스승이지만 경험해 볼 수 없는 일들도 있다. 다음 세 가지 경우에는 부모가 반드시 개입해야지 자연스러운 결과가 따르게 내버려 두면 안 된다.

- 결과가 너무 위험할 때
- 결과가 아이에게 영향을 줄 수 없을 때. 예를 들어, 앞의 예에서 제니가 밖에 놔둬서 비에 젖은 책이 언니의 것이었다면?
- 결과가 너무 먼 미래의 일일 때. 예를 들어, 공부를 하지 않는 것의 자연스러운 결과는 어른이 된 후 직업을 구하기 어려워지는 것이지만, 너무 나중 일이기 때문에 대부분의 아이는 둘을 연관 지어 교훈을 얻지 못한다.

이 셋 중 어느 경우라도 부모가 개입해서 보다 직접적인 훈육을 시도해야 한다. 다음 단계는 '정중한 요청'이다.

정중한 요청과 부드러운 명령

이는 실망, 불쾌, 불편을 주지 않기 때문에 훈육이 아닌 것처럼 생각될 수도 있다. 하지만 부모가 말을 한 뒤에는 실망, 불쾌, 불편을 주는 행동이 나올 것이라고 아이가 예상하게 되면, 말만으로도 효과가 있다. 말로 해결되는 것도 많으니 일단 말로 하자. 그리고 말로 해결되지 않으면 더 확고한 의사소통을 하고, 그래도 안 되면 구체적인 행동을 해야한다. 하지만 언제나 말을 먼저 해야 한다. 결국에는 말만 해도 아이가 알아듣는 것이 최선이기 때문이다.

'정중한' 그리고 '부드러운' 목소리로 말하는 것이 좋다는 점도 명심하자. 부모가 아이에게 요청하거나 명령하는 방식이 무례하거나 공격적이어서 시작되는 힘겨루기가 너무 많다. 아이는 사실 부모 말을 들을 수 있으면서도 존중받고 싶다는 커다란 욕망 때문에 반항할 때가 있다. 요청과 명령을 정중하고 부드럽게 하는 법은 다음과 같다.

- 다정한 목소리를 쓰자.
  - 좋은 예: "저녁 먹을 시간이네. 손 씻으렴."
  - 나쁜 예: "당장 손 씻고 와서 저녁 먹어!"
- 지나간 잘못을 들추지 말자.
  - 좋은 예: "손 씻고 저녁 먹자."

- 나쁜 예: "어제 저녁처럼 열 번씩 불러야 올 거야?"
- 아이가 아닌 규칙에 집중하자.
  - 좋은 예: "손 씻고 저녁 먹을 시간이야."
  - 나쁜 예: "그거 그만 하고 손 씻어."
  - 좋은 예: "목욕 준비할 시간이야."
  - 나쁜 예: "너 얼른 욕실로 들어가."
  - 좋은 예: "갖고 놀던 장난감 치운 다음에 다른 거 꺼내는 게 규칙이지."
  - 나쁜 예: "너 얼른 그거 치워."

확고한 주의 환기

정중하고 부드럽게 요청해도 효과 없을 때가 있다. 사람은 습관의 동물이다. 예를 들어, 아이에게 입은 옷을 빨래 바구니에 넣지 않고 방바닥에 팽개치는 습관이 있다면, 아이가 부모의 정중한 요청을 진심으로 받아들이고 싶더라도 습관이 고쳐지기 전까지는 자꾸 깜빡할 수 있다. 아무리 착한 아이라도 습관을 바꾸기까지는 오랜 시간이 필요할 수 있다. 그러니 건방지게 반항한다고 생각하지 말고, 새로운 개념을 숙지하기 위해서 반복 학습으로 뇌 구조를 바꿔야 하는 학생이라고 생각하자. '감을 잡기' 위해 많은 연습과 훈련을 해야 하기도 한다. 확고한 주의 환기는 습관을 바꾸는 과정에서 기억을 되살리는 데 도움이 된다.

아이가 정중한 요청을 듣지 않는 다른 이유는 그저 듣고 싶지 않기 때문일 수도 있다. 부모가 시키는 일보다 자기가 하려는 일이 가치 있다고 생각해서 부모의 요청을 무시하고 자기 일을 하는 것이다. 기 센 아이들은 본디 힘이 넘쳐서 자기가 하고 싶은 일을 자기 하고 싶은 때에 해야 직성이 풀린다. 부모가 무슨 일을 시킬 때마다 소리 지르 는 버릇이 있다면 문제가 더욱 복잡하다. 정중하고 부드럽게 요청하 면 아이는 그것이 진심이 아니라고, 평소처럼 부모가 소리 지르기 전 까지는 무시해도 상관없다고 생각해 버린다. 그리고 부모가 소리 지 르면 기 센 아이들은 기다렸다는 듯이 반항을 하고, 부모는 자신도 모 르는 사이에 전면적인 힘겨루기에 휩쓸리게 된다. 정중한 요청에 대 한 아이의 생각을 바꾸는 것이 갈등하는 관계를 협동하는 관계로 바 꾸는 첫걸음이다. 정말로 아이를 길들이고 싶다면 소리 지르지 말자. 대신 확고한 목소리로 꼭 필요한 말만 해서 할 일을 확인시켜 주자. 예를 들면 다음과 같다.

- "데이비드, 입었던 옷은 빨래 바구니에 넣어야지."
- "래티샤, 먹고 난 그릇은 싱크대에 넣어야겠지."
- "칼, 코 파면 안 되지."

확고하게 확인시킨 다음에는 아이가 말을 들을 때까지 가만히 지 켜보자. 아이가 말을 듣지 않아서 한 번 더 이야기해야 할 수도 있다. 확고하게 지켜보되 절대 위협하지는 말고, 그 말이 진심이라는 것을 알리자. 확고하게 확인시켜 놓고선 자리를 옮기고 한참 잊어버리면, 아이는 무시해도 된다고 생각한다. 그러니 아이가 말을 들을 때까지

한 발짝도 움직이지 말고 나무처럼 그 자리에 버티고 서 있자. 아이가 요청을 분명하게 거부하거나 계속 무시하면, 다음 전략인 '나' 전달법으로 넘어가자.

'나' 전달법

나 전달법은 예측하기 쉽고 상대적으로 효과가 적은 기존의 갈등을 타파하는 데 효과가 크다. "너 이거 해!" "안 해요!" "너 안 하면 혼난다!" "그래도 안 해요!" 식의 반복 말이다. 부모들은 아이가 부모의 예상 행위를 얼마나 쉽게 아는지를 모른다. 잔소리하고, 설교하고, 협박하고, 뇌물을 걸고, 소리 지르고, 외출을 금지하고, 때리고, 굴복시키는 것은 모두 아이들이 뻔히 예상할 수 있으므로 실제 겪기도 전에 어떻게 될지 다 알아 버린다. 그렇다면 왜 부정적인 결과가 따른다는 것을 알면서도 잘못된 행동을 계속하는 걸까? 아이의 기가 아이를 바꾸려는 부모의 욕망보다 더 세기 때문이다. 훈육하려는 부모의 노력에도 불구하고 아이의 호기심, 모험심, 힘, 끈기, 예민성의 충동이 너무 큰 것이다. 게다가 잘못된 행동을 함으로써 부모처럼 대단하고 중요한 사람이 화가 나서 눈물을 글썽이게 만들면 자신이 힘 있다는 느낌에 도취된다. 부모의 감정을 움직일 수 있다는 것은 아이 관점에서는 굉장한 일이기 때문이다. 자신이 바라는 대로 하지 못하더라도, 부모가 바라는 대로 하지도 않음으로써 힘을 과시하는 것이다. 5장에서 힘에 대해 논하면서 언급했듯이, '싸우지도 굴복하지도 않고 예상을 깨는 것'이 중요하다. 정중한 요청과 확고한 주의 환기는 예상을 바꾸기 시작하며, 그 다음의 나 전달법은 더욱 완전한 반응을 유도한다. 나 전달법의 예는 다음과 같다.

"캐시, 엄마는 네가 불러도 들어오지 않아서 힘들어. 엄마는 저녁이 다 됐는데 네가 오지 않아서 부르러 가는 사이에 요리가 타 버릴까 봐 걱정이 많아. 앞으로는 저녁 먹으라고 부르면 와 줄 수 있겠니?"

언뜻 생각하기에는 캐시가 어머니 말을 듣고 단번에 잘못된 행동을 바꿀 리가 만무할 것 같지만, 그렇지 않다. 오랫동안 부모들은 많은 아이의 온갖 잘못된 행동에 나 전달법이 신기하게 잘 통했다고 호응했다. 한 어머니는 내가 지도하던 적극적 부모역할훈련 집단에서 다음과 같은 이야기를 했다.

"어떻게 됐는지 믿기지 않으실 거예요. 우리 아들은 원래 밥을 3분 만에 게 눈 감추듯 비우고 식탁에서 뛰쳐나가 버리는 습관이 있었어요. 그래서 어제 저녁엔 나 전달법을 쓰기로 마음먹고, 아들이 일어서려고 할 때 말했어요. '대니, 엄마는 가족이 식사를 마치기 전에 네가 가 버려서 힘들어. 엄마는 너와 함께 식사할 수 없어서 아쉬운 느낌이 들어. 엄마는 네가 가족이 다 먹을 때까지 같이 있어 주면 좋겠어.' 그러자 대니는 깜짝 놀라서 저를 쳐다봤어요. 대니가 진짜로 제 말을 들은 건 처음인 것 같아요. 앉아서 다 같이 즐겁게 식사했죠. 이제는 쉬운 것 같아요."

이 이야기는 실화지만, 나 전달법으로도 풀리지 않는 문제는 있다. 그래도 나 전달법은 예상을 깨뜨리고 부모와 자녀 간의 힘 관계를 바꾸는 데 도움이 된다. 나 전달법의 구조를 단계적으로 알아보자.

문제를 제시하기: "나는 ～가 힘들어." 나 전달법은 '나(1인칭)'라는 말로 시작하기 때문에 그런 이름이 붙었다. 이는 부모들이 평소 아이와 대화를 시작하며 꺼내는 말과는 근본적으로 다르다. 보통 부모는 "너는 만날 가족이 밥을 먹고 있는데 가 버리지……."와 같이 말할 것이다. '너'를 시작으로 말을 꺼내면 아이는 방어적인 자세가 되어 갈등을 일으키기 쉽다. 나 전달법에서는 문제를 부모 스스로 짊어짐으로써 함께 해결하자는 입장이 잘 전달되는데 그것만으로도 긴장이 어느 정도 해소된다. 또한 문제를 뚜렷하게 드러냄으로써 양자 모두 어떤 부분을 해결해야 하는지 알 수 있다. 이는 아이에게 평생 도움이 될 효과적인 문제 해결 절차이다.

문제에 대한 감정 나누기: "나는 ～한 느낌이 들어." 당신과 당신의 감정에 초점을 맞춘다면 힘겨루기에 휘말릴 위험을 더욱 줄일 수 있다. 동시에 아이에게 자신의 행동이 타인에게 어떤 영향을 주는지 가르쳐 줄 수 있다. 기 센 아이들은 자신의 욕구와 예민성이 강해 타인의 감정을 모르기가 쉬워서 공감을 배우는 것이 특히 중요하다. 공감 훈련과 감정의 중요성은 11장에서 더 자세히 다룰 것이다. 우선, 감정 어휘를 사용해서 아이의 잘못된 행동이 당신에게 준 영향을 묘사하는 법을 익히자. '화난다'는 말을 너무 자주 쓰지 않도록 조심하자.

물론 부모가 나 전달법을 시작할 때는 대개 아이와 힘겨루기를 겪고 있기에 화가 난 상태로 있을 때가 많다. 하지만 화가 나기 전에 스스로를 돌아보고 다른 감정들에 집중하는 것이 요령이다. 예를 들어, 아이는 부모가 '화났다'고 할 때보다 '실망했다' '안타깝다' '걱정된다' '마음 아프다'고 할 때 말을 더 잘 듣는다. 이는 또한 아이의 방어적 태도를 완화하고 변화할 가능성을 열어 준다.

감정의 원인 나누기   캐시의 어머니는 딸을 불러들이면서 드는 걱정을 이야기할 때, 걱정만으로 끝내지 않고 '저녁이 다 됐는데 네가 오지 않아서 부르러 가는 사이에 요리가 타 버릴까 봐'라는 이유를 설명했다. 사람이 행동을 바꾸기 위해서는 대개 동기 부여를 할 이유가 필요하다. 문제와 그로 인해 드는 감정을 이야기하는 것만으로는 충분하지 않다. 그런 감정이 들 만한 정당한 이유를 붙이면 훨씬 설득력이 있다. 물론 기 센 아이가 걷잡을 수 없이 흥분한 상태라면 아이를 진정시키기 전까지는 아무것도 통하지 않는다. 흥분한 아이를 진정시키는 방법은 10장에서 다룰 것이다. 하지만 아이가 경청하고 있다면 이유를 말해 주는 것이 유용하다.

아이에게 희망 사항 말하기: "나는 ~하면 좋겠어."   이 부분을 생략하는 부모도 있고, 이 부분만 말하고 나머지를 생략하는 부모도 있다. 이 부분을 생략하는 부모는 자신의 감정만 말하면 아이가 알아서 잘못된 행동을 고칠 것이라고 믿지만, 기 센 아이는 그러지 않는다. 행동을 어떤 식으로 바꾸길 바라는지 명확하게 알려 주어야 한다. 확고하면서도 공격적이지 않은 어조로 눈을 똑바로 맞추고 말하자. 이 부분만 말하고 감정 부분을 생략하는 부모는 아이에게 희망 사항을 말하기만 하면 아이가 그대로 따를 것이라고 생각하지만, 기 센 아이는 그러지도 않는다. 아이는 요구를 명령으로, 명령을 싸움 신청으로 받아들인다. 감정 부분은 갈등을 완화시켜 주고 희망 사항 부분은 어떤 변화가 필요한지 뚜렷하게 명시하므로 두 부분이 다 중요하다.

(선택) 동의 구하기: "그래 주겠니?" 협의를 마치면서 동의를 구하는 것도 좋다. 이는 미래의 행동을 바꾸고자 할 때 특히 유용하다. 캐시의 어머니는 말을 꺼낸 그 순간 캐시에게 밥을 먹이려던 것이 아니라, 내일 저녁 식사 시간부터 캐시가 부르면 와 주기를 바란 것이다. 동의를 구하면 아이가 부모의 희망 사항을 기억하는 데 도움이 된다. 아이가 무조건 기억한다는 보장은 없지만, 기억할 가능성은 높여 준다.

(선택) 시간 묻기: "언제 할 거니?" 아이가 부모의 희망 사항(예를 들어, 방 청소를 하는 것)에는 동의하는데 부모가 예상하는 시간 안에 할 생각은 없는 경우가 많다. 부모는 '오늘 중으로' 하라는 뜻으로 말했는데 아이는 '아주 먼 훗날 언젠가' 하겠다고 생각할 수도 있다. 이 격차를 줄이기 위해(그리고 곧 일어날 "방 치운다고 했잖아!" "치울 거예요!" 하는 갈등을 줄이기 위해) 나 전달법을 마칠 때 그 행동을 언제 바꿀지 묻는 것이 좋다. 아이가 '나중에' 같은 말로 얼버무리면, "나중에 언제?"와 같이 확실히 묻자. 부드럽고 여유 있게, 하지만 끈기 있게 물어서 두 사람이 모두 동의할 만한 시간을 정하자. 그리고 약속을 지키는지 나중

에 확인하자.

(중요!) 아이가 행동을 바꾸면 반드시 칭찬해 주기 바뀐 행동을 지속하는 최선의 방법은 그 행동을 격려하는 것이다. "방 청소 진짜 잘했다. 깨끗해졌네!" "엄마가 부를 때 와 줘서 고마워." 긍정적인 행동을 격려하는 방법은 무수히 많다. 이에 대해서는 9장에서 더 알아볼 것이다. 일단 변화와 발전을 칭찬하지 않는다면 나 전달법이든 다른 어떤 훈육법이든 소용없기 십상이란 것을 유념하자. 아이가 노력해서 부모 말대로 행동을 바꾸었는데 부모가 그 변화를 알아주지 않으면, 아이는 의식적으로든 무의식적으로든 다음과 같은 비생산적인 생각을 하게 된다.

- '엄마가 하지 말란 것을 했을 땐 관심을 받았어. 근데 엄마가 하라는 것을 했을 땐 관심을 못 받았어. 관심 못 받는 것보단 관심 받는 게 좋아. 다시 하지 말란 것을 해서 엄마한테 관심을 받아야겠어.'
- '힘들게 바꿨는데 아빠는 관심도 없어. 사실 이건 별로 중요하지 않나 봐. 그냥 내가 하고 싶은 대로 해야겠다.'
- '문명화된 사회에선 어떤 사람이 다른 사람의 요구를 충족해 주면 후자는 최소한 감사 표시를 해야 하고 보통은 사례를 한다는 암묵적 계약이 있지. 그런데 후자가 그렇게 하지 않으면 전자는 자신이 합당하다고 여기는 방식으로 앙갚음할 권리가 있어. 앙갚음은 예의 행동 변화를 철회하는 것을 포함하나 그에 국한되

지는 않지.'

변호사 유머는 제쳐 두더라도, 아이가 보이는 긍정적 변화를 격려하는 것은 아주 중요하다. 부모가 그 변화를 요구했다면 더욱 중요하다. 그러니 아이를 유심히 지켜보고 좋은 행동을 알아봐 주기를 놓치지 말자.

논리적 결과

이제까지 살펴본 훈육법들은 의사소통 기술이다. 뒤로 갈수록 강도 높고 직접적인 방법인데, 모두 아이에게 부모와 협력하도록 호소한다는 공통점이 있다. 그래서 기 센 아이를 길들이는 일은 유대를 형성하고 긍정적인 관계를 구축하는 부모의 능력에 달려 있다. 그럼에도 불구하고 아이의 욕구를 충족시켜 주던 기존의 나쁜 습관을 극복하기 위해서는 협력만으로는 부족하고 더 큰 자극이 필요할 때가 있다.

구식 훈육법에서는 아이에게 고통을 주어 나쁜 습관(또는 반항적인 성격)을 깨뜨리라고 하거나 점수표, 스티커, 용돈 등의 뇌물로 회유하라고 한다. 두 접근법의 단점은 앞에서 설명했고, 이제 제3의 길을 제시하고자 한다. 아이들, 특히 기 센 아이들은 자기 행동에 결과가 따른다는 사실을 배울 필요가 있다. 부모의 타당한 요청, 가족 규칙, 상황에 맞는 역할을 무시하기로 선택했는데도 아무렇지 않으면 안 된다. 가정의 지도자인 부모가 아이에게 논리적으로 관련된 결과를 경험하게 해 주어야 한다. 논리적 결과는 물론 인도적이어야 하지만 아이에게 어느 정도의 불편은 주도록 설계되어야 한다.

단, 불편을 주되 고통을 주지는 말아야 한다. 결과가 너무 가혹하면 아이는 오직 고통을 면하기 위해 억지로 협력한다. 그러면 부모에 대한 원망이 쌓이고 부모가 유도한 변화도 싫어하게 된다. 불편은 딱 아이가 자기 행동을 돌아보고 그 결과에 책임을 느낄 정도로만 주어야 한다. 바뀐 행동도 자기 책임이고 그것이 자신에게 유익하다고 느낄 수 있어야 한다. 이는 아이에게 책임감을 갖게 되는 아주 중요한 성격을 형성해 준다. 아이가 자기 선택에 논리적으로 관련된 결과가 따른다는 것을 이해하면 나중에는 더 나은 선택을 할 능력이 생긴다. 책임감 있는 아이는 경험에서 배울 수 있는데, 이는 어떤 사회에서든 성공의 주춧돌이다.

논리적 결과 방법의 핵심은 잘못된 행동과 논리적으로 관련 있는 결과를 찾아내는 것이다. 구식 훈육법에서의 벌칙은 너무 억지스럽다. 부모에게 나쁜 말을 해도 방에 가 있어야 하고, 저녁 먹다 콩을 남겨도 방에 가 있어야 하고, 놀고 나서 장난감을 안 치워도 역시나 방에 가 있어야 한다. 이런 천편일률적인 훈육법은 부모가 사용하긴 쉽지만 아이에겐 논리적으로 이해가 되지 않아서 책임감을 길러 주지 못한다. 게다가 부모와 아이의 협력에 방해가 되고 아이가 훗날 더욱 반항적으로 행동하게끔 한다.

물론 방에 가 있게 되는 결과가 아이의 잘못과 논리적으로 관련 있다면 아무 문제없다. 예를 들어, 아이가 부모에게 나쁜 말을 했다면 잠시 부모의 곁에서 떨어져 있게 하는 것은 논리적이다. 이런 잘못에 대해서는 예의 바르게 말할 수 있을 때까지 방에 있어야 한다는 결과가 충분히 논리적이다(다만 실제로 보내기가 어려울 수 있는데, 이 문제는 뒤에서 다루도록 한다). 하지만 앞서 제시한 다른 두 잘못, 즉 콩을 먹지 않거나 장난감을 치우지 않는 행동은 방에 가 있는 것과 무슨 상관이 있을까? 아무 상관이 없다. 벌주기 위한 벌일 뿐 가르치는 것이 없는 억지 결과이다. 매, 외출 금지, 간식 금지 등 오랫동안 사용된 흔한 벌들 모두 마찬가지이다.

잘못과 논리적으로 관련 있는 결과는 아이가 받아들이기 훨씬 쉽다. 그 결과를 마음에 들어 하진 않아도 일반적인 벌을 받을 때보다 억울하다는 느낌이 현저히 적다. 따라서 논리적 결과 훈육법의 첫 단계는 부모 먼저 훈육을 논리적으로 생각하는 훈련을 하는 것이다. 부모들은 한두 가지 벌이 단기적으로 효과가 있으면 계속 그 벌만 주는 경향이 있다. 이는 쉬울지는 몰라도 비효율적이다. 논리적 결과 훈육법으로 바꾸려면 아이의 잘못과 정말로 관련 있는 결과를 유심히 생각해야 한다. 예를 들면 다음과 같다.

- 채소를 안 먹겠다고 하면, 밥을 그만 먹게 하고 간식도 못 먹게 한다.
- 가지고 놀던 장난감을 안 치우겠다고 하면, 장난감을 상자에 넣고 하루 동안 못 꺼내게 한다.
- 10세 아이가 15세 이상 관람가 영화를 못 본다고 화가 나서 아버지를 '바보'라고 부르면, 아버지는 침착하게 방에서 나간다. 그리고 아이가 진정되고 나면 돌아와서 다른 사람, 특히 부모에게 예

의 바르게 말하는 것이 중요하다고 설명해 주고, 논리적 결과로 일주일 동안 영화나 TV를 못 보게 한다.

이 결과들은 모두 아이의 잘못과 논리적으로 관련이 있다. 하지만 논리가 전부는 아니다. 다음 요령도 유념하면 훨씬 성공할 가능성이 크다.

※ **논리적 결과 훈육법이 무엇이지요?**
네, 자기행동에 결과가 따른다는 사실을
가르쳐 주는 것이랍니다.

※ **논리적 결과를 사용하려면 어떻게 해야**
하지요?
네, 첫째로 목소리와 태도를 확고하면서도
차분하게 하기
⇨ 자상한 지도자다워야 합니다.

둘째로 아이에게 문제 해결을 도와달라고
요청하기
⇨ 아이를 존중해야 합니다.
아이도 생각할 줄 알고 자신의 문제를 해결할
수 있는 사람이라고 인정해 줍니다.

셋째는 이것 또는 저것 또는 이것하고 나서
저것 하기 식의 선택권 주기
⇨ 선택은 정당한 힘입니다. 명령 대신
정당한 힘의 선택권을 줍니다.

넷째는 이것하고 나서 저것하기 선택하기
⇨ 더하고 싶은 일을 하게 합니다.

다섯째는 선택권을 준 뒤에는
꾸준히 행동하기
⇨ 말한 결과를 꾸준히 행동으로
옮겨줘야 합니다.
⇨ 부모의 말이 진심임을 전달합니다.

논리적 결과 훈육법

목소리와 태도를 확고하면서도 차분하게 하기

효과적인 훈육의 핵심은 아이에게 강인하고 책임감 있으면서도 부모가 아이 편이라는 인상을 주는 것이다. 목소리, 표정, 몸짓 모두 자상한 지도자다워야 한다. 지도자이되 독재자는 아니어야 한다. 이 끄는 것은 부모지만 따를지 말지는 아이에게 달려 있다. 아이를 잘 이끌어 주는 것이 부모의 역할이고 책임이고 능력이다. 침착할 때 부모의 힘은 더 강해진다. 짜증이나 화를 내는 부모는 아이에게 악당 또는 자격 없는 독재자로 보이고, 기 센 아이에게 반항하려는 욕구를 일으킨다. 아이의 반항은 아무도 이기지 못하는 끝없는 힘겨루기의 형태를 취한다. 한편, 부모의 목소리나 태도가 나약해 보이면 이 역시 아이에겐 지도자 자격이 없는 것처럼 보이고, 기 센 아이는 부모를 자기 뜻대로 하려고 들 것이다. 확고하면서도 차분한 태도는 '네가 원하는 것을 줄 수는 없지만, 나는 너를 지켜 주고 네가 성공적이고 사회에 기여하고 행복한 사람으로 자라도록 도우려는 거야.' 와 같은 메시지를 전한다.

아이에게 문제 해결을 도와 달라고 요청하기

독재자 부모는 아이에게 명령과 상벌을 내린다. 유약한 부모는 아이에게 말을 들어 달라고 애원하고 사정한다. 아이를 더 존중하는 방식은 아이도 생각을 할 줄 알고 자신이 만든 문제를 해결하도록 도와줄 수 있는 사람으로 대하는 것이다. 이를 유념하고 아이에게 논리적 결과에 협조해 달라고 요청하자. 벌을 주기 위해서가 아니라 바꿔야 할 습관을 기억하도록 돕기 위해서라고 설명하자. 예를 들어, 저녁 먹으라고 불러도 오지 않던 캐시에게 어머니는 나 전달법으로 다음과 같이 말했다.

"캐시, 엄마는 네가 불러도 들어오지 않아서 힘들어. 엄마는 저녁이 다 됐는데 네가 오지 않아서 부르러 가는 사이에 요리가 타 버릴까 봐 걱정이 많아. 앞으로는 저녁 먹으라고 부르면 와 줄 수 있겠니?"

앞으로 캐시가 잘 오기로 해 놓고 다음 번 불렀을 때 잊어버리거나 거절하면 어머니는 다음과 같이 말할 수 있다.

> 어머니: 캐시, 우리한텐 여전히 엄마가 너를 불러도 네가 오지 않는다는 문제가 있어. 어떻게 하면 네가 더 잘 기억할 수 있을까?
>
> 캐시: 몰라요.
>
> 어머니: 엄마 생각엔 논리적 결과가 있으면 더 잘 기억날 수도 있을 것 같아. 엄마가 불렀을 때 네가 들어오든지, 아니면 식어서 덜 맛있는 음식을 먹는 건 어떠니? 도움이 될 것 같아?
>
> 캐시: 몰라요.
>
> 어머니: 엄마도 모르겠구나. 그래도 한번 해 보자.

어떤 아이들은 이 예에서의 캐시보다 훨씬 창의적일 수도 있지만, 그래도 아이가 소극적일 경우에 대비해 논리적 결과를 생각해 두어야 한다. 아이가 적극적으로 참여하지 않더라도 부모가 아이에게 참여하길 권한다는 것 자체가 의미 있으므로 괜찮다. 아이는 문제 해결 과정에 동참할 수 있었다는 것만으로도 반항하려는 욕구가 크게 줄어들고 나중에 협동하기 쉽다.

이것 또는 저것 혹은 이것 하고 나서 저것 하기 식의 선택권 주기

5장에서 설명했듯이 선택은 힘이다. 아이에게 명령하는 대신 선택권을 주면 정당한 힘을 주게 된다. 그러면 아이는 (부당한) 힘을 얻기 위해 부모의 권위에 대항하려는 욕구가 줄어든다. 아이에게 주기 좋은 선택권에는 크게 다음 두 가지가 있다.

이것 또는 저것의 선택 [상황이나 규칙에 맞는 행동]을 하든지, 아니면 [행동을 바꾸는 데 도움이 되는 논리적 결과]를 겪든지 하기

- "엄마가 부를 때 오든지, 아니면 식은 음식을 먹는 거야."
- "엄마가 부를 때 오든지, 아니면 내일 저녁에는 집 안에서만 노는 거야."
- "엄마가 부를 때 오든지, 아니면 내일은 그 장난감을 못 갖고 노는 거야."

가족이 상상할 수 있는 만큼 다양한 방법으로 적용할 수 있다는 것이 논리적 결과 훈육법의 장점이다. '적극적 부모역할훈련' 프로그램에서는 참여한 부모들이 활발하게 토론해서 아이에게 통했거나 통할 것 같은 논리적 결과를 공유한다.

어떤 경우에든 부모 스스로 동의할 수 있는 결과를 선택해야 한다.

부모로서 불편한 선택은 아이에게 하게 하지 말자. 한 어머니는 아이에게 밥 먹고 난 그릇을 식기 세척기에 넣든지, 아니면 싱크대에 쌓아 놓으라는 선택권을 주었다. 프로그램 지도자가 더러운 그릇이 싱크대에 쌓이는 게 불편하지 않느냐고 묻자, 어머니는 하하 웃으면서 사실은 대단히 골치 아프다고 대답했다. 그 어머니는 자신도 불편하지 않을 만한 다른 논리적 결과를 고안할 필요가 있었다.

이것 하고 나서 저것 하기 선택 [해야 하는 것] 먼저 하고 나서 [하고 싶은 것] 하기

- "장난감 먼저 치우고 나서 동화책 읽자."
- "목욕 먼저 하고 나서 텔레비전 보자."
- "진정하고 난 다음에 네가 원하는 것에 대해 같이 이야기해 보자."

이것 하고 나서 저것 하기 선택은 앞의 이것 또는 저것의 선택에 비해서 논리적 결과가 조금 더 함축적이다. 여기에는 말로 하진 않지만 해야 하는 것을 하지 않는다면 하고 싶은 것을 할 수 없다는 메시지가 들어 있다. 일하고 나서 놀기 원칙과도 상통한다. 긍정적 행동에 대해 뇌물이나 보상을 제공하는 것과는 다르다는 점을 명심하자. 장난감 치우기와 동화책 읽기 같은 행동 모두 어차피 하게 되는 것인데, 덜 하고 싶은 일을 먼저 끝내지 않으면 더 하고 싶은 일을 하지 못하도록 순서를 정할 뿐이다. 반면, 뇌물이나 보상은 아이가 해야 하는 일을 했는데 새로운 이득을 제공하는 것이다. 그러면 앞에서 제시

한 예에서처럼 "얼마 주실 거예요?"와 같은 태도를 가르치게 되어 장기적으로는 협동에 지장을 준다. 해야 하는 일을 하고 싶지 않다고 하거나 습관이 형성되지 않은 아이에게 이것 하고 나서 저것 하기 선택은 현실적이면서도 대단히 효과적이다.

선택권을 한 번 준 뒤에는 꾸준히 행동하기!

수많은 부모가 아이가 말을 듣지 않는다고 하지만, 이는 정확한 표현이 아니다. 아이들은 부모의 말을 듣기는 한다. 그런데 듣고 나서 그 말대로 하기 싫으면 무시하는 것이다. 무시하는 것과 듣지 않는 것은 다르다. 아이가 부모 말을 무시하는 이유는 부모가 예고했던 결과를 행동에 옮기길 잊어버리는 일이 많기 때문이다. 논리적 결과 훈육법으로 아이가 부모 말에 따르게 하려면, 말한 결과를 꾸준히 행동으로 옮겨야 한다. 아이에게 선택권을 줬는데 아이가 부모 말을 무시하거나 거부한다면 확고하면서도 차분하게 결과를 실행해야 한다. 이는 부모의 말이 진심이라는 의사를 전달한다. 부모 말이 진심이라는 것을 이해하고 나면 아이는 말만 듣고도 논리적 결과가 따를 것을 예상하고 순응할 것이다. 그러면 결국 말 잘 듣는 아이가 된다.

선택권을 한 번만 주고 그 뒤로 행동을 해야 하는 다른 이유는 부모가 화나는 것을 예방하기 위해서이다. 같은 말을 반복하고 무시당하길 반복할수록 부모는 더욱 화가 나기 마련이다. 분노에 대해서는 10장에서 더 다루기로 하고, 일단은 화가 나기 전에 미리 행동해야 한다는 점에 주목하자. 또한 불필요한 설교는 하고 싶어도 자제하자. 이 모든 것이 어떻게 아이의 잘못이고 아이는 왜 부모 말대로 따라야 하는지 등의 이야기가 길어질수록 아이는 기분 나쁜 잔소리를 듣기 싫어서 부모를 더욱 무시하려 한다. 대신 가급적 다정한 태도로 논리적 결과를 실행해서 아이 스스로 깨닫게 하자.

- 선택: "엄마가 부를 때 오든지, 아니면 식은 음식을 먹는 거야."
  결과: "아깝지만, 네가 밖에서 노는 사이에 음식이 식어 버렸어."
- 선택: "엄마가 부를 때 오든지, 아니면 내일 저녁에는 집 안에서만 노는 거야."
  결과: "엄마가 불렀는데 오지 않았지. 그러니까 내일 저녁에는 집 안에서만 놀렴."
- 선택: "엄마가 부를 때 오든지, 아니면 내일은 그 장난감을 못 갖고 노는 거야."
  결과: "엄마가 불렀는데 오지 않았으니까, 내일은 기억할 수 있도록 스케이트를 치워 둬야겠다. 이제 들어와서 손 씻고 저녁 먹으렴."

훈육을 다정한 태도로 한다는 것이 낯설게 들릴지도 모르겠지만, 부모의 목적은 싸우지도 굴복하지도 않는 것임을 유념하자. 부모는 결과를 실행함으로써 굴복하지 않는다는 것을, 다정한(적어도 차분한) 목소리로 싸우고 싶지 않다는 것을 전할 수 있다. 아이는 부모가 정말로 싸우지도 굴복하지도 않고 그 결과를 실행할지 시험하려 하기 때문에 문제가 얼마간은 더 지속될 것이다. 하지만 부모가 행동을 고치는지 꾸준히 확인하고 논리적 결과를 꾸준히 실행한다면 아이는 어지간해선 시험하길 그만두고 행동을 결국 바꿀 것이다. 결국 아이도 소용없는 수고는 하지 않기 때문이다. 부모가 아이 뜻대로 굴복하지도 싸우지도 않는 이상 아이에겐 논리적 결과를 감수하고 고집을 피울 이유가 없다.

물론 논리적 결과가 무조건 통하는 것은 아니다. 앞에서는 식사 시간에 불러도 들어오지 않는 문제의 논리적 결과에 대한 세 가지 예를 들었다. 당신의 아이에게 셋 중 하나가 통할 수도 있지만, 셋 다 통하지 않을 수도 있다. 당신의 아이에게 어떻게 동기 부여를 하면 좋을지 가장 잘 아는 사람은 부모인 당신이다. 하지만 어떤 결과를 선택하더라도 아이가 부모를 시험하는 한동안은 그 결과를 강행하며 견디자. 그리고 그 결과가 아이에게 영향을 주지 못한다는 것이 확실해지면 다른 결과들을 고안하자.

물론 다음 장에서 다룰 FLAC 방법과 이 책에서 소개하는 각종 기술들을 활용하면 논리적 결과 자체가 불필요할 수도 있다.

8
FLAC: 최고의 훈육법

자유는 민주주의 최대의 축복이다. 그런데 최근 연구 결과, 우리
에게 있는 유일한 자유는 우리 스스로를 훈련할 자유다.

— 버나드 바루크(1870~1965,

미국의 재무가 · 정치인 · 대통령 자문가)

기 센 아이를 길들이려면 훈육이 필요한데, 훈육의 근본은 무엇일
까? 앞의 두 장에서는 아이에게 적절한 구조와 한계(울타리)를 세워 주
는 것과 아이를 존중하는 훈육법으로 그 구조를 강화하는 것의 예를
살펴보았다. 훈육은 너무 강해서 독단적이고 억압적으로 보이지 말
아야 하고, 너무 약해서 만만하고 우습게 보이지도 말아야 한다. 아
이가 거친 기질을 자극받거나 타인을 존중하지 않는 버릇이 들 수 있
기 때문이다. 기 센 아이들은 그런 경우 범죄를 저지르거나 마약을
사용하는 것과 같은 반사회적인 행동에 빠지는 경우도 많다.

하지만 기 센 아이에게 부모를 비롯한 주변 어른들의 확고한 도움
이 필요하기는 해도, 민주 사회에서 훈육의 목적은 권위에 맹목적으
로 복종하도록 만들기 위함이 아니다. 바루크의 말처럼 자기 스스로

를 훈련하는 법을 가르치기 위함이다. 이를 위해서는 훈육 과정에서 어느 정도 협상할 필요가 있다. 규칙과 논리적 결과를 강요하기만 해서는 아이에게 울타리를 쳐 줄 수는 있어도 자기 훈련이라는 중요한 깨달음을 줄 수가 없다. 게다가 오로지 7장에 제시된 훈육법만으로 아이를 훈육하다가는 아이를 너무 몰아붙여서 사소한 문제를 힘겨루기로 부풀릴 위험이 있다. 따라서 뭔가 다른 방법이 필요하다.

나는 30년 이상 부모들에게 논리적 결과를 비롯한 여러 훈육법을 전수했고, 그것들은 대부분의 아이에게는 물론이거니와 수많은 기 센 아이에게도 대단히 효과적이었다. 그런데 정작 우리 아이들을 키우면서 나 스스로는 그런 훈육법을 쓰는 일이 의외로 거의 없었다. 아들 벤이 기 센 아이인데도 말이다. 이유를 생각해 보니 미리 취하는 여러 조치 덕분에 논리적 결과를 적용할 필요 자체가 거의 없었다. 훈육은 가르친다는 뜻이므로, 나는 불편한 결과를 일으키지 않고도 아이들에게 한계 내에서 행동하는 방법을 가르쳤던 것이다. 그런 조치를 4단계로 나누어 FLAC이라고 할 수 있다. 나는 이를 '최고의 훈육법'이라고 자신한다. 아이를 잔뜩 겁줘서 복종시키기에 최고가 아니라, 부모가 아이를 훈육하는 일을 부모와 아이가 서로 협동하는 일로 바꾸기 때문에 최고이다. 아이들은 문제의 해결책을 찾는 과정에 참여했을 때, 자신의 생각과 감정이 충분히 고려되었을 때, 자기 삶의 능동적 주체로 대우받을 때 협동하려는 마음이 훨씬 크다.

부모와 아이의 관계에서 갈등을 줄여 주는 FLAC는 감정(Feelings), 한계(Limits), 대안(Alternatives), 결과(Consequences)로 이루어진다.

A(Alterative)를 알자
기 센 아이는 부모가 원하는 것을 거절
또는 하기 싫어한다. 아이가 원하는 것
을 대신할 대안을 제공하여 긍정적 관
계를 형성하자.

거절했다고 분노하지
말자. 우호적인 태도
를 갖자. 아이가 중요
하다고 생각할 것을
떠올리자.

C

A

L

L(Limit)을 알자
문제에 대한 아이의 감정이 정당하다고 인정하자.
그리고 지켜야 할 한계는 부드럽게 상기시켜주자.

출발 F

F(Feeling)를 알자
아이의 감정과 아이가 원하는 것과 원하지 않는 것을 알아주자.

갈등 줄여주는 FLAC 알기

아침에 입을 옷에 극도로 예민한 아이를 어머니가 FLAC로 길들이
는 다음의 예시 상황을 살펴보자. 읽는 동안 어머니가 감정(F), 한계
(L), 대안(A), 결과(C)를 어떻게 활용하는지 확인해 보자.

여섯 살 애덤은 어머니가 건넨 노란 티셔츠를 입지 않겠다고 침대
에 앉아 씩씩거리다가 당당하게 외친다.

"안 입어요!"

"왜 그러니? 노란색 좋아하는 줄 알았는데."

"싫어요!"

"그렇구나. 넌 이 옷이 유난히 불편한가 보다." 어머니는 차분하고 상냥한 목소리로 말한다. 애덤은 고집스럽게 입을 꾹 다물고 고개를 끄덕인다.

"네가 싫어하는 걸 입히고 싶지는 않아. 하지만 너는 학교에 가야 하고, 엄마는 회사에 가야 해. 어떡하면 좋겠니?"

"이거 입고 갈래요." 애덤은 입고 있던 잠옷을 가리킨다. 어머니는 다정하게 웃는다.

"잠옷은 부드럽고 편하지? 그래서 좋은가 보다. 게다가 친구들은 모두 평상복을 입었는데 너 혼자 잠옷을 입고 학교에 오면 진짜 웃길 거야. 선생님이 누워서 자라고 하실지도 몰라. 아니면 학교에 잠옷 입는 날이 있어서, 그날 친구들 모두 잠옷을 입고 오는 것도 재미있겠다."

애덤은 번쩍 고개를 든다.

"그쵸! 그런 날도 있어요?"

"엄마도 모르겠지만, 네가 그러고 싶으면 엄마가 선생님께 여쭤 볼게. 그렇지만 오늘은 뭐 입을까? 이 빨간 옷은 어떠니?"

"그것도 싫어요!"

"어쩌지. 입을 옷이 점점 줄어드네. 5분 안에 안 내려가면 아침 먹을 시간이 없어서 차에서 대충 먹어야 하는데. 음. 그러면 옷장에 있는 옷 중에서 제일 덜 싫은 건 뭐니?"

"초록색이요."

"초록색 여기 있네!"

어머니는 초록 티셔츠를 펼쳐 보이며 활기차게 말한다.

"서둘러 입으렴. 엄마는 내려가서 아침 준비할게. 오트밀과 콘플레이크 중에서 뭐 먹고 싶니?"

현실의 갈등은 연출된 대화처럼 매끄럽게 풀리지 않을 수도 있다. 기 센 아이의 감정이 너무 격해져서 진정하기 전까지는 FLAC마저 안 통할 때도 있다. 진정시키는 방법에 대해서는 9장에서 다룰 것이다. 그래도 대부분의 경우 FLAC를 통해 놀랍도록 효과적으로 아이와 유대를 형성하는 동시에 문제를 해결하는 법을 가르칠 수 있다. 어머니가 애덤에게 FLAC의 4단계를 어떻게 활용했는지 좀 더 자세히 살펴보자.

감정

FLAC의 첫 글자 F는 감정, 'feeling'의 머리글자이다. 이는 '아이의 감정과 아이가 원하는 것과 원치 않는 것을 알아주자.'는 뜻이다. 거절당하는 것을 좋아하는 사람은 아무도 없다. 힘을 중시하는 기 센 아이들은 유독 더 싫어한다. 그런데 원하는 것을 거절당하는 판국에 자신이 뭘 원하는지, 어떤 감정을 느끼는지를 거절한 사람이 관심 없어 하는 것처럼 보인다면 훨씬 더 싫어한다. 이 '무심한' 거절은 노골적인 거부로 받아들여져서, 권위에 순응하지 않고 반항하고픈 욕구를 자극한다. 만약 애덤의 어머니가 "바쁘니까 쓸데없는 소리 하지 말고 빨리 이거 입어!"라고 말했다면 애덤은 너무 화가 나서 몇 시간 동안 소란을 피웠을 것이다.

앞의 사례에서 어머니는 잠옷을 입고 학교에 가고 싶다는 아이의 말에 맞장구침으로써 공감/환상을 현실에 대입해 주었다. 선생님께 잠옷 입는 날을 건의해 보겠다고까지 했다. 하지만 그다음엔 화제를 현실로 되돌렸다. "오늘은 뭐 입을까?" 그래서 아이는 오늘 잠옷을 입고 학교에 가는 것은 한계 밖의 일이라 안 된다는 것, 여전히 해결해야 할 문제가 있다는 것을 알게 된다. 두 사람이 문제 해결에 함께 참여함으로써 힘겨루기의 가능성은 줄어들고 해결책을 찾기 위한 협력이 시작된다. 이 단계에서 확고하지만 다정한 목소리로 협동심을 소통하는 것이 중요하다. 갑자기 부모가 고압적이고 공격적인 태도로 돌변한다면 앞서 보여 준 공감이 거짓이라는 인상을 주고 만다. 진심으로 아이와 협력하고 있다고 느끼고 윈윈 전략으로 문제를 해결하기를 원해야 한다.

아이의 감정이 정당함을 인정해 주면 아이는 당신의 편이 된다. 무의식적으로 '엄마는 날 이해해 줘! 내가 이 옷을 얼마나 싫어하는지 알고 그걸로 화내지도 않으서. 엄마랑 이야기가 통할 것 같아.'와 같이 생각할 것이다.

인간은 놀랍도록 사회적인 존재이다. 이 위험천만한 행성에서 우리는 수 세기 동안 서로 힘을 모아 살아남고 번영했다. 설령 아니라고 생각할지라도, 우리는 타인이 자신에 대해 어떻게 생각하는지 신경 쓰기 마련이다. 타인의 생각은 타인이 우리를 대우하는 방식을 결정하기 때문이다. 아이는 자신에 대한 부모의 생각과 감정에 대해 특히 민감해서, 부모에게 인정받고 관심받고 싶어 한다. 한계를 정할 때에도 부모가 여전히 아이를 누구보다 소중한 특별한 사람으로 사랑하고 인정한다는 것이 느껴지도록 전달하는 것이 핵심이다. 아이의 말 속에 담긴 감정을 헤아려 주어야 어쩔 수 없는 것을 거절하면서도 긍정적인 관계를 유지하는 어려운 일이 가능해진다. 무심한 거절과 공감하는 반응의 다음 예들을 비교해 보고, 당신이 기 센 아이라면 어떻게 반응할지 생각해 보자.

무심한 거절	공감하는 반응
"자야지. 얼른 누워."	"별로 안 졸린데 누워 있기 싫구나."
"안 돼. 과자 그만 먹어."	"과자 진짜 맛있지? 엄마도 열 개씩 먹으면 좋겠어!"
"목욕 끝났으니까 어서 나와."	"목욕이 진짜 재밌나 보구나?"
"그만 울고 진정해."	"지금 넌 기분이 대단히 안 좋구나."
"당연히 학교는 가야지."	"눈이 펑펑 와서 학교를 안 가면 좋겠지. 이건 비밀인데, 엄마도 그래서 회사 안 가면 좋겠어."

똑같이 아이가 원하는 것을 부모가 거절하는 상황이지만 양쪽이 확연히 다르다. 무심하게 거절하면 아이는 부모가 자신에게 아무 관심이 없다는 느낌을 받지만, 감정을 공감해 주면 아이는 부모에게 자기 걱정을 털어놓고 도움을 받을 수 있다는 느낌을 받는다. 이런 협동심이 기 센 아이를 길들이는 데 대단히 큰 도움이 된다. 이는 부모

와 아이 사이에 유대를 형성해 주며, 최근 연구에 따르면 이런 상호작용은 실제로 뇌의 신경 구조를 바꾼다.

한계

FLAC의 두 번째 단계 L은 'limit', 즉 '한계' 또는 '제한'을 뜻한다. 문제에 대한 아이의 감정이 정당하다고 인정해 준 뒤에는 그래도 지켜야 할 한계를 부드럽게 상기시켜 줄 필요가 있다. 한계는 6장에서 살펴본 가족 규칙 등의 울타리일 수도 있고, 부모나 교사가 그 상황에 필요하다고 판단한 행동일 수도 있다. 부모는 얼마든지 아이의 감정을 인정하고 아이가 원하는 것에 공감해 줄 수 있지만, 현실적으로 아이가 원하는 것을 뭐든지 가질 수는 없다. 첫 단계에서 원하는 것이 이루어지는 환상을 전해 줄 수는 있지만("눈이 펑펑 와서 학교를 안 가면 좋겠지."), 두 번째 단계에서는 오늘은 맑고 화창하니 학교에 갈 준비를 하는 게 좋겠다고 상기시켜야 한다. 공감 단계에서의 따뜻한 환상 이후에 현실을 들이밀면 찬물을 붓는 격으로 보일 수도 있지만, 부드러운 태도로 협력을 유지하면 관계 형성에 지장을 주지 않는다. 부모가 진심이라면 목소리와 행동에서 애정이 전해져서 다음 단계로 원활히 나아갈 수 있을 것이다. 하지만 그 전에 앞 단계의 공감 반응을 다시 살펴보며 거기서 자연스럽게 한계 설정 단계로 넘어가는 법을 알아보자. 이번에도 부모가 다음처럼 말할 때 아이는 어떤 느낌이 들지 아이 입장에서 생각해 보자.

공감하는 반응	한계 설정
"별로 안 졸린데 누워 있기 싫구나."	"그래도 키 크고 튼튼해지려면 잠을 자야 해."
"과자 진짜 맛있지? 엄마도 열 개씩 먹으면 좋겠어!"	"그런데 열 개 먹으면 뱃살이 풍선처럼 튀어나올 거야!"
"목욕이 진짜 재밌나 보구나?"	"물고기가 돼서 하루 종일 수영하면 좋겠지. 그런데 잘 시간이 돼 가고, 엄마는 너 자기 전에 동화책을 읽어 주고 싶단다."
"지금 넌 기분이 대단히 안 좋구나."	"어떡하면 네 기분이 좀 괜찮아질까?"
"눈이 펑펑 와서 학교를 안 가면 좋겠지. 이건 비밀인데, 엄마도 그래서 회사 안 가면 좋겠어."	"그런데 오늘은 날씨가 좋아서 우리 둘 다 나갈 준비를 해야 할 것 같아."

당신이 이 상황의 아이라면 부모를 악당으로 느끼겠는가, 아니면 사려 깊은 지도자로 느끼겠는가? 아마도 이런 부모와는 충분히 상의할 수 있다고 느낄 것이다. 적당한 공감을 받으면 현실을 받아들이는 데에도 도움이 된다. 아이는 원하는 것을 얻진 못해도 자신을 이해해 주고 지지해 주는 어른이 자기 편이라는 든든함이 있기에 바꿀 수 없는 것을 받아들이기가 훨씬 수월해진다.

대안

FLAC에서 A는 'alternative', 즉 '대안'이다. 부모들은 기 센 아이가 원하는 것을 거절하거나 하기 싫어하는 것을 하라고 시킬 때 반드시 그것이 아니면 안 된다는 식으로 말하는 좋지 않은 경향이 있다. "네가 원하는 대론 안 돼." "운이 나쁜 거야." "피할 수 없으면 즐겨 봐." "익숙해지면 괜찮아." "인생은 불공평한 거야." "성가시게 굴지 마." "조용히 해." "그래서 네가 어쩔 건데?"

물론 점잖은 부모들은 대놓고 이렇게 말하지 않지만, 목소리나 표정에서 비슷한 태도가 드러나곤 한다. 이렇게 무심히 거절하면 기 센 아이에게 힘겨루기를 선전포고하는 셈이다. 반면, 인정하는 반응으로 아이와 공감대를 맺고 상황에 따른 한계를 부드럽게 상기시켜 주면, 아이가 원하는 것에 대한 대안을 제공함으로써 긍정적인 관계를 형성할 근사한 기회가 생긴다.

좋은 대안은 원하는 것을 이루지 못하는 아이에게 큰 위안을 준다. 사실 누구든 대안 삼은 것이 원래 원한 것보다 더 좋았던 경험이 있을 것이다. 또한 아이가 울타리 밖의 것을 원할 때 부모가 타당한 대안을 제시하거나 협상할 의향이 충분하면 아이는 부모가 자신을 행복하게 해 주고자 한다는 것을 이해할 수 있다. '엄마는 내 기분과 내가 원하는 것을 신경 쓰시는구나. 부모교육 책에서 본 말을 그냥 따라 하는 게 아니라 진심으로 내가 행복하길 바라시는구나.' 부모가 아이의 행복을 바란다는 자각은 협력을 이끄는 강한 동기가 된다. 혹시라도 거기에 너무 치우쳐서 뇌물이나 다른 지나친 대안으로 아이를 위한 한계를 넘지 않는다면 말이다. 예를 들어, 저녁 식사 전에 과자를 먹겠다는 아이를 막느라고 밤에 TV를 한 시간 더 보게 해 준다면, 아이에게 잔머리 굴리는 법을 가르치는 격이다. 그보다는 식사 전에는 몸에 좋은 간식을 권하고("배고프면 아삭아삭한 당근이나 오이 먹을래?") 식사를 마친 다음에 먹고 싶은 과자를 먹어도 된다고 약속하는 편이 낫다.

앞 사례의 어머니도 대안을 제시했다. "네가 싫어하는 걸 입히고 싶지는 않아. 하지만 너는 학교에 가야 하고, 엄마는 회사에 가야 해. 어떡하면 좋겠니?"

어머니는 아이의 의견을 물음으로써 해결책을 찾는 일에 아이를 동참시킨다. 이렇게 함께 해결하자는 태도는 아이와 협력하는 데도, 문제 해결에도 도움이 된다. 아담이 잠옷 차림으로 학교에 가고 싶다고 하자 어머니는 곧바로 안 된다고 하지 않고 아들의 예민한 체질 때문에 부드러운 잠옷이 편하게 느껴질 것이라고 인정한다. 그리고 이 점을 고려하며 새로운 공감 반응을 한다. "잠옷은 부드럽고 편하지? 그래서 좋은가 보다."

거듭 강조하지만, 아이의 감정을 인정함으로써 협동심을 계속 쌓아 가야 한다. 나아가 이 정보를 활용하여 더 편안하면서도 학교에서 입기에 무리가 없는 다른 옷을 제안할 수도 있다. 사례의 어머니는 대신 유머를 사용하여 아이에게 학교에서 입어도 괜찮은 것의 한계를 상기시키는 동시에 다른 대안을 제시한다.

"게다가 친구들은 다 평상복을 입었는데 너 혼자 잠옷을 입고 학교에 오면 진짜 웃길 거야. 선생님이 누워서 자라고 하실지도 몰라. 아니면 학교에 잠옷 입는 날이 있어서 그날 친구들 모두 잠옷을 입고 오는 것도 재미있겠다."

잠옷 입는 날이 진짜 가능하다고 생각하지는 않았을 수도 있지만, 아이가 흔쾌히 동의했으므로("그죠! 그런 날도 있어요?") 부정하지 않고 선생님께 건의해 보겠다는 희망적인 대답을 한다. 동시에 현실적인 한계를 상기시키고 빨간 옷이라는 다른 대안을 제시한다. 아담이 이 대안도 받아들이지 않고 잠시 더 실랑이를 벌이지만 결국 초록색 옷으로 결정한다. 어린아이들은 주로 부모가 제시하는 대안을 수용하는 경향이 크다.

- "냉장고는 노는 곳이 아닌데. 여기 플라스틱 통을 가지고 놀면 어떠니?"
- "과자는 미술 재료가 아니야. 이 색깔 점토로 만들기를 하렴."
- "집 안에서는 달리지 않는다는 규칙이 있지. 엄마랑 나가자. 밖에서 뛰어놀렴."

아이가 자랄수록 대안을 찾기 위해선 더 많이 협력해야 한다. 부모가 대안을 제안할 수도 있지만, 해결책을 고안하는 것이 부모만의 역할이라는 생각은 삼가자. 아이들은 대단히 창의적이어서 참신하면서도 괜찮은 해결책을 생각해 낼 수 있다. 아이의 생각을 유도하기 위해 다음과 같은 표현을 익혀 두자.

- "다른 방법이 있을지 생각해 보자."
- "괜찮은 생각이 났어."
- "네 생각은 어때?"
- "너는 어떡하면 좋겠니?"
- "다른 생각나는 거 있니?"

적절한 대안을 찾았다면 실천하기는 어렵지 않다. 하지만 아이가 한계 내에서는 아무것도 마음에 들어 하지 않는다면, 싸우지도 굴복하지도 않아야 힘겨루기를 피할 수 있음을 명심하자. 그냥 숙이고 아이가 원하는 대로 다 해 주지는 말아야 한다. 비합리적인 대안(즉, 요구)에 굴복하는 부모는 아이에게 앞으로 더 반항해도 된다고 격려하는 셈이다. 끝까지 타협하기를 거부해서 부모를 좌절시킴으로써 아이는 자기가 원하는 것을 고집하는 법을 익히게 된다. 안타깝지만, 언제나 고집을 부리는 사람 곁에 있는 것은 전혀 행복하거나 즐겁지 않다. 제멋대로 구는 아이는 부모에게 고생일 뿐만 아니라 사회에 문제를 일으킨다. 아이들은 원하는 것을 이룰 수 없을 때도 있고 좋은 대안을 찾기 어려울 때도 있다는 것을 반드시 깨달아야 한다. 아이가 합리적인 대안을 찾으려는 시도를 계속해서 모조리 거부할 때는 FLAC의 네 번째 단계로 넘어가야 한다.

결과

FLAC에서, C는 'consequence, 즉 결과이다. 감정, 한계, 대안에 이어 결과 단계로 나아갈 때는 반드시 부드럽고 상냥하게 말을 꺼내야 한다. 좋은 대안을 많이 제시했는데 까다로운 아이가 전부 거부했다고 화내거나 기분 나빠 해선 안 된다. 앞 장에서 말했듯이, 기 센 아이를 훈육할 때 분노하면 거의 항상 부작용이 따른다. 아이는 부모의 태도를 증오하고 부모가 자신을 마음대로 할 수 없다는 것을 보여 주려고 더욱더 고집 세게 버틸 것이다. 하지만 우호적인 태도를 유지하며 교착 상태가 논리적 결과에 따라 저절로 풀리게 두면, 아이는 논리적 결과를 피하는 편이 낫다는 것을 깨닫고 대안 중 하나에 동의할 수 있다. 앞의 사례에서 어머니는 아침 식사를 할 시간이 없어진다는 논리적 결과를 소개한다.

"어쩌지, 입을 옷이 점점 줄어드네. 5분 안에 안 내려가면 아침 먹을 시간이 없어서 차에서 대충 먹어야 하는데. 음, 그러면 옷장에 있는 옷 중에서 제일 덜 싫은 건 뭐니?"

"초록색이요."

"초록색 여기 있네!"

차에서 맨 빵에 치즈만 먹기보단 집에서 아침 식사를 하고 싶은 욕망 덕분에 애덤은 결정을 내린다. 어머니는 다정한 말투를 쓰고, 제일 덜 싫은 건 뭐냐고 유머도 약간 붙여서 밝은 분위기를 유지한다. 물론 아들에게 평소에도 아침을 먹지 않는 습관이 있었다면 이 논리적 결과로는 동기 부여가 되지 않았을 것이다. 하지만 논리적 결과는 부모와 아이가 생각해 내기 나름이므로 우리 아이가 중요하게 생각할 만한 것을 떠올려 보자. 예를 들어, 이 사례에서는 다음과 같은 결과들도 가능하다.

- "다른 옷을 고르지 못하면 우린 지각할 거야. 그러면 오늘은 더 일찍 자고 내일은 더 일찍 일어나서 옷을 골라야 하는데."
- "타이머를 1분 맞출게. 그 전까지 네가 입을 옷을 고르면 그걸 입고 가면 돼. 그런데 알람이 울릴 때까지 못 고르면 엄마가 골

라 주는 거 입으렴."

- "애덤, 엄마가 식사 준비를 하는 동안 만화 보는 거 참 좋아하지.
알람 울리기 전까지 이 중에서 고르면 볼 시간이 있을 거야. 못
고르면 서둘러 나가서 차에서 빵 먹어야 해."

애덤이 원래 매일 아침 만화를 본다면 만화는 뇌물이 아니다. 이렇
게 일과에 항상 재미있는 일들을 끼워 두면, 아이가 무언가를 망설일
때 다른 일들을 할 시간이 늦어져서 재미있는 일을 놓친다고 설득할
수 있으므로 편리하다.

미리 작은 조치를 해 두었더라면 이 문제는 애초에 생기지 않았을
수도 있다. 학교에 입고 갈 옷을 어젯밤에 함께 정했다면, 애덤이
아침에 갑자기 입지 않겠다고 하지는 않았을 것이다. 이런 식으로 문
제를 예방하는 것도 중요한데, 이에 대해서는 10장에서 더 자세히 다
루기로 한다. 하지만 아무리 최선을 다해서 예방하더라도 훈육을 할
필요가 생길 때가 있다. 내가 30년간 부모교육을 해 오면서 느끼기로
는 그럴 때 FLAC가 최고의 방법이다.

가족 회의

FLAC는 주로 문제가 발생함과 동시에 사용된다. 그런데 주도적인
가족은 주기적으로 가족 회의를 열어서 그 주에 일어난 문제를 해결
하고 다른 문제가 일어나지 않도록 예방한다. 이런 회의는 그때그때

시간을 잡을 수도 있고("이 문제는 가족 회의를 열어서 상의해야 할 것 같아. 저녁 먹고 나서 할까?"), 매주 일정한 시간에 할 수도 있다("일요일 3시네. 가족 회의 시간이야"). 시간을 정하고, 교대로 진행자를 맡고, 지난 일과 새로운 일을 논의하고, 같이 간식을 먹거나 놀이를 하며 마무리하면 된다. 필요에 따라서는 이보다 간소하게 치러도 된다.

어떤 회의든 서로 칭찬하면서 시작하면 좋다. 가족끼리 서로 칭찬하거나 감사하기 좋은 기회이다. 보통 부모가 먼저 나서서 칭찬을 주도하지만, 시간이 흐르면서 아이들도 받기만 하지 않고 베풀 줄도 알게 된다. 감상적으로 들릴지도 모르겠지만 그것은 기대 이상으로 잘 통한다.

회의의 중심은 그 주에 발생한 문제를 해결하는 것이다. 주중에 가족 누구든지 해결할 문제가 생기면 의제로 준비하자. 대수로운 것은 아니고 메모지에 '회의 주제'라고 써서 냉장고나 가족 모두 잘 볼 수 있는 곳에 붙여 놓으면 된다. 아이들도 의논할 거리가 생기면 의제로 제시하도록 격려하자. 그리고 회의 때는 진행자가 첫 번째 것부터 시간이 되는 대로 최대한 많은 주제를 거론하자. 회의 시간은 아이들이 지루해하지 않도록 짧게 잡자. 아이가 어리다면 최대 20분, 충분히 성장했다면 약 40분 이상 끌지 않는 것이 좋다.

의논할 주제가 거론되면 FLAC를 응용한 다음 네 단계 절차를 거쳐 해결책을 찾아 가자.

그 주제를 제시한 사람에게 문제가 지금도 계속되고 있는지 묻는다. 아이들은 가족 회의에서 자신이 해결할 수 없는 문제를 상의할 수 있다는 것을 이해하면 많은 문제를 스스로 알려 올 것이다. 문제가 계속되고 있다면 그 사람은 문제를 더 자세히 설명하되, 말할 때 다른 가족 구성원들을 존중해야 한다.

그 문제에 대해 가족 모두 생각과 감정을 이야기한다.

문제를 해결할 만한 대안을 토의한다. 필요해질 것 같으면 논리적 결과도 마련한다.

가족 모두 받아들일 수 있는 해결책을 낸다. 만장일치를 이루려면 시간은 더 오래 걸리지만, 다수결로 소수가 억울해하는 것보단 낫다.

가족 모두 기억할 수 있도록 결론을 적어 둔다. 다음 회의 때 이것이 지켜지는지 검토하고, 문제가 계속된다면 다시 상의해서 새로운 해결책을 찾는다.

가족들이 회의에 익숙해지기까지 시간은 걸리지만, 정기적으로 회의를 열면 확실히 이점이 많으므로 시간을 들일 가치가 있다.

9

격려라는 설탕 덩어리

식물에게 물이 필요한 것과 마찬가지로 아이들에게는 격려가 필요하다.

— 루돌프 드라이커스(1897~1972,

미국의 의사·작가·교육자)

랜덜(7세)은 취침 시간 문제로 아버지와 한동안 힘겨루기를 겪었다. 소리 지르고 벌을 주던 아버지는 최근 전략을 바꿔 논리적 결과와 FLAC 훈육법을 사용한다. 랜덜은 8시까지 침대에 눕고, 어머니나 아버지가 20분 동안 책을 읽어 준다. 책을 읽은 다음에는 불을 끄고 기도를 한다. 그다음 랜덜이 원한다면 아버지나 어머니가 등을 몇 분 긁어 준다. 그리고 잘 자라고 뽀뽀해 주고 사랑한다고 말한다.

드미트리아(4세)는 어머니가 장난감을 치우라고 해도 치우지 않았다. 정중한 요청, 확고한 주의 환기, 나 전달법 모두 소용이 없었다. 어머니는 결국 이것 먼저 하고 나서 저것 하기 식 논리적 결과를 활용하기로 했다. "드미트리아, 장난감 먼저 치우면 간식을 줄게." 드미트리아가 두말 하지 않고 장난감들을 제자리에 놓자, 어머니는 칭찬해 주었다. "우와, 너 장난감 정리 진짜 잘한다! 방도 깔끔해서 보기 좋아졌어! 자, 간식 만드는 거 도와줄래?"

윌리암(11세)은 마침내 부모의 말대로 숙제를 제자리에서 마치기로 했다. 대신 학교 끝나고 집에 오자마자 하지는 않아도 되고 저녁 먹은 뒤에 하기로 했다. 낮에 놀 수 있는 것은 좋았다. 하지만 숙제를 잘 마쳐도 부모님은 그 노력을 알아주지 않는 것 같았다. 얼마나 변했는지 모르는 걸까? 왜 아무 말도 하지 않을까? 그렇게 며칠이 흐르자 윌리엄은 생각했다. '이래 봤자 무슨 소용이야? 부모님은 어차피 나한테 관심도 없어. 내가 잘못된 행동을 할 때만 신경 쓰시지. 내 맘대로 할 거야!' 그래서 부모는 윌리엄이 반쯤 하다 만 숙제를 식탁에 펼쳐 놓은 채로 컴퓨터 게임을 하는 광경을 보게 되었다.

이 세 사례의 부모 모두 앞의 세 장에서 소개한 훈육법을 잘 적용했다. 하지만 훈육 자체만으로는 변화를 지속하기에 부족하다. 약속에 매력을 더해 줄 무언가가 더 필요하다. 부모와 아이 모두 진정 더 나은 경험을 할 수 있는 방법이 필요하다. 이제는 보상이나 뇌물 이야기가 아니라는 것을 당신도 이해할 것이다. 그렇게 노골적인 대가를 주는 데 의존하면 단기적으로는 부모가 원하는 행동 변화를 유도할 수 있지만, 결국 "그거 하면 얼마 주실 건데요?"라고 묻는 나쁜 버릇을 들이고 만다. 잔꾀를 부리고 보상받는 것에 익숙해진 아이는 대가를 바라고 좋은 일을 하는 사람에서 인격적으로 훌륭하고 통합된 사람으로 성장하기 어렵다. 좋은 행동을 만드는 것이 교육의 전부가 아니다. 좋은 사람을 만드는 것도 중요하다.

내가 뜻하는 감미료는 외적인 보상이 아니라 부모와 자녀 간의 관계 발전을 통해 작동한다. 고맙다는 말, 칭찬하는 말, 등 토닥이기, 뽀뽀, 조금 더 많은 관심, 같이 간식을 만들자는 제안과 같은 것들이 아이에겐 가장 의미 깊다. 이런 것들이야말로 용기와 자존감을 심어 주는 동시에 긍정적인 행동을 강화한다. 아이에게 이런 것들을 주지 않으면 가뭄철 식물에 물을 주지 않는 것과 같다. 반면, 기 센 아이의 적극적인 노력, 개선된 행동, 좋은 성과를 칭찬해 주는 것은 조련사가 야생마를 길들일 때 설탕 덩어리를 주는 것과 같다. 실은 말 조련사들이 말에게 설탕을 줄 때도 칭찬을 하고, 말도 나중에는 칭찬만 듣고도 좋아한다.

아이들은 말보다 훨씬 지능이 높으므로 더 섬세하게 대해야 한다. 노골적인 보상 대신 그 자체로 긍정적인 활동을 찾자. 랜덜의 부모가 자기 전 시간을 더 즐겁게 보내는 방법으로 선택한 동화책 읽어 주기와 등 긁어 주기는 일찍 자는 문제와는 별개로 합리적인 활동이다. 그래서 원하는 것을 얻기 위해 잔꾀를 부리도록 유혹할 위험이 없다. 드미트리아가 원래 매일 간식을 먹었다면 간식도 뇌물이 아니다. 장난감을 먼저 치우고 나서 간식을 먹도록 두 가지 활동에 순서를 부여할 뿐이다. 어머니는 거기서 그치지 않고, 딸이 동기 부여를 받아 장난감을 치우자 칭찬할 기회로 삼았다. 이로써 딸에게 장난감을 치우는 일은 더욱 가치 있어지고 다음에도 하고 싶어진다.

용기와 강인한 심장

아이는 부모의 인정과 격려를 갈구한다. 떼쓰고 화내고 예민해서 부모 혼을 빼놓는 기 센 아이도 부모만이 줄 수 있는 특별한 격려를 원한다. "잘했어." "많이 늘었네." "네가 자랑스럽다." 아이들은 왜 부모의 인정과 지지를 바랄까? 심리학적으로 살펴보면, 아이는 연약한 상태로 태어나서 살아남기 위해 부모에게 의존해야 하지만 능력과 자립을 얻기 위해 평생 갈등한다는 것과 같은 여러 가지 설명이 있을 수 있다. 중요한 사람이 되고자 하는 욕망으로 인해 아이는 부모에게서 물질적인 도움뿐만 아니라 자신이 가정과 사회에 기여하는 일원으로서 옳은 길로 나아가고 있다는 증명도 받고 싶어 한다고도 설명할 수 있다.

이렇게 심리학적으로 살펴볼 '수도' 있지만, 잠시 언어학적인 측면도 보자. 수백 년 동안 심장은 인간의 영혼이 깃든 곳이라고 여겨져 왔다. '사자 심장(Lionheart)' 리처드 1세에서부터 뮤지컬 노래 하트 〈Heart〉에 이르기까지 '심장(heart)'이란 단어는 용기, 사랑, 기상을 함축하는 뜻으로 쓰였다. 기 센 경주마 시비스킷의 심장은 아마 덩치 큰 라이벌 워 애드미럴의 것보다 더 강했을 것이다. 어떤 문화에서든 심장은 생명 이상의 것들을 품고 있다고 여겨졌다. 심장은 프랑스어로 'coeur'인데, 이 말이 영어에서 용기를 뜻하는 'courage'가 되기도 했다. 오스트리아의 정신의학 선구자 알프레드 아들러와 영국의 영웅적인 수상 윈스턴 처칠에 따르면, 사람에게 용기는 가장 중요한 능력이다. 용기가 있어야 다른 능력을 익힐 수 있기 때문이다. 모든 노력에는 위험이 따르기 때문에 용기가 필요하다. 용기가 부족하면 아이들은 두려움을 이기지 못하고 더 편한 방식으로 목표를 달성하려하며, 그러다 잘못된 행동을 저지르기도 다반사이다.

예를 들어, 학교에서 어려운 과목을 열심히 공부할 용기가 없으면 두려운 마음에 공부를 포기할 수 있다. 친구들과 사이좋게 지내는 법을 익힐 용기가 없으면 보다 쉬운 공격적 태도를 취하고 남을 지배하려 한다. 하고 싶지 않은 것을 할 용기가 없으면 언제나 자기 멋대로 행동하는 까다롭고 반항적인 사람이 될 수 있다. 기 센 아이가 풍요롭고 성공적이고 가족과 사회에 기여하는 사람으로 자라기 위해서는 당연히 용기가 아주 많이 필요하다. 그러므로 기 센 아이가 성공하고 변화하기 위해서는 격려해서 용기를 주는 부모의 역할이 중요하다.

용기를 주는 부모와 빼앗는 부모

부모는 아이가 용기를 갖도록 격려할 수도 있고(encourage), 용기를 잃도록 낙담시킬 수도 있다(discourage). 우리가 아이를 격려하는 데에만 관심이 있다면 좋겠지만, 사실은 어쩔 수 없이 둘 다 하게 된다. 아무리 사려 깊은 부모라도 가끔은 아이를 낙담시킬 수밖에 없다. 관건은 낙담을 줄이고 격려는 늘리는 것이다.

왜 낙담을 아주 배제할 수 없을까? 격려와 낙담은 받아들이는 사람에게 달려 있기 때문이다. 예를 들어, 부모가 아이에게 옷이 정말 잘 어울린다고 칭찬하더라도, 어떤 아이는 격려를 받겠지만('난 예뻐 보이고 싶어. 이 옷 입으니까 예쁜가 봐.'), 또 어떤 아이는 낙담할 수 있다('내가 이 옷을 안 입겠다고 떼를 썼으니까 하시는 말이겠지. 이 옷은 역시 안 예뻐. 이걸 입은 나도 안 예뻐!').

같은 아이와 같은 대화를 해도 그날 아이가 겪는 일과 기분에 따라 다른 반응이 돌아올 수 있으니 더욱 복잡하다. 게다가 부모의 기분, 상황, 마음가짐 역시 그날그날 다르기 마련이다. 부모 자신도 모르는 사이에 낙담시키는 말이 튀어나올 수 있다. 그러므로 격려는 꼭 필요하면서도 많은 연습이 필요한 기술이다. 다른 기술들과 마찬가지로 자신이 잘하고 있는지 항상 주의를 기울이고 아이를 낙담시킬 언행은 삼가고자 노력하는 것이 첫걸음이다.

낙담한 아이는 잘못된 행동을 통해 욕구를 충족하려 하기 쉽다는 것을 유념하자. 부모가 아이를 비난하고 비판할수록 아이는 자신을 나쁘게 생각하고 용기를 잃는다. 그러다 자신은 어차피 잘할 수 없으니 잘하려고 노력할 필요도 없다고 생각하게 된다. 그래서 원하는 것을 더 쉽게 얻으려고 부정적인 행동에 의존한다. 부모가 벌주고 비판하고 낙담시킬수록 아이는 더욱 비관적이 되어서 결국 부모와 아이 모두 희망을 잃을 정도로 낙담하고 만다. 부모가 기 센 아이를 낙담시키는 몇몇 전형적인 방식을 살펴보자.

실수와 잘못에 집중하고, 아이가 잘못할 줄로만 예상하고, 아이가 무얼 하든 만족하지 못하는 부모는 아이를 낙담시킨다 아이가 실수에서 교훈을 얻어 다음에는 더 잘할 수 있도록 돕는 것도 부모의 역할이다. 여기에는 잘못을 바로잡는 일도 포함된다. 그 자체가 아이를 낙담시키지는 않는다. 하지만 잘하는 것보다 잘못하는 것에 대해 더 많이 이야기할 때 아이는 낙담한다. 아이의 문제에만 집중하고 장점을 무시하면, 아이는 자신에게 괜찮은 점보다 잘못된 점이 더 많다고 느껴 지극히 낙담한다. 부모가 "실수는 나빠. 실수할 때 너는 가치 없는 사람이야. 문제아처럼 굴지 말고 똑바로 행동해."와 같이 말하면 아이는 용기를 잃고 실패를 두려워한다. 그래서 역으로 발전하려는 노력을 그만두거나(노력을 부모가 알아주지 않으면 더욱 소용없다), 부모에게 반항하려고 잘못된 행동을 더욱 많이 한다. 부모 스스로 아이가 잘못된 행동을 하거나 실패할 것이라고 예상한다는 메시지를 보내면, 아이는 대개 낙담한 나머지 그 기대대로 무능해지게 된다. 부모가 계속 기대치를 높여서 아이가 무얼 하든 소용 없다고 느낄 때에도 아이는 낙담하게 된다.

장점을 부각시키고, 믿음을 보이고, 아이를 있는 그대로의 모습으로 받아 주는 부모는 아이를 격려한다 아이의 실수나 잘못보다는 장점이나 성공에 집중하는 법을 익히는 것이 좋다. "실수를 하면 교훈을 배우지. 이 실수에서 뭘 배울 수 있는지, 앞으로는 어떻게 하면 더 잘할지 생각해 보자."와 같은 태도가 낫다. 기 센 아이가 부모에게 분노하거나 적대하지 않고 존중하는 태도로 잘못을 바로잡고자 꾸준히 노력할 때, 부모는 인내심을 가지고 아이의 용기 있는 노력에 주목해야 한다. 부모가 아이에게 할 수 있고 해낼 것이라는 믿음을 보여 줄 때 아이는 스스로를 믿고 더욱 노력해서 발전할 수 있다. '엄마, 아빠가 내가 더 잘할 수 있다고 믿으신다니까 아마 난 더 잘할 수 있을 거야!'

부모는 훈육에 대해 긍정적으로 접근하는 것뿐 아니라 '항상성 문제'를 극복하기 위해서도 노력해야 한다. 항상성이란 우리 몸이 정상 상태에서 벗어난 상황을 자각하고 대처하는 성질이다. 우리는 더울 때나 추울 때는 온도에 신경을 쓰지만, 편안할 때는 신경 쓰지 않기 마련이다. 이는 대자연의 일부로서 살아가는 데에는 편리하지만, 다른 사람들, 특히 우리 아이들과의 관계에 있어서는 큰 문제이다. 아이들은 비판보다 격려를 다섯 배는 더 많이 들을 필요가 있다. 아무리 생산적인 비판이라도 말이다. 부모가 아이의 장점과 노력에 의식적으로 주목해야 한다는 뜻이다. 그리고 그 태도, 성질, 행동을 칭찬해 줌으로써 아이의 용기를 키워 주고 긍정적인 행동을 더 많이 이끌어낼 수 있다. 이것이 격려의 힘이다. 다음의 말들을 살펴보고 부모에게 이런 말을 듣는 아이의 마음은 어떨지 생각해 보자.

- "설거지 도와줘서 고마워. 정말 도움 많이 됐어."
- "동생한테 나눠 준 거 잘했어. 넌 참 마음이 넓구나."
- "너는 웃을 때 얼굴이 환해지는 게 예뻐."
- "넌 참 똑똑해."
- "수건 정말 잘 개네. 도와줘서 고마워."
- "3일 연속으로 화 안 낸 거 알아. 잘하고 있어."
- "새 신발이 불편한데도 던져 버리지 않고 익숙해질 때까지 잘 참았네. 이런 참을성 정말 좋다."
- "네 이야기 진짜 재밌다."
- "네가 우리 딸이라서 정말 기뻐."

이런 말을 들은 아이는 아마도 자기 자신과 부모에 대한 느낌이 더 좋아졌을 것이다. 나중에는 더 열심히 노력하고 부모와 협동할 용기도 생길 것이다. 격려는 아주 강한 동기 부여이므로 조금만 계획하면 아주 효과적으로 행동을 바꿀 수 있다. 이를 잘 말해 주는 다음과 같은 일화도 있다.

발칙한 심리학과 학생들의 신기한 이야기

한 교수가 심리학과 1학년생들에게 격려의 위력에 대해 대단히 인상적인 강의를 했다. 교탁 뒤에 위엄 있게 서서, 그저 관심 같은 은근한 형태의 격려라도 거부할 수 없는 힘이 있다고 설명하곤 했다. 실은 부모가 관심을 주는 면모는 발전하고, 무시하는 면모는 퇴보한다는 바로 이 이야기를 하고 있었다. 잘못과 실수에만 주목하면 아이는 앞으로도 잘못과 실수를 하지만, 그런 것들에 크게 연연해하지 않으면서 긍정적인 것들에 주목하면 앞으로도 긍정적인 것들을 한다는 내용이다.

학생들은 깊은 인상을 받았다. 그리고 호기심도 들어서 교수님 말이 정말인지 자기들끼리 실험을 해 보기로 했다. 이 짓궂은 학생들은 관심을 이용해서 항상 교탁 뒤에서 근엄한 자세를 잡고 있는 교수를 교탁에서 떼어 놓아 보기로 했다. 교수가 교탁에서 비켜날 때마다 똑바로 쳐다보고, 필기를 하고, 고개를 끄덕였다. 이런 행동들은 강의자를 대단히 격려해 주기 마련이다. 그러다 교수가 교탁으로 돌아가면 고개를 돌리고, 하품을 하고, 수업에 관심 없는 척했다. 그 강의가 끝나기도 전에 학생들은 교수가 교탁에서 열 걸음은 떨어진 맞은편에서 강의하도록 훈련시켰다. 정말 신기한 점은 그 교수는 학생들이 일부러 그러는 줄 전혀 모르고 있었다는 것이다! 학생들은 원하는 방향으로 움직일 때마다 체계적으로 격려하는 것만으로 교수의 행동을 미묘하게 조종했다. 1학년들이니만큼 결국 참지 못하고 한꺼번에 웃음을 터뜨렸다. 교수는 영문도 모르고 자신의 바지 지퍼를 확인해 보았다.

긍정적 변화 격려하기

기발한 심리학과 학생들이 보여 준 간단한 교훈을 적용하기 위해, 독자 스스로 작은 설탕 덩어리를 써 보자. 아이의 행동을 긍정적으로 바꿔 줄 동기 부여는 다음의 다섯 단계로 이루어진다.

- 작은 단계로 나누기(Small steps: S)
- 격려하는 말하기(Use encouraging word: U)
- 다음 단계로 나아가기(Go for the next step: G)
- 장점, 노력, 발전, 성공 인정하기(Acknowledge strength, effort, progress, and success: A)
- 필요한 만큼 반복하기(Repeat as necessary: R)

이 공식을 달달 외워서 완벽하게 재현할 필요는 없다. 아이를 격려할 때 이 방법들을 끼워 넣으려고 노력한다면 한두 단계를 생략해도 충분히 발전이 있을 것이다. 하지만 명확히 알아 두기 위해 각 단계를 좀 더 자세히 살펴보자.

작은 단계로 나누기(S)

큰 목표를 달성하는 비결은 절대 큰 목표째로 달성하려고 애쓰지 않는 것이다. 너무 큰 목표는 따라가기 버거워서 중간에 포기해 버리기 너무 쉽다. 대신 큰 목표를 여러 작은 목표로 나누어서 한 번에 하나씩 달성해야 한다.

비유하자면, 이는 아기에게 걸음마를 가르치는 것과 같다. 이제 막 걸음마를 시작한 아이에게 방 반대편으로 쭉 걸어오라고 시켜도 소용없다. 아이는 한두 걸음 비틀거리다가 민망스럽게 넘어질 것이다. 걸음마를 가르치는 부모는 대신 아이가 한 걸음, 두 걸음, 세 걸음 떼어 놓다가 혼자서도 얼마든지 아장아장 걸어 다닐 수 있을 때까지 신체적·정신적으로 지지해 준다. 물론 부모가 아이를 잡으려고 뛰어야 하는 날까지도 지지해 주어야 하지만, 그건 나중 일이다.

아이에게 운동, 공부, 올바른 행동, 심지어 도덕을 가르칠 때에도 원리는 같다. 아이가 단번에 훌쩍 뛰어올 거라고 생각하지 말고, 큰 목표를 작은 단계들로 나누자. 그러면 성공할 기회가 여러 번 생긴다. "성공만큼 성공을 보장하는 것도 없다."라는 속담도 있다. 여러 번 연달아 성공할수록 계속 노력할 동기가 부여되어 앞으로도 더 성공할 수 있다. 기 센 아이에게도 마찬가지이다. 아이가 성공하고 또 성공하고, 활기차고 의욕 있게 문제를 해결하고, 계속 훌륭하게 성장하는 선순환은 모든 부모의 꿈이다.

아홉 살 카를로스는 보드 게임을 할 때 경쟁심이 너무 강하다. 이기고 있을 때는 신나 하지만 판이 잘 풀리지 않을 때는 짜증을 내고 화도 자주 낸다. 한번은 '모노폴리[1]'를 하다가 비싼 도시에 지어진 호텔을 밟자 멀쩡한 게임판을 쓰레기통에 넣어 버린 적도 있다. 카를로스의 부모는 아이에게 화내거나 짜증내지 않고 스포츠 정신으로 게임을 즐기는 법을 알려 주고 싶었다. 이 목표를 한꺼번에 이루기에는 너무 크다는 것을 인식하고, 아이가 뿌듯한 성공을 여러 번 맛볼 수 있도록 작은 단계로 나누었다.

먼저 카를로스에게 스포츠맨십의 중요성을 설명했다. 특히 이기는 것보다 잘하는 것이 더 중요하다는 이야기를 나누었다. 카를로스가 게임이 불리할 때에도 침착하게 있겠다고 동의하자, 카를로스의 부모는 다음 단계로 나아갔다. 게임 한 판을 10분씩 나누어서 매 10분간 '침착하기, 차분하기, 집중하기'에 주력했다. 한 판은 1시간 정도가 걸리기 때문에 5~6단계로 나누었다. 카를로스가 정당하게 참여하는 시간이 늘어나자 카를로스의 부모는 게임 한 판이 끝날 때까지 침착하게 하는 것으로 목표를 바꾸었다. 한 번에 한 판씩 성공하자, 카를로스는 점점 더 많은 판을 화내지 않고 해낼 수 있었다.

---

1) 역주: '부루마블'과 유사한 보드게임

작은 단계로 나누는 것에 정확한 공식은 없다. 아이, 배우자, 다른 조력자와 충분히 상의하고 창의적으로 생각하자. 성공하기 쉬우면서도 여러 번 연달아 성공할 수 있게끔 하자.

물론 모든 단계에서 성공만 할 수는 없다. 정체되는 때도, 퇴보하는 때도 있을 것이다. 마치 주식 시장처럼 계속해서 오르락내리락하면서도 결국엔 꾸준히 올라가는 경향이 발전이다. 부모든 아이든 실패를 겪고 낙담해서 포기하지 않는 것이 중요하다. 실패를 배움의 일부로 생각하고 아이에게 실수에서 교훈을 찾으라고 가르치자. 그리고 성공할 다음 기회를 물색하자.

격려하는 말을 하기(U)

부모의 말, 목소리, 표정, 몸짓은 물론 심적 태도까지도 아이에게 격려하는 분위기나 낙담되는 분위기를 전할 수 있다. 격려하는 의사소통은 아이에게 설탕을 먹여 주는 것처럼 매 단계 목표를 향해 계속 나아갈 수 있도록 동기를 부여한다. 아이에게 성공할 능력이 있음을 믿는다는 느낌을 전할 수 있는 말을 익히고, 잘 되지 않을 때도 믿음을 잃지 말자. 결과와는 별개로 아이를 항상 사랑한다는 것도 보여 주자. 부모 스스로 자라면서 격려를 많이 받지 못했다면 격려해 주기가 상당히 어려울 수도 있다. 격려하는 태도를 취하고 올바른 말을 선택하기 위해 부모 역시 노력해야 한다. 인내심을 갖고 스스로를 격려해 주자. 부모 역시 배우는 중이고 실수할 수 있다. 화내지 말고 미소 짓고, 다음 기회에 격려하는 의사소통을 할 방법을 찾아보자.

스포츠 정신에 대해 이야기를 나눈 다음 모노폴리를 할 때 부모는 카를로스에게 많은 격려를 해 주었다.

"내 땅을 밟았는데도 침착하게 있네. 잘했어."

"너랑 게임해서 진짜 재밌어."

"주사위 숫자가 안 좋게 나오면 짜증날 수도 있는데 잘 참고 있네."

"어, 진 건 아쉽지만, 넌 정말 열심히 했어. 그리고 우리 모두 재밌게 놀았다는 게 중요해!"

부모는 격려하는 말과 더불어 많이 미소 짓고 카를로스를 다정하게 어루만져 주고 함께 웃어 주었다. 그리고 카를로스가 짜증내거나 화를 내려 할 때마다 부드럽게 상기시켜 주었다.

"카를로스, 침착하렴. 넌 참을 수 있어."

다음 단계로 나아가기(G)

기 센 아이를 두고 있다면 우리 아이가 성질을 표출할 때 내는 힘이야말로 우주에서 제일 강력하다고 생각할 법하다. 그 힘은 정말로 우주 최강일 수도 있다. 호기심(C), 모험심(A), 힘(P), 끈기(P), 예민성(S)은 아이가 무엇을 하든지 강력한 힘을 발휘한다. 하지만 관성이라는 정반대의 성질도 믿기지 않을 만큼 강한 힘으로 사물을 변화하지 못하게 한다.

물리학에서 관성이란 '정지해 있던 물체는 계속 정지해 있으려 하는' 성질이다. 기 센 아이는 지쳐서 방바닥에 드러눕기 전까지 가만있지를 않는 것처럼 보일 수도 있다. 하지만 관성은 물리적 운동뿐만 아니라 내적 변화에도 작용한다. 사람은 하던 행동을 계속 하려는 경향이 있어 새로운 행동을 시작하기 어렵다. 시도해 보다가 장해물을 만나면 낙담해서 포기할 때가 많다. 이 포기하는 상태가 정지 상태로 돌아가는 관성이다. 때로는 실패할 가능성이나 변화하기까지 들어가는 노력이 두려워서 관성에 사로잡히기도 한다. 계속 밀고 나갈 용기를 내는 것은 쉽지 않다. 이때 부모가 격려해 주면 아이는 심적 추진력을 얻는다.

카를로스는 분노에 휘둘리지 않고 자신이 분노를 제어해야겠다고 결심을 했다. 하지만 불리한 상황에 처할 때는 짜증이 나기 시작하고, 참으려고 노력하는 것이 힘겨울 수 있다. 이럴 때 포기하지 않고 성공의 가능성이 열린 회색지대로 나아가게 해 주는 것이 계속 노력하라는 부모의 격려이다. 예를 들면 다음과 같다.

- "카를로스, 짜증나겠구나. 그래도 우리 같이 심호흡 세 번 하면서 화를 가라앉혀 보자."
- "프랜, 수학은 어렵지. 그래도 꾸준히 공부하면 더 잘할 수 있을 거야. 잠시 쉬었다가 다음 문제 풀자."
- "토드, 어제 편의점에서 내 옆에 계속 있던 거 정말 잘했어. 오늘은 큰 마트에서 이번 주 먹을거리 고르는 것도 도와줄 준비 됐니?" (물론 간식도 포함이다. 때로는 설탕 자체도 도움이 된다.)

장점, 발전, 결과 인정하기(A)

앞에서도 말했지만, 말이 조련사가 원하는 대로 움직이면 길들여진다는 궁극적 목적을 향해 발전하는 것이므로 설탕 덩어리를 받는다. 부모의 인정도 설탕 덩어리처럼 아이가 계속 목표를 향해 나아가게끔 격려해 준다. 아이의 행동을 바꾸려고 분노, 비판, 처벌에 의존하는 수많은 부모는 "잘했어." "착하다."라고 하거나 등을 토닥이는 것과 같은 간단한 격려의 위력을 보면 깜짝 놀랄 것이다. 아이의 장점, 노력, 발전, 결과를 알아보는 연습은 쉽지 않지만, 나쁜 면 대신에 좋은 면을 더 많이 발견할수록 아이를 길들이는 과정은 수월해진다.

아무리 작은 단계에서도 결과가 나온 뒤에야 인정해 주려고 기다리고만 있지는 말자. 아이가 그 일에 있어서 발휘할 수 있는 장점들역시 인정해 주자. 특히 기 센 아이의 다섯 가지 특징에 주목해서 그 특징의 좋은 면을 부각시켜 주자.

- 호기심(C): "넌 새로운 것 알아보는 거를 정말 잘해. 이 문제도 그렇게 치밀하게 살펴보면 해결책을 찾을 수 있을 거야."
- 모험심(A): "넌 새로운 일 시도하는 걸 정말 좋아하지. 밤에 잠이 잘 오게 하는 여러 가지 방법을 시험해 보자."
- 힘(P): "넌 힘 있어서 정말 멋있어. 그 힘을 침착하고 차분하고 냉정하게 쓰면 뭐든지 할 수 있을 거야!"
- 끈기(P): "넌 관심 있는 일을 끈질기게 해내는 장점이 있어. 이번 계획에도 그 끈기가 큰 도움이 될 거야."

- 예민성(S): "넌 아주 예민한 사람이어서 다른 사람들의 느낌을 금방금방 이해하고 좋은 친구가 될 수 있어. 걔가 그 말을 했을 때 마음이 어땠을 것 같니?"

아이가 매 단계를 완수하기 위해 들이는 노력을 인정해 주는 것은 특히 중요하다.

- "카밀, 참 열심히 하고 있구나. 꾸준히 이렇게 하면 할 수 있을 거야."
- "다넬, 노력하는 모습이 보기 좋아. 이 일을 정말로 중요하게 생각하고 있구나."
- "방 정리 진짜 열심히 하네. 잘하고 있어!"
- "열심히 화를 참고 있다는 거 알아. 카를로스, 좀만 더 힘내!"

물론 발전에 대해서도 인정해 주자.

- "맥스, 방이 훨씬 깔끔해졌네. 조금만 더 하면 끝나겠다."
- "문제 반이나 풀었네. 다넬, 앞으로도 힘내!"
- "카를로스, 세 번 연속으로 화내지 않고 재미있게 게임을 했구나."

필요한 만큼 반복하기(R)

모두가 최선을 다해 노력해도 변화가 너무 천천히 일어날 때면 낙담하기 쉽다. 용기를 내자! 부모 스스로도 크나큰 용기를 품고 다시 도전해야 한다. '작은 단계로 나누기'를 다시 생각해 보자. 더 작은 단계로 나눠 일부라도 성공하게 한다면 계속 노력할 동기를 부여할 수 있을지도 모른다. '격려하는 말하기'를 하려는 노력이 아이에겐 어떻게 전해질지 아이 입장에서 생각해 보자. 격려하려는 의도로 말하더라도 아이는 낙담할 수 있음을 유념해야 한다. 어휘 선택을 달리할 필요가 있을까? 목소리가 지나치게 부드러워서 너무 어린애 취급하는 것처럼 들렸을까? 만일 그랬다면 좀 더 침착하게 말할 필요가 있다. 헬리콥터처럼 아이 주위를 졸졸 따라다녔을까? 만일 그랬다면 좀 더 거리를 두고 아이에게 스스로 행동할 여유를 줄 필요가 있다.

실제로 어떤 아이는 너무 과분한 격려를 받으면 자신에게 바라는 것이 있어서 거짓으로 꾸며 낸다고 생각하고 부정적으로 반응한다. 때로는 말을 적게 하는 편이 낫다. 부족하지 않을 정도로만 에둘러서 말해도 충분할 수 있다. 아예 말없이 엄지를 세워 보이거나, 윙크하거나, 어깨를 토닥여 주는 것도 시도해 보자. 무엇이 아이에게 격려가 되는지 실험해 보자. 그리고 포기하지 말자. 겉으로 표를 내든 안 내든 아이는 부모가 자신을 믿고 사랑하고 마땅히 소중한 선물로 여긴다는 것을 알 필요가 있다. 이렇게 유대를 구축하는 것이야말로 길들이기의 핵심이다.

천국에서 온 편지

20대 초반에 웬 낡은 상자를 발견한 적이 있다. 빛바랜 조부모님 사진, 잊은 지 오래인 여행지 사진을 뒤적이다 보니 어머니가 내게 남긴 편지 뭉치가 나왔다. 그 전까진 본 적도 없고 어떻게 거기 담기게 되었는지도 알 수 없었다. 오직 그 편지들을 읽어야 한다는 것만이 확실했다. 편지에는 어머니의 많은 사연이 실려 있었다. 계속되는 병이라든지 가족이 그립다는 것에 대한 이야기가 있었고 나에게 직접 전하는 이야기도 있었다. 어머니가 자라는 아들을 얼마나 사랑하고 자랑스러워했는지, 그리고 어머니 눈에 보인 내 구체적인 장점들이 쓰여 있었다. 농구장에서와 교실에서의 활약, 독창적인 글을 쓰려는 노력, 온화한 성품. 읽을수록 마치 아직도 살아 계신 것처럼 어머니와의 유대가 강해지는 것이 느껴졌다. 어머니는 몇 년 전 내가 열일곱 살 때 돌아가셨다. 편지가 어떻게 거기 있게 됐는지는 몰라도 마치 천국에서 온 것 같았다.

얼마 후 연말이 되자, 내가 가르치던 주일학교 아이들에게 각자의 장점과 발전하는 분야를 찾아 편지를 써 주기로 했다. 아이들이 여름휴가를 떠날 때 편지를 건네주고 이후 4년간은 그 일을 잊고 살았다. 그러다 어느 환영회 자리에서 그 주일학교 학생의 어머니를 만났다. "앨리스에게 써 주신 편지 기억나시죠? 아직도 책상 앞에 붙여 놓고 있답니다!"

격려를 글로 적으면 더욱 특별해지는 효과가 있다. 글은 아이 자신이 편안한 속도로 음미할 수 있고, 기분 전환이 필요할 때마다 원하는 만큼 다시 읽을 수 있다. 나는 이제 30년째 부모들에게 격려 편지를 쓰라고 권하고 있다. 대단히 효과적이었다는 경험담을 들으며 나는 부모의 격려 편지가 정말로 천국에서 온 편지처럼 아이들에게 특별하다고 믿게 되었다.

청소년기에 생긴 문제 때문에 몇 년째 큰딸과 연락을 끊었다는 한 아버지가 있었다. 아버지는 둘째가 그런 문제를 겪지 않도록 하려고 적극적 '십 대를 위한 적극적 부모역할훈련(Active Parenting of Teens)' 프로그램에 등록했다. 그리고 격려 편지를 쓰는 과제를 할 때 수천 킬로미터 떨어져 사는 큰딸에게도 편지를 쓰기로 했다. 큰딸은 아버지가 쏟아내는 격려에 대단히 감동받아서 답장을 했고, 부녀 관계는 기적적으로 회복되었다. 안타깝게도, 딸은 몇 년 뒤 희귀병으로 죽었다. 아버지는 딸의 죽음을 계기로 내게 편지를 썼다. 아이가 가슴 아프게 죽었지만 생전에 화해를 해서 그나마 다행이라고, 소원한 채로 죽었더라면 절대 스스로를 용서할 수 없었을 거라고 했다.

글로 쓴 격려의 힘은 신비롭기까지 하다. 즉각적인 반응이 돌아오지 않더라도 편지는 아이의 심금을 울려서 부모와 아이의 관계 및 아이의 자기 인식을 몇 년 동안 강화해 줄 것이다. 다음과 같은 요령도 도움이 되겠지만, 무엇보다 부모의 마음에서 아이의 마음으로 참된 격려가 전해진다면 실패할 리 없다.

- 발전이나 성과를 두루뭉술하게 뭉뚱그리지 말고 구체적으로 쓴다.
- 좋은 이야기만 쓴다.
- 진실하고 솔직하게 쓴다.

- 아이의 행동이 타인에게 어떤 도움을 주는지 쓴다.
- 아이가 당신의 자녀라서 얼마나 기쁜지 알린다.

격려의 목적은 아이의 작은 어깨에 감당 못할 만큼 커다란 부담을 지우기 위함이 아니다. 그러면 허황된 기대가 아이를 짓누르고 아이 자신은 물론 남들까지 고통스러운 자만심을 심어 주게 된다. 현명하게 격려하자. 식물에 물이 필요하듯 아이들에겐 격려가 필요하지만, 물이 과하면 뿌리가 썩는 법이다. 아이의 인격 자체가 아닌 행동을 칭찬하자. 착한 아이, 나쁜 아이, 똑똑한 아이, 멍청한 아이, 그 외 어떤 식으로든 아이에게 꼬리표를 붙이지 말자. 부정적인 꼬리표는 계속 남아서 더욱 부정적인 행동을 하게 하며, 긍정적인 꼬리표는 아이의 버릇을 망치고 과도한 자만심이 들게 할 수 있다. 행동과 태도에 주목해야 아이에게 계속 노력할 목표를 주고 성취에 대해 보람을 느끼게 해 줄 수 있다.

10
분노, 떼쓰기, 흔들리는 이성

분노가 치밀 때는 그 결과를 생각하라.

— 공자(기원전 551~479)

사람은 슬플 때는 아무것도 하지 않고 자기 처지를 애통해한
다. 그러나 분노할 때는 변화를 만들어 낸다.

— 말콤 X(1925~1964),

『말콤 X 연설집』(1965)

기 센 아이가 감정을 주체하지 못하고 폭발할 때는 보기 싫고 불편
하기 마련이다. 눈물을 그렁거리고, 시끄럽게 소리 지르고, 부모가
경악할 정도로 못되고 상스러운 욕설을 쏟아 내기도 한다. 심지어는
부모가 죽길 바란다고 할 수도 있다. 이런 행동은 고의가 아니라고
생각하기 어렵지만, 사실대로 말하자면 정말로 고의가 아니다. 고의
의 영역 너머 원초적 본능이 지배하는 뇌의 깊은 곳에서 비롯된 것이
다. 아이가 부모에게 화를 내는 것은 부모 때문에 원하는 것을 원하
는 때에 얻지 못해서이다. 혹은 외적인 이유 때문에 화가 난 상태에

서 부모가 진정시키려고만 하니 그 화를 부모에게 푸는 것이기도 하다. 부모는 아이가 분노하는 대상이 되지만, 아이의 고통은 부모 및 부모가 정한 한계보다 훨씬 더하다. 그간 습득한 사회적 억제가 모두 날아갈 정도로 압도적인 좌절감을 느끼는 비밀 장소에서 눈물이 흘러나온다. 스스로도 하면 안 된다고 알고 있는 말이나 행동을 한다. 눈물바다에서 허우적대고, 외로움과 무력감을 느끼며, 스스로 통제할 수 없는 감정의 홍수에 머리가 터질 것 같다.

그러는 아이에겐 다가가기 쉽지 않지만, 그래도 부모의 가르침이 필요하다. 변함없는 사랑과 인정이 필요하다. 행동을 용납할 수 있고 없고의 가치관이 확고한 것과는 별개이다. 아이에겐 어떤 상황이든 부모가 다시 자신과 화해하기를 원할 것이라는 믿음이 필요하다.

분노란 무엇인가

분노는 혼란스러운 감정이다. 분노는 인류 역사에 걸쳐 수많은 신학자, 철학자, 심리학자 그리고 부모를 곤란케 했다. 매우 파괴적이기도 하지만, 한편으로는 그토록 오래전부터 존재해 온 이유가 분명 있을 것이다. 기 센 아이를 키운다면 아이의 분노가 어떤 결과를 가져올지 내다볼 줄 알아야 한다. 역사상 분노가 좋은 역할을 했다는 기록도 상당히 많다. 아이가 화를 주체하지 못하고 이성이 닿지 않는 막강한 힘에 휘둘릴 때, 부모는 어떻게 해야 피해를 최소화하고 아이를 평소대로 돌아오게 할 수 있을까? 그에 앞서, 그런 분노가 폭발하기 전에 예방할 순 없을까? 부모 자신의 분노는 어떡해야 할까? 부모 내면의 똑같은 파괴적인 힘을 어떻게 다루어야 할까? 이 장에서는 시뻘겋고 속 모를 분노에 대해 이를 비롯한 여러 문제를 해결할 개념과 도구를 제공할 것이다.

카트리나(5세)는 마음대로 되지 않는 일이 있으면 허리케인처럼 변한다. 몇 시간이고 그치지 않고 떼를 쓰니, 부모님은 카트리나 주위에 있을 때면 가시 방석에 앉은 것처럼 안절부절못했다.

카일(9세)은 친구가 거의 없었다. 걸핏하면 다른 아이들에게 화를 내기 일쑤라서 다들 카일의 신경을 건드릴까 봐 피해 다녔으니 당연하다.

데니스(39세)는 아이들의 잘못된 행동에 분노해 봤자 문제를 키우기만 한다는 것을 알고 있다. 하지만 아이가 똑같은 실수를 반복하는데 어쩌란 말인가? 과자라도 줘야 하나? 자신의 어머니처럼 참으면서 괴로워하느니 차라리 화를 내는 게 나았다.

사실 분노는 문제 해결에 도움이 된다. 첫째, 문제 해결에 필요한 동기와 에너지를 부여하며, 둘째, 문제 해결 전략이 얼마나 잘 작동하고 있는지 평가할 수 있고, 셋째, 분노를 표출하는 행동 자체가 문제 해결 전략이 될 수 있다. 이는 분노의 긍정적 측면이다. 그래서 말콤 X는 분노가 긍정적인 변화를 이끌어 내어 사회 문제들을 해결할 수 있다고 주장했다.

분노는 또한 대단히 파괴적인 감정이기도 하다. 분노하면 공격적인 말과 행동을 하게 되어서 문제를 더욱 악화시키고 관계를 해칠 때가 많다. 이것이 공자가 이야기한 결과이다. 그러면 균형 있는 시각으로 볼 때 분노는 좋은 것일까, 나쁜 것일까?

적당하면 좋은 것이 지나쳐서 체제를 압도할 때 문제가 되기 마련이다. 약간의 분노는 우리에게 주목해야 할 문제가 있음을 알려 주고, 문제를 해결할 에너지를 끌어올리고 문제를 해결하는 동안 유용한 피드백을 준다. 또한 다른 사람에게 행동을 바꾸길 바란다는 확고한 의사를 전할 수도 있다. 그러나 지나친 분노는 뇌를 공격하여 이성을 흔들어 놓는다. 마치 밤에 들어오는 가면 쓴 소도둑과 같다. 분노(또는 공포)가 사고 체계를 점령하면, 우리는 이성적으로 생각하는 능력을 상실하고 원시적인 방법으로 문제를 해결하려 한다. 언성 높이고, 소리 지르고, 위협하고, 때리고, 극단적인 경우에는 죽이기까지 한다. 그러다 감정이 가라앉고 이성이 돌아온 뒤에는 자신이 끼친 피해를 자각하고 후회한다. 후회하지 않으면 큰일이다.

왜 어떤 사람은 분노를 효과적으로 이용하지만 어떤 사람들은 '분노조절장애' '좁은 마음' '울컥하는 성질' '분노 문제'가 있는 걸까? 해답은 주로 유전과 경험의 조화에 있다. 누구든지 화가 나기 시작하는 선은 있다. 어떤 사람은 그 기준이 낮아서 사소한 일에도 화를 내는 반면, 어떤 사람은 기준이 높아서 어지간한 일로는 화를 내지 않는다.

이 기준에는 유전이 크게 영향을 미친다. 성격의 일부로서, 기 센 아이들은 분노의 기준이 낮은 경우가 많다. 어릴 때의 경험이 뇌와 상호작용하여 선천적인 기준을 더 높이거나 낮춘다. 아이가 마구 울면 어떻게 되는가? 부모가 달래 주는가, 아니면 무시하거나 심지어는 화를 내는가? 아이가 부모의 심기를 거스르는 행동을 할 때는 어떤가? 아이가 원하는 대로 되지 않는다고 떼를 쓰면 부모가 굴복하는가? 이러한 경험들 모두 아이가 얼마나 쉽게 화를 내는지, 그리고 더 중요하게는 화날 때 어떤 행동을 취할지에 영향을 끼친다.

좋은 소식은 경험에 따라 분노의 기준이 부정적으로 변할 수도 있지만, 긍정적인 교육과 다른 경험들을 통해 더 나아질 수도 있다는 것이다. 이 장의 목적은 아이에게(어쩌면 부모 자신에게도) 쉽게 분노하지 않는 법, 들기 시작한 분노를 줄이는 법, 분노를 파괴적이지 않게 긍정적으로 이용하는 법을 알리는 것이다.

부모의 뇌 먼저 관리하기

아이의 분노 문제를 진짜로 돕고자 나서기 전에, 부모 자신의 이성적 능력이 미숙한 분노에 흔들리고 있진 않은지 확인할 필요가 있다. 기 센 아이를 길들이는 열쇠는 유대를 구축하는 것인데, 격렬하고 빈번한 분노는 유대를 해치고 길들이기 과정을 훼방할 위험이 있다. 아이의 잘못이나 실수에 대해 화를 내면 다음과 같은 부정적인 결과가 따르기 쉽다.

- 아이가 부모를 두려워하거나 적대한다. 두 경우 다 관계에 악영향을 준다.
- 분노를 문제 해결 수단으로 쓰는 선례를 보임으로써 아이가 따

라 하게 한다.

- 논리적 사고가 약해지고 소리 지르기, 위협하기, 벌주기, 때리기 등의 원시적인 양육법으로 후퇴하게 된다. 이런 방식은 장기적으로 아이의 행동을 더욱 악화시키고 관계에 큰 해를 준다.
- 아드레날린이 분비되어 기분이 좋다고 느낀다. 그 쾌감은 중독성이 있어서 다음번에 화내기가 더 쉬워진다.
- 아이가 힘겨루기에서 승리한다. 힘겨루기를 해결하는 법은 싸우지도 굴복하지도 않는 것임을 기억하자. 화가 나서 싸운다면 아이에게 이런 메시지를 전하는 셈이다. '네 힘을 봐. 네가 원하는 대로는 되지 않았지만 너는 날 화나게 만들었어! 넌 내 감정을 조종했어.'

이 장의 나머지 부분은 아이의 분노 조절을 도우려는 부모를 돕는 데 집중하지만, 이 정보의 대부분은 부모 자신의 감정을 조절하는 데에도 도움이 된다. 특히 다음 세 영역에 주목한다.

- 분노에 휩쓸리지 않기
- 휩쓸렸다면 진정하기
- 그 경험에서 교훈 찾기

생각-감정-행동 순환

이 세 영역을 살피기 전에 아이 삶에 존재하는 네 가지 요소의 관계를 먼저 알아보면 도움이 될 것이다. 그것은 외적 사건(부모의 행동 포함), 생각, 감정, 행동이다.

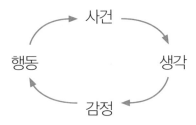

사건

아이가 의식하든 그렇지 못하든, 아이의 인식 범위에서 일어나는 일은 모두 사건이다. 그것은 영화의 무서운 장면일 수도 있고, 저녁 식사 전에 과자를 먹지 말라는 부모의 말일 수도 있다. 사건 이후에 아이는 감정적으로 반응하는데, 앞의 두 사건에서는 각각 공포와 분노를 느낄 것이다. 사건 이후에 감정적 반응이 보이기 때문에 사건 자체가 감정을 유발한다고 생각하기 쉽지만, 앞서 제시한 모형에 따르면 사건은 먼저 뇌에서 생각으로 가공된다.

생각

생각은 사건에 대한 아이의 모든 의식적인 생각은 물론 기억, 태도, 가치관, 믿음, 그때 의식하지 못하더라도 비슷한 경험 등을 모두 포괄한다. 새로운 사건이 발생하면, 뇌에서 빠르게 전기 신호가 퍼져나가 기억 속에서 관련 있을 법한 모든 것을 연상시킴으로써 방대한 경험의 연결망을 활성화한다. 물에 잠긴 빙산처럼 겉으로 드러나지 않는 부분이 많아서 아이 스스로도 자기 생각을 의식하지 못한다.

감정

의식적으로든 무의식적으로든 생각된 것은 아이의 감정 체계를 건드려서 뇌에 기쁨, 슬픔, 두려움, 아픔, 분노 등의 감정을 느끼게 하는 화학물질을 분비시킨다. 감정은 사건 자체가 아닌 사건에 대한 생각에서 유발된다는 것이 중요하다. 그래서 같은 사건이라도 두 아이의 경험이 전혀 다를 수 있다. 저녁 식사 전에 과자를 먹지 말라고 할 때, 어떤 아이는 약간 실망하는 정도이지만 어떤 아이는 극심한 짜증과 분노를 겪을 것이다.

행동

사건에 대한 아이의 반응은 눈만 깜빡이는 정도로 가벼울 수도 있고 전력을 다해서 떼를 쓰는 정도로 격렬할 수도 있다. 이런 행동은 아이의 생각, 감정, 행동이 상호작용하며 뇌에서 신속하고도 지속적인 피드백을 처리한 결과이다. 앞의 그림에서 화살표는 지속적인 피드백의 순환 과정에서 생각, 감정, 행동이 통합되어 있음을 나타낸다. 아이는 지속적으로 자신의 반응이 사건에 끼치는 영향을 평가하고(어머니가 굴복하는가, 싸우는가, 혹은 전혀 다른 반응을 하는가?), 새 정보에 맞게 생각, 감정, 행동을 바꾼다. 이 순환이 원활할 때는 문제가 효과적으로 해결되어 긍정적인 결과가 유지된다. 그러나 아이가 사건과 그 대처 방법에 대해 잘못된 결론을 내리면 문제는 더 악화되고 반복되기 쉽다.

생각-감정-행동 체계에는 눈여겨봐야 할 두 가지 요점이 있다. 첫째는 하나의 체계이기 때문에 어느 지점에서 변화가 일어나든 체계 전체에 영향이 간다는 것이다. 둘째는 아이의 분노를 줄이기 위해서 사건, 생각, 감정, 행동 어느 지점으로든지 접근할 수 있다는 것이다. 네 지점을 그때그때 모두 활용하여 아이가 분노를 예방하고 해결하고 반성하게 하길 권한다. 좀 더 자세히 살펴보자.

떼쓰고 화내는 것과 같은 격렬한 분노 표현 예방하기

"호미로 막을 것을 가래로 막는다."라는 속담은 기 센 아이의 감정적 동요에도 들어맞는다. 일단 분노가 넘쳐나기 시작하면 아이를 진정시키기가 대단히 어렵다. 그 전에 분노를 예방할 수 있다면 최대한 예방하는 것이 좋다. 아이의 불합리한 요구에 굴복하지만 않으면 된다. 떼쓸 것이 우려되어 굴복하면 앞으로 떼쓰는 경향은 더 심해진다. 굴복하지 않으면서 아이의 격렬한 분노를 예방하려면 체계의 다음 네 도입 지점을 각각 살펴보자.

사건 어떤 사건이 과도한 정서를 유발할 가능성을 줄이자.

- 아이를 교육할 때, 특히 훈육할 때 항상 존중하자. 6장에서 8장까지 소개한 훈육법을 이용하면 부모가 문제의 원인이 되지는 않을 것이다. 8장의 FLAC는 감정과 대안을 강조하기 때문에 특히 추천한다.
- 아이가 짜증을 느끼기 시작할 때 미리 알아보고, 진정하거나 휴식을 취하거나 다른 조치를 하도록 도움을 주자.
- 어떤 상황이 분노와 짜증을 흔히 유발하는지 아이가 파악할 수 있도록 돕자. 그리고 그 상황을 피하거나 적절히 대처할 방법을 상의하자. 예를 들어, 아이들이 흔히 그렇듯이 피곤할 때 쉽게 짜증내는 경향이 있다면, 규칙적인 수면 습관을 지키게 하자. 할머니 댁에서 사촌 형제들과 놀 때 좀처럼 차분히 있지 못한다면, 할머니 댁에 가기 전에 아이와 미리 이야기를 나누며 침착하게 있을 방법을 떠올려 보자.

생각 분노에 대해 함께 상의하고 분노 조절의 중요성을 숙지시킴으로써 아이가 문제 해결에 참여하게 하자. 분노 자체를 나쁘다거나 수치스럽게 생각할 필요는 없지만, 분노에 휩쓸려서 난폭한 행동을 하는 건 자제시켜야 한다. 아이가 몇 살이든 연상하기 쉬운 비유를 들어서 설명하면 좋다.

• 어린아이에게는 분노가 가스레인지와 같다고 설명할 수 있다. "평소 침착할 때는 가스레인지가 서늘하고 색은 회색이야. 그러다 신경에 거슬리는 일이 생기면 가스레인지에 불이 켜져서 뜨끈하고 불그스름해져. 붉어지기 시작할 때 해결하지 않으면 점점 더 뜨거워지고 새빨개지는 거야. 그 정도가 되면 너무 뜨거워서 더 심각해지기 전에 식힐 방법을 찾아야 해."

아이가 기분 나빠하는 것 같으면 "네 가스레인지가 지금 얼마나 뜨겁니?"라고 묻자. 아이는 뜨겁지 않고 회색이라고 하거나, 약간 불그스름하다고 하거나, 빨개지고 있다고 하거나, 뜨겁고 새빨갛다고 대답할 수 있다. 그러면 부모와 아이 모두 아이의 감정을 이해할 수 있고, 그런 다음 분노를 식히고 문제를 해결할 방법을 생각해 볼 수 있다.

아이에게 분노가 처음 나타날 때 귀 기울이는 법을 익히면 괜찮다고 가르쳐 주자. 가스레인지가 처음 불그스름해지기 시작할 때는 풀어야 할 문제가 있다는 뜻이다. 이 경우 부모가 도와줄 수 있을 수도 있고 없을 수도 있다. 문제를 해결하려고 노력하되, 해결되지 않더라도 분노를 통제하는 것이 중요하다. 뜨거워서 새빨갛게 변하기 전에 식혀야 하는 것이다. 열기가 오르기 시작할 때 가라앉히려면 어떻게 해야 좋을지 아이와 상의해 보자.

• 좀 더 큰 아이들에겐 분노가 유리 막대에 빨간 액체가 들어 있는 옛날 온도계와 같다고 설명할 수 있다. "온도계의 둥그스름한 아래쪽 끝부분은 뱃속이고 위쪽 끝부분은 입이야. 뱃속에서부터 입으로 화가 올라온다고 상상해 봐. 평소

침착할 때는 붉은색이 밑에 머물러 있지만, 화가 나기 시작하면 부글부글 올라가. 시원할 땐 20도인데, 뜨거울 땐 100도까지 올라가지. 100도가 되면? 펄펄 끓는 거야! 끓어 넘칠 듯이 화나 본 적 있니? (함께 예를 떠올려 본다.) 그래, 그때 너 정말 화났지. 조금 화나는 건 문제를 해결할 에너지를 주니까 괜찮아. 하지만 그 빨간 게 너무 높이 올라가면 입 밖으로 튀어나와서 온갖 나쁜 일이 생길 수 있어. 그러니까 온도계가 처음 부풀기 시작할 때 알아보고 문제를 해결할 방법을 찾으렴. 문제가 풀리지 않아도 진정하려고 노력하고. 분노가 너무 빨리, 뜨겁게 올라가면 모든 게 엉망진창이 돼 버리잖니."

• 아이가 그 비유를 이용해서 자기 분노를 가늠하게끔 하자. 화나려는 것처럼 보이면 묻자. "너 지금 열 받나 보구나. 가스레인지가 얼마나 뜨겁니?(온도계가 어디까지 올라갔니?)"

• 아이에게 가장 원하는 것을 이룰 수 없더라도 다른 대안을 찾을 줄 알아야 침착한 마음을 유지할 수 있다고 설명하자. 원하는 것을 항상 가질 수는 없지만, 대신할 만한 다른 것은 찾을 수 있을 때가 많다. "스스로에게 물어보렴. '내가 할 수 있는 다른 것은 뭐가 있을까?'"

• "네 분노를 다스리는 건 누구니? 너야, 아니면 남들이야? 네 감정을 남들이 다스리면 너는 항상 남들한테 끌려다니는 거야. 하지만 네 분노를 너 스스로 다스릴 줄 알면 넌 남들이 어찌하든 냉정하고 침착하고 신중하게 있을 수 있어. 그러면 살면서 훨씬 큰 힘이 생길 거야."

- 부모도 기 센 사람이라면 조금 큰 아이에겐 평온의 기도를 가르칠 수 있다. "하나님, 제가 바꿀 수 없는 것들을 받아들일 수 있도록 평온을 주세요. 제가 바꿀 수 있는 것들은 바꿀 수 있도록 용기를 주세요. 바꿀 수 있는 것과 바꿀 수 없는 것을 구분할 수 있도록 지혜를 주세요." 기도를 하고 싶지 않다면 다른 방식이라도 괜찮으니 바꿀 수 없는 것을 받아들이는 법에 대해 이야기를 나누자.
- 분노를 다루는 동화책은 아주 많다. 마음에 드는 것을 골라 아이와 함께 읽자. 그리고 나중에 아이가 분노하는 상황이 되면 그 책 이야기를 꺼내자.
- 아이와 상의해서 열 받을 때 쉴 수 있는 '머리 식히는 장소'를 마련하자. 특별한 의자도 좋고, 어떤 구석진 공간도 좋고, 아이 방 침대도 좋다. 나중에 아이가 화나려는 것 같으면 그곳에서 머리를 식히지 않겠느냐고 제안할 수 있다.

감정　아이가 자신의 감정을 확실히 파악하고 말로 표현할수록 잘못된 행동으로 표현할 가능성은 적다. 분노를 비유로 나타냄으로써 아이는 언제든지 감정을 더 구체적으로 인식할 수 있다. 다음과 같은 표현을 사용해서 아이가 분노를 미리 파악할 수 있게 돕자.

- "내 가스레인지는 지금 불이 켜졌어. 조금 빨개진 것 같아. 네 가스레인지는 어때?"
- "네 온도계는 어디까지 올라갔니? 100도 됐어?"

- "150도까지 올라가면 너무 세게 끓어 넘치니까 조금 식혀 보자."
- "혹시 피곤하니?" (아이가 피곤할 땐 머릿속 분노 조절 장치도 낮잠을 잔다!)
- "혹시 배고프니?" (배고플 때도 비슷한데, 몸에 좋은 간식을 주도록 유의하자. 어떤 아이들은 당이 과하면 더 격렬하게 행동한다. 그렇지 않더라도 지나친 당 섭취는 영양 균형을 해치므로 여러 문제를 일으킬 수 있다.)
- "난 기분이 아주[그때그때 좋거나 나쁜 기분을 솔직하게 표현]해. 네 기분은 어떠니?" 이렇게 하면 아이가 감정을 파악하고 말, 표정, 목소리로 솔직하게 표현하는 법을 배울 수 있다.

행동 아이가 분노에 휩쓸리기 전에 분노를 예방하기 위해 다음 방법들을 시도하고, 우리 아이에게 가장 잘 맞는 방법을 찾아보자.

- 수면, 영양소, 활동, 사랑을 충분하게 해 주자.
- 포옹을 제안한다. "지금 안아 줘도 되니?" (강요하진 말재!)
- "열 받기 시작하나 보다. 같이 심호흡을 해 보자." 산소는 불안, 공포, 분노 등의 부정적인 감정을 줄이는 데 도움이 된다. 천천히, 깊이 호흡하면 심신을 정상으로 회복하기 좋다. 조금 큰 아이에게는 더 심화된 1-4-2 호흡법도 가르쳐 줄 수 있다. 이는 들이쉬기, 숨 멈추기, 내쉬기에 1:4:2 비율로 시간을 들이는 것이다. 3초 단위로 하면 3초간 들이쉬고, 12초간 멈추고, 6초간 내쉬는 식이다. 소리 내어 시간을 세면서, 아이가 눈을 감고 따라하게 하자. 세 차례 반복한 뒤에는 20초간 숨을 참았다가 크게 내쉬게 하자. 그런 다음에는 평소대로 숨을 쉬면서 몸에 퍼지는

편안함에 조용히 집중하게 하자. 아이에게 3-12-6초가 너무 길다면 2초 단위로 2-8-4초씩 하면 된다.

- "지금 목욕하지 않겠니?" 이상하게 들릴지 모르지만 메리 시디 커신카의 명저 『기 센 아이 양육법』에서는 기 센 아이들이 물에 접할 때, 특히 목욕할 때 유독 침착해진다는 것을 발견했다. 커신카에 따르면, 한 아이가 몹시 힘든 하루를 보낸 날 어머니는 세 번이나 목욕을 권했다! 또한 세면대에서 장난감이나 그릇으로 물놀이를 할 때 침착해지는 아이들도 있다. 물에 어떤 마법이 있어서 화난 영혼을 그렇게 달래 주는지는 몰라도, 우리 아이에겐 어떤 것이 맞는지 직접 알아보자.

- 머리 식히는 곳에서 쉬다 오라고 권하자.

- 문제를 해결하자. 아이와 함께 상의해서 해결책을 찾아내자. 대안 논의 부분에서 고안한 방법을 사용하자. "이 문제를 해결할 다른 방법은 뭐가 있을까? 어떤 대안이 좋을까?"

- 절대 싸우지도 굴복하지도 말자. 여러 번 반복해서 강조하고 있지만 그만큼 대단히 중요하다. 그래야 아이에게 화내고 싶은 충동을 피하고, 힘겨루기를 유발하거나 비합리적인 요구에 굴복하지 않을 수 있다. 냉정을 잃지 말고 아이를 존중하자. 어느 정도 감정을 보이는 것은 괜찮지만 온도계로 40도를 넘기진 말자. 열이 오르는 것 같으면 설명하고 물러나자. "내 온도계가 지금 많이 올라가려고 하네. 진정하고 나서 돌아올게." 이러면 힘겨루기가 줄어들 뿐만 아니라 아이에게 분노 조절의 모범을 보여 줄 수 있다.

- 부모가 한계나 논리적 결과를 적용해서 아이가 화났다면 안심을 시키자. "괜찮아. 다음엔 더 잘할 수 있어." "괜찮아. 또 기회가 있을 거야."
- 8장에서 소개한 FLAC 훈육법을 이용하자.

떼쓰면서 오르는 열 가라앉히기

FLAC(감정, 한계, 대안, 결과) 훈육법을 이용하면 아이가 정해진 한계를 어기고 떼를 쓰는 일이 줄겠지만, 최선을 다했는데도 아이가 분노에 휩쓸릴 때는 어떡해야 할까? 부모와는 관계없이 아이가 어떤 목표를 이루지 못했다는 실망감으로 떼를 쓰는 상황은 얼마든지 있다. 부모가 아무것도 하지 않았는데도 아홉 살의 기 센 아이가 수학 문제를 풀지 못했다고 이성을 잃고 분노할 수도 있다.

떼쓰는 것이 힘이나 갈등 또는 다른 어떤 이유에서든 아이는 부모의 반응에 주목할 것이다. 심리학자 루돌프 드라이커스가 발견한 것처럼 참을성은 '잃는' 것이 아니라 '발휘하는' 것이다. 아이가 화를 내는 것은 어떤 보상을 받기 위함이다.

떼를 쓰면 몹시 화날 때 쌓인 화학물질이 줄어드는 '머리 식히기' 효과가 있어 그 자체로 보상이 되기도 한다. 폭풍처럼 쏟아내던 분노도 결국은 잦아들기 마련이지만, 그 와중에 사람이나 물건이나 관계를 해치기 쉽다. 기 센 아이는 태풍의 눈처럼 혼란을 몰고 다닌다. 부모가 개입하려는 것도 당연하지만, 어떤 개입을 하느냐에 따라 나중에 더 심해질 수도 있고 덜해질 수도 있다.

부모가 싸우거나 굴복한다면 의도하지 않았더라도 아이가 앞으로 더욱 자주 떼쓰게 만드는 이차적인 외적 보상을 하는 셈이다. 부모가 화나서 떼쓰는 아이와 싸운다면, 감정적인 힘을 줌으로써 권력욕 강한 아이에게 큰 보상이 된다. 비합리적인 요구에 굴복하거나 문제를 해결하려고 아이를 과보호하는 것 역시 앞으로 떼쓸 가능성을 높인다.

부모가 할 수 있는 가장 좋은 선택은 침착하고 차분하고 냉정하게 가만있는 것이다. 아이에게 진정할 수 있도록 돕겠다고 제안하거나 아니면 잠시 아이 곁을 피해서 떼써도 들어줄 사람이 없도록 하자.

- 1단계: 이유를 막론하고 아이가 떼를 쓰면 이렇게 말한다. "너 너무 열 받았구나. 화 먼저 진정시키고 나서 해결책을 상의해 보자."
- 2단계: 도울지 또는 피할지 묻는다. "화를 식히는 거 도와줄까? 아니면 너 혼자 식힐래?"
- 3단계: 아이가 계속 운다면, "알았어. 잠시 혼자 머리 식힐 시간을 줄게. 괜찮아지면 알려 주렴. 그때 다시 해결책을 상의해 보자."와 같이 말하고 잠시 혼자 있게 해 주되 너무 멀리 가진 말자. 아니면 5단계로 바로 넘어가도 좋다.
- 4A단계: 아이가 따라 나온다면 말한다. "머리 식히는 거 도와줄 사람이 필요한가 보구나. 같이 심호흡해 보자."
- 4B단계: 아이가 따라 나오지 않고 진정하면 돌아가서 말한다. "혼자서 참 잘 진정했구나. 어떻게 한 거니?"

• 5단계: 아이가 계속 울면 5~10분 정도 후에 들어가서 말한다. "너 정말 많이 열 받았구나. 머리 식히는 거 도와줄 사람이 필요한가 봐. 같이 심호흡해 보자." 그래도 더 크게 소리 지르고 더 화를 내면 말한다. "지금은 내 도움이 필요 없나 보구나. 도와줄 거 있으면 부르렴." 그리고 또 5~10분 뒤에 돌아온다. "진정하고 문제에 대해서 상의할 준비됐니? 어떻게 하면 더 진정이 될까?" 예전에 통했던 방법들을 제안해도 좋다. 예를 들면 다음과 같다.

  – "안아 줄까?"

  – "물 마실래?"

  – "심호흡할까?"

  – "목욕할래?"

  – "어떡하면 좋겠니?"

  – "다른 방법이 있을까?"

  – "베개 때릴래?" (어떤 아이들은 베개를 샌드백으로 삼아 파괴적이지 않은 방식으로 분노를 표출할 수 있다.)

  – "머리 식히는 자리로 가 있을래?"

대뇌 피질, 즉 생각하는 뇌의 주의를 돌리는 방법도 있다. 떼쓰는 동안에는 뇌의 모든 에너지가 정서 중추로 쏠린다. 그 에너지를 '속여서' 이성적인 부분으로 돌아오게 하면 균형을 찾을 수 있기도 하다. 이 방법은 위험 부담이 크고 아이를 더욱 화나게 만드는 부작용이 생기기 쉽기 때문에 부작용을 예상하고 조심해서 사용하자. 하지만 가끔씩은 통하곤 한다. 주의를 돌리는 방법 중 하나는 질문을 던지는 것이다. "너 정말 화났구나."

- "열까지 천천히 세어 보자."(혹은 "20까지 짝수를 천천히 세어 보자.")
- "이번 주말에 우리 뭐 하기로 했는지 기억나?"
- "토요일까지 며칠 남았지?"
- "네 분노가 불이라면 얼마나 뜨거울까?"
- "얼음 덩어리로 네가 열 받은 걸 식히려면 얼마나 큰 얼음이 있어야 할까?"
- "네 가스레인지는 지금 무슨 색이니?"
- "네 온도계는 지금 몇 도니?"
- "조금 식힐 수 있겠니?"

어떤 아이는 이런 표현을 재미있게 느껴서 감정적인 상태에서 벗어날 수 있고, 어떤 아이는 장난치고 존중해 주지 않는다고 느껴서 더 심하게 화날 수도 있다. 만약 아이가 더 화내는 반응을 보이면 사과하고 물러나자.

아이가 어리다면 봉제 인형이나 우스운 소리가 나는 인형을 집에 숨겨 놓고, 떼를 쓸 때 인형을 찾아보라고 하는 방법도 있다. "너 지금 많이 화났구나. 유니콘 인형이 어디 숨었는지 찾는 거 도와주겠니?" 이에 걸려들어 함께 유니콘 사냥을 하면 계속 화나 있을 수가 없다. 그러면 다음번 화났을 때 진정시키는 새로운 표현도 생긴다. "화가 좀처럼 가라앉지 않는 것 같네. 유니콘 또 찾아볼까? 오늘은 어디 숨었을 거 같아?"

좀 더 큰 아이에게는 분노를 유머 있는 칭찬으로 돌리는 방법을 시도해 볼 만하다. "지금 네가 쓰는 에너지를 힘으로 환산하면 야구공을 시속 160킬로미터로 던질 수도 있겠다." 직설적인 칭찬도 좋다. "네가 지금 정말 화났다는 건 알아. 그래도 의지력이 대단하네."

이런 여러 방법이 있지만 모두 싸우거나 굴복하진 않는다는 것에 유의하자. 부모는 사려 깊은 조력자 역할을 맡아 아이가 정서적으로 과열되었을 때 스스로 진정하고 효과적으로 문제를 해결하고 실망감을 제어하는 법을 익히도록 도움을 주어야 한다. 하지만 아무것도 소용이 없다면? 기 센 아이는 이따금 자신의 감정에 너무 깊이 사로잡혀서 부모가 어떤 말이나 행동을 하든 진정하지 못할 때가 있다. 그래서 예방이 중요한 것이다. 하지만 아이가 완전히 이성을 잃어서 도저히 도울 방법이 없을 때는 부드럽게 말하자. "지금은 내가 도울 수 있는 방법이 없는 것 같구나. 때가 되면 너 스스로 진정할 수 있을 거야. 이야기하고 싶은 마음이 돌아오면 알려 주렴." 아이가 있는 곳이 안전한지 확인하고는 아이에게 관심을 주지 말고 그 방을 떠나거나 다른 일을 하자. 때로는 아이 스스로 진정하도록 자리를 비켜 주는 것이 최선이기도 하다.

"뭘 배웠니?"

힘겨루기나 극심한 분노 사건을 해결하면서 배운 교훈에 따라서 다음 문제가 일어나는 주기가 달라진다. 싸우지도 굴복하지도 않으면 아이를 직접 진정시키지는 못했더라도 아이에게 화내 봤자 큰 보상은 없다는 것을 알려 줄 수 있다. 거기에 간단한 규칙이나 결과를 적용함으로써 더 뚜렷한 교훈을 줄 수도 있다.

> "화가 나는 건 괜찮아. 화가 많이 나는 것도 괜찮아. 하지만 화를 내는 방식은 괜찮을 수도 있고 안 괜찮을 수도 있어. 예를 들어, 물건을 부수거나 다른 사람에게 나쁜 말을 하거나 폭력을 휘두르는 건 안 괜찮지만, 베개나 상자나 샌드백을 때리는 건 괜찮아."

아이가 이런 규칙을 어기면, 화가 진정된 후에 규칙의 중요성에 대해 이야기를 나누자. 그리고 규칙을 어긴 것에 대한 논리적 결과를 받아들여야 한다는 것을 납득시키자. 예를 들어 다음과 같은 결과를 적용할 수 있다.

- 물건을 부쉈을 때: 아이의 용돈으로 피해를 보상해야 한다. (금액이 너무 높으면 부모가 도울 수 있지만 아이도 큰 대가가 들어간다는 책임감은 느낄 수 있어야 한다.)
- 나쁜 말을 했을 때: 그 상황과 관련 있는 것을 잃는다. 예를 들어, 늦게까지 밖에서 놀지 못하게 했다고 떼를 쓰면서 부모 이름을 함부로 부른다면, 일주일 동안 밖에서 놀 권리를 뺏길 수 있다.
- 폭력을 사용했을 때: 요즘은 학교 폭력이 절대 용납되지 않기 때문에 부모는 물론 어떤 사람도 때리거나 물거나 아프게 해서는 절대 안 된다는 것을 확실히 숙지시켜야 한다. 아이가 어리다면

폭력을 휘두를 때 그 자리에서 벗어나게 하는 것이 효과적이다. 아이를 안아 들고 이렇게만 말하자. "다른 사람을 때리면(또는 발로 차면, 침을 뱉으면) 안 돼. 때리지 않을 수 있게 되면 돌아오자." 그리고 아이 방이나 다른 떨어져 있을 공간에 아이를 두고 오자.

• 좀 더 큰 아이들은 일단 그 시점에 다른 사람을 해치지 못하게 막고 방에서 나가 달라고 부탁하자. 아이가 진정된 뒤에 아까의 행동에 대해, 그것이 괜찮지 않은 이유에 대해 이야기를 나누자. 그리고 같이 적당한 논리적인 결과를 떠올려 보자고 말하자. 어떤 식으로든 폭력을 당한 사람에 대한 사과가 있어야 한다. 예를 들어, 그 주 주말에 나가서 놀지 않고 집에서 사과 편지를 쓴다든지 하는 식으로 두 사람 다 납득할 수 있는 결과여야 한다.

논리적 결과뿐만 아니라, 분노를 줄이는 데 효과 있는 것과 없는 것에 대해 아이와 충분히 이야기를 나누자.

• "어제 네가 끓어 넘칠 정도로 열 받았을 때 뭐 때문에 그 정도로 화가 났는지 기억나니?"
• "가스레인지가 뜨거워서 새빨개졌을 때 기분이 어땠니?"
• "어떻게 해서 화를 가라앉혔니?"
• "내가 한 행동 중 도움이 된 거나 화를 더 돋운 게 있었니?"
• "다음번에 그렇게 화가 난다면 내가 똑같이 해도 되겠니?"

목표는 아이의 감정을 해치지 않고 미리 설정한 논리적 결과보다 더 심한 벌을 주지 않으면서 분노 문제를 좋은 방법으로 해결하도록 돕고자 하는 아군이 되는 것이다. 부모 스스로도 분노에 휩쓸려 버렸다면 그 사실을 인정하고, 경우에 따라서는 사과하고 아이에게 보상하도록 하자. 부모와 자녀 사이에 분노가 일어났을 때는 여전히 서로 사랑하고, 서로를 소중히 여기고, 서로가 최대한 잘 되기를 원한다는 유대감을 되찾는 것이 무엇보다 중요하다. 다정한 포옹을 하거나, 재미있는 놀이를 하거나, 조용한 시간을 함께 보내면서 사랑을 느끼는 것 모두 특효약이 될 수 있다.

11

파트너, 손바닥을 올려 봐

오랫동안 공감의 핵심은 어머니와 아이의 유대이며, 어머니가
자상하고 상냥하면 아이가 어머니의 온유함을 본받는다고 여겨
졌다. 그러나 최근 연구 결과 아이의 공감 능력 발달에 가장 중
요한 요인은 아버지의 개입, 특히 다정하게 대하면서도 나쁜
행동에는 한계를 긋는 능력이라고 밝혀졌다.

— 빅토리아 시컨다(미국의 심리학자·작가),

『여성과 아버지』(1992)

구식 양육법에서 부모-자녀 관계는 아버지가 훈육을 전담하고 어
머니가 양육을 전담하는 것이 전형적이었다. 아이와의 기 싸움에서
밀린 어머니는 "아빠 오시면 혼날 줄 알아!" 하고 외쳤고, 터프가이 아
버지는 아이가 뭔가 물으면 "그런 건 엄마한테 얘기해." 하고 얼버무
리곤 했다. 그러나 어머니들은 힘을 잃어 간다는 것을 깨닫고 아버지
들은 마음을 잃어 간다는 것을 깨달으면서, 두 역할은 차츰 융합되었
다. 오늘날 적극적인 부모들은 아이에게 다정하면서도 확고하게 대
해야 한다는 것을 이해하고 그러기에 적합한 기술과 태도를 익히고

있다. 기 센 아이의 부모는 특히 아이에게 한계를 그어 줄 배짱과 문제 해결을 지지하고 응원해 줄 공감 능력이 모두 있어야 한다.

한계를 정하는 방법에 대해서는 이 책에서 충분히 논의했다. 그러면서 힘겨루기의 여지를 줄이기 위해 아이의 감정과 욕구에 주목할 필요성도 많이 강조했다. FLAC는 그런 다양한 측면을 하나의 훈육법으로 결합한 것이다. 또한 기 센 아이와 번거로움을 감수할 것 없이 확고하게 확인시켜 주기만 해도 충분할 때도 있다는 것 역시 설명했다. "해럴드, 음식을 던지면 안 되지." "신시아, 집 안에선 뛰어다니지 않기로 했지." "토니아, 어지럽힌 것 치우렴."

앞에서 소개한 훈육법들을 이용하여 확고한 한계를 설정하면, 아이에게 세상은 자신뿐만 아니라 수많은 타인과 관계 맺으며 살아가는 것이고, 그들 모두 각자의 권리와 욕구가 있으며 타인의 권리와 욕구도 자신의 것과 마찬가지로 중요하다는 사실을 가르치는 데에 도움이 된다. 무례하고 불쾌한 행동은 타인에게 피해를 줄 뿐만 아니라 규칙과 법을 어기는 일일 때도 많다. 그래서 학교에서나 법적으로나 큰 문제가 될 수 있다. 사실 타인의 욕구도 자신의 것만큼 중요하다는 사실을 깨우치지 못하고 가정에서 꾸준한 훈육을 받지 못한 기 센 어른들은 교도소에 많다.

하지만 타인에 대한 진정한 공감이나 타인과 협동하여 문제를 해결하는 법을 훈육만으로 가르치기에는 부족함이 있다. 공감과 협동적 문제 해결이라는 이 두 능력은 문제를 피하기 위해서뿐만 아니라 거시적으로 이 세상에서 진정한 성공을 이루기 위해서도 필수적이다. 그러므로 잘못된 행동에 대해 명확하고 확고한 한계를 정하는 의지 및 능력뿐만 아니라 문제 해결과 공감을 가르치는 기술 역시 연마해야 한다. 이 장에서는 바로 이를 다룰 것이다.

로마 갤리선 우화

한 갤리선에서 노예들이 북소리에 맞춰 노를 젓고 있었다. 한 노예가 옆 노예를 보다가 그가 자기 자리 아래 구멍을 내고 있는 것을 발견했다. 배에 물이 들어오기 시작하자 노예는 놀라 소리쳤다.

"이게 무슨 짓이오?"

그러자 구멍 뚫던 노예는 아무렇지 않게 대꾸했다.

"당신과 무슨 상관이오? 난 '내 자리'에 구멍을 내고 있을 뿐인데."

이 이야기가 재미있는 이유는 당신이 누구 자리 아래 구멍을 내든 같은 배에 타고 있는 이상 모두에게 영향이 온다는 것을 알기 때문이다. 구멍 뚫는 노예가 동료들에게 전혀 공감하지 못하는 모습은 자신의 행동이 주위 사람들에게 주는 영향을 전혀 이해하지 못하는 사람의 모습을 과장한 것이다. 기 센 아이들은 이 같을 때가 많다. 자신의 욕구와 소망에 너무 집중하는 나머지 자신의 행동이 타인에게 어떻게 받아들여지고 있고 그들에게 어떤 영향을 줄지 이해하지 못하는 것이다. 아이가 탄 배가 가라앉지 않으려면 공감, 즉 타인의 입장에서 생각하고 타인의 감정을 헤아릴 줄 아는 능력을 가르쳐 주어야 한다.

공감의 마법

다른 사람의 감정을 헤아리려면 먼저 자신의 감정을 파악할 수 있어야 한다. 기 센 아이를 둔 대부분의 부모는 행동, 특히 잘못된 행동에 너무 연연해하는 경향이 있다. 아이에게 한계와 올바른 행동을 가르치려면 잘못된 행동을 아는 것도 중요하지만, 타인을 이해하고 자신의 행동이 타인에게 주는 영향을 이해하는 데는 그것만으로는 부족하다.

우선 특정 상황에서 아이가 어떤 감정을 느낄지 부모 스스로 질문해 보자. 행복할까, 슬플까, 화날까, 기쁠까, 초조할까, 괴로울까, 또는 설렐까? 아이의 감정에 맞는 단어를 찾았다면 그 감정을 같이 느끼려고 노력해 보자. 다시 말해, 아이와 공감하려고 노력해 보자. 공감이 되었다면 그 감정을 알맞은 말과 표정과 목소리로 되돌려 주자. 예를 들면 다음과 같다.

- "행복해 보이는구나."(웃는 표정과 활기찬 목소리)
- "슬퍼 보여."(염려하는 표정과 목소리)
- "정말 많이 화난 것 같네."(약간 찡그린 표정과 힘 있는 목소리)
- "오늘 많이 신나니?"(기뻐하는 표정과 목소리)
- "그거 정말 괴롭겠다."(염려하는 표정과 나지막한 목소리)

단정 짓지 말고, 꼭 "~하구나." "~한 것 같네." "~하겠다." "~하지 않니?"와 같이 추측형으로 표현하자. 이런 표현은 부모가 어설프게 독심술을 하려는 것이 아니라 아이의 감정을 이해하려는 것임을 알려 준다. 추측이 맞았다면 놀라운 일이 일어난다. 아이는 고개를 위아래로 끄덕이며 계속 이야기할 것이다. 이것을 '공감받은 느낌'이라고도 하는데, 최근 연구에서는 그것이 건강한 뇌 성장과 발달에 관련 있다고 밝혀졌다. 부모에게 공감받는다고 느끼는 아이는 부모가 자기 자신이 힘들어할 때 자신을 도와주고 기쁠 때도 행복을 나눌 자기 편이라고 실감할 수 있다. 이는 공동체에 속해 있고 다른 사람들과 연결되어 있다는 느낌을 원하는 인간의 기본적인 욕구를 채워 준다. 그리고 아이가 연결되었다고 느낄 만한 사람 중에서는 부모야말로 가장 중요하다.

아이의 감정을 잘못 추측했다면? 추측형으로 표현한 이상 아이가 간단히 정정해 줄 수 있고 아무 문제없다. 예를 들면 다음과 같다.

부모: 참 행복해 보이는구나.
아이: 행복한 것까진 아니고, 그냥 안심돼서요.
부모: 아, 그렇구나. 그 일이 끝나서 안심되는 거구나.
아이: 네. 이번 주는 끝이 없을 것만 같았어요!
부모: 무슨 말인지 알아. 나도 그런 적 많았지.

여기서는 "~해 보이는구나."라는 추측형을 씀으로써 아이가 표현을 고쳐 주는 즉시 감정 단어 '행복'에서 '안심'으로 쉽게 넘어갈 수 있었다. 나아가 "무슨 말인지 알아. 나도 그런 적 많았지."라고 함으로써 아이에게 더욱 동조해 주었다. 정서적으로 동조해 주는 것이 공감의 핵심이다. 아이의 기쁨, 슬픔, 분노, 놀람, 혹은 다른 어떤 감정이든 함께 느껴 보자. 그 감정이 맞는지 틀린지, 이성적인지 비이성적인지는 걱정 말자. 그저 그 감정을 알아보고 아이에게 되돌려 주자. 아이가 좋아하는 TV 프로그램을 놓쳐서 화가 났다면, "괜찮아, 나중에 다시 보면 되지."라고 무시하지 말고 다음과 같은 말로 공감해 줄 수 있다.

- "기대하고 있었던 거 놓치면 정말 짜증나지."
- "아깝다. 너 그 프로그램 정말 좋아하잖아."
- "으, 나도 그럴 때 정말 싫어."

문제를 해결할 방법은 나중에 상의해도 좋으니 우선 공감대를 형성하고 공감받는 느낌을 갖게 해 주자. 부모에게 의지할 수 있다고 느낄 때 아이는 훨씬 더 마음을 열고 걱정, 문제, 희망, 꿈까지도 나누려고 할 것이다.

사이드와인더 피하기

미국 남서부의 모하비 사막과 소노란 사막에는 사이드와인더(sidewinder)라는 방울뱀 종이 산다. 이 종은 여느 뱀과는 다르게 먹이에게 정면으로 접근하지 않고 비뚜름한 각도로 모래 위를 기어서 다가가기 때문에 그런 이름이 붙었다. 서부 옛날 이야기에서 사이드와인더라는 별명은 수상쩍고 애매하게 행동해서 믿을 수 없는 부류의 사람을 가리키는 말로 쓰였다. 옛날 서부 영화에서는 총싸움 장면을 시작할 때 등장인물이 "거기 서라, 이 사이드와인더 놈!" 같은 대사를 흔히 외쳤다.

공감하고 타인의 감정을 존중하는 법을 가르치기 위해 아이의 감정에 반응할 때 반드시 피해야 하는 몇 가지 흔한 오류가 있다. 두 가지 이유 때문에 나는 이 오류를 사이드와인더라고 하겠다. 첫째, 이 오류들은 아이의 감정을 정면으로 대하지 않고 편한 대로 슬쩍 돌아가려 함으로써 발생한다. 둘째, 방울뱀의 독보다도 더 빠르게 아이와의 소통을 죽여 버릴 수 있다. 흔한 사이드와인더의 몇 가지 예를 보며 그 메시지가 아이에겐 어떻게 받아들여질지 생각해 보자. 아이가 퍼즐을 잘 맞추지 못해서 대단히 화난 상황이라고 가정해 보자. 부모는 아이가 분노에 휩쓸려서 이성을 잃고 심하게 떼를 쓸까 봐 걱정한다. 공감보다 두려움이 앞선 나머지 부모는 다음과 같은 사이드와인더 오류를 저지르기 쉽다.

명령	부모: "그거 여기 놔."
	아이의 느낌: '넌 멍청해서 스스로는 못 맞출 거야.'
비난	부모: "엄마 말대로 천천히 하면 안 어려울 거야."
	아이의 느낌: '넌 제대로 하는 게 없어.'
심문	부모: "왜 그렇게 어려운 퍼즐을 골랐어?"
	아이의 느낌: '난 멍청해. 엄마도 알고 계셔.'

무시	부모: "이까짓 퍼즐 가지고 너무 흥분하지 마."
	아이의 느낌: '내 감정은 엄마한테 중요하지 않아.'
폄하	부모: "너 퍼즐 잘 못하는 거 너도 알잖아." 왜 계속 붙잡고 있어?
	아이의 느낌: '난 패배자야.'
독심술	부모: "이거 때문에 또 떼쓸 거니?
	아이의 느낌: '엄만 날 못 믿어.'
과장	부모: "이까짓 퍼즐도 못 맞추면 올해 학교 공부는 어떡할 거니?
	아이의 느낌: '난 생각보다 더 멍청한가 봐.'
다 안다는 듯이 말하기	부모: "엄마한테 도와 달라고 했으면 아무 문제없었을 거 아냐."
	아이의 느낌: '난 혼자서는 아무것도 못해.'
억지로 달래기	부모: "넌 다른 잘하는 거 많잖아." 이런 퍼즐 가지고 너무 마음 쓰지 마렴."
	아이의 느낌: '엄만 내 고민에 관심 없어.'
도덕적 평가	부모: "그런 걸로 화내면 진짜 안 돼."
	아이의 느낌: '난 뭔가 잘못됐어.'
부정적 유머	부모: "너 퍼즐 못 맞추는 병이 있나 봐." 하하하."
	아이의 느낌: '난 웃음거리밖에 안 돼.'

냉소	부모: "넌 천잰데 그냥 퍼즐이 너랑 안 맞나 봐."
	아이의 느낌: '난 바보야. 엄마 미워!'

어떤 사이드와인더는 다른 것들보다 더 심각하지만 모두 아이의 감정을 무시한다는 공통점이 있다. 부모가 이런 말을 하는 본래 의도는 문제를 악화하기 위해서가 아닌 해결하도록 돕기 위해서지만, 듣는 아이는 공감받지 못한다는 느낌, 관심받지 못한다는 느낌, 충분히 잘하지 못한다는 느낌을 받는다. 아이가 그렇게 낙담하게 되면 기존 문제가 더 악화되거나 다른 문제가 더해지기 쉽다. 그러지 말고 우선 심호흡을 하면서 아이의 감정에 반응해 보자. 예를 들면 다음과 같다.

- "그래. 퍼즐은 잘 안 풀릴 때도 있지."
- "퍼즐 때문에 많이 화나는가 보구나."
- "가스레인지가 열 받고 있니?"(혹은 분노와 짜증을 측정하기 위해 미리 사용했던 다른 비유)

목소리와 표정에는 염려가 드러나야 한다. 아이에게 정말로 공감한다면 아이의 분노를 일부분 같이 느낄 수 있기 때문이다. 그리고 부모가 감정 차원에서 아이와 연결된 다음에는 아이도 부모의 걱정을 느끼고 문제 해결로 나아갈 수 있다.

손바닥을 올려 문제 해결하기

부모가 아이와 겪는 문제에는 크게 두 가지 유형이 있다. 즉, 훈육의 문제와 지지의 문제이다. 훈육의 문제는 아이가 가족 규칙을 어기거나 다른 잘못된 행동을 함으로써 한계를 시험할 때 일어난다. 이럴 때 6장에서 8장까지 소개한 훈육법을 활용하면 된다. 이 장에서 다룰 문제는 아이에게 속한 문제, 아이 스스로 해결해야 하는 문제이다. 어려운 퍼즐, 친구와의 갈등, 비가 온다는 것, 계획대로 동물원에 갈 수 없다는 것 등이다. 이를 비롯하여 아이 스스로 풀어야 하는 수천 가지 문제로 인해 기 센 아이는 자기 꼬리를 쫓는 강아지처럼 몇 시간이고 자신은 물론 주위 모든 사람도 괴롭힐 수 있다. 부모 심정은 어서 뛰어들어 그런 문제를 고쳐 주고 싶겠지만, 그래 봤자 아이에게 꼭 필요한 문제 해결 기술을 가르쳐 줄 수는 없다. 그런 경우에는 아이를 지지해 주고 스스로 해결책을 떠올릴 수 있도록 안내해 주는 것이 부모가 해야 하는 역할이다.

나는 이를 '손바닥 올리는' 문제 해결법이라고 일컫는다. 손바닥을 올리는 동작은 무얼 하라고 말하면서 손가락으로 정확하게 가리키는 동작과는 정반대이다. 아이가 내려야 할 결정을 대신 내리지 않고, 손바닥을 위로 올려 보이면서 "네가 어떤 선택을 할지는 모르겠지만, 그 선택을 하면 어떻게 되나 보자."와 같은 말을 하면 된다. 이 간단한 동작은 아이에게 다음과 같은 메시지를 전한다.

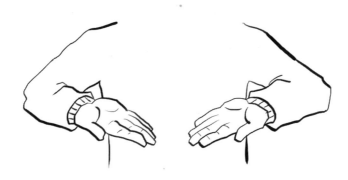

① 난 너에게 이래라 저래라 하지 않을 거야.
② 내 손에 아무 것도 없어. 너를 해치지 않아.
③ 아이에게 선택을 맡기고 지켜보기로 함으로써 부모는 아이의 편
　이고 아이에게 문제를 해결할 잠재력이 있다고 전할 수 있다.
④ 선택 가능한 해결책을 생각해 봄으로써 뇌의 활동을 촉진하고 보
　다 근본적인 정서 영역에서 에너지를 끌어올 수 있다.

- "난 너에게 이래라저래라 하지 않을 거야." 이는 권력욕이 강한
　기 센 아이에게 특히 중요하다. 부모가 이래라저래라 강요한다
　는 생각이 들면 아이는 더 심하게 반항할 것이기 때문이다.
- "내 손엔 아무것도 없어. 너를 해치지 않아." 손바닥을 올려 보이
　는 비언어적 의사소통은 사실 악수하는 전통으로 이어졌다. 악
　수 역시 무기를 들고 있지 않다는 것을 보임으로써(오늘날에는 비유
　적으로) 자신은 상대를 해치지 않을 것이고 아마도 상대와 같은
　편이라고 신호하는 행위이다.
- 아이에게 선택을 맡기고 지켜보기로 함으로써 부모는 아이의

편이고 아이에게 문제를 해결할 잠재력이 있다고 전할 수 있다. 두 가지 다 아이를 격려하고 해결책을 생각해 내도록 동기를 부여하는 메시지이다.

• 선택 가능한 해결책을 생각해 봄으로써 뇌의 활동을 촉진하고 보다 근본적인 정서 영역에서 에너지를 끌어올 수 있다. 그러면 분노와 실망감을 줄이고 뇌가 더 침착하게 기능한다. 어려운 퍼즐의 예로 돌아가면 다음과 같다.

부모: 퍼즐은 정말 짜증날 때가 있지.

아이: 완전 짜증나요!

부모: 많이 화난 것 같구나. 가스레인지가 뜨거워지고 있니?

아이: (대답이 없다.)

부모: 빨개지려는 것 같구나. 네 생각은 어떠니?

아이: 이 퍼즐이 싫어요!

부모: (손바닥을 올려 보이며) 음, 네가 어떻게 할지는 모르겠지만, 할 수 있는 게 뭐가 있을지 생각해 보자. 네 생각엔 어떡하면 가스레인지가 좀 식을 것 같니?

여기까지 부모는 아이의 문제 해결을 돕기 위해 두 가지 일을 했다. 첫 번째 단계로, '짜증난다'는 말을 사용해서 아이에게 정서적으로 공감해 주면서 목소리와 표정으로 염려를 전했다. 두 번째 단계로, 손바닥을 올려 보이는 동작을 취함으로써 가능한 해결책을 찾자고 제안했다. 부모가 취할 수 있는 세 번째 단계는 각 해결책의 결과를 예상하여 평가하고 하나를 실행할 수 있도록 돕는 것이다. 이 단계에서는 해결책끼리 서로 상승 효과를 만들어 낸다. 한 사람의 제안이 다른 사람의 생각을 자극해 가면서 가장 나은 해결책을 찾는 것이다. 이는 창의적인 기업에서 잘 사용하는 방법인데 기 센 아이들에게도 아주 적합하다. 어떤 생각이든 간과하지 않는 것이 중요하다. 하지만 기 센 아이들은 지금 여기에만 주목하는 경향이 있기 때문에 미래의 결과에 대해서도 생각할 수 있도록 부모가 도와주어야 한다. 이를 위해 다음과 같은 질문을 던질 수 있다.

- "어떡하면 될까?"
- "그러면 어떻게 될 것 같니?"
- "다른 방법 있을까?"
- "~하면 어떨 것 같니?" (부모 먼저 해결책을 제안하되, 아이에게 그것을 받아들이라고 강요하진 말자. 아이의 문제이므로 해결책도 아이가 결정해야 한다. 아이들은 성공 못지않게 실패를 통해서도 많은 것을 배우기 때문에 실패할 것 같은 방법이라도 두려워 말고 시도하자. 물론 건강, 안전, 가족의 가치관에 관련된 문제라면 예외이다. 그럴 때는 아이에게 그 해결책은 한계 밖의 것이라고 상기시켜 주고 그 이유를 알려 주자. 그리고 다른 해결책으로 넘어가자.)

대화 예를 계속 살펴보면 다음과 같다.

부모: (손바닥을 올려 보이며) 음, 네가 어떻게 할지는 모르겠지만, 할 수 있는 게 뭐가 있을지 생각해 보자. 네 생각엔 어떡하면 가

스레인지가 좀 식을 것 같니?

아이: 이 짜증나는 퍼즐을 갈기갈기 찢어 버리고 싶어요!

부모: (웃으면서) 그러면 당장은 기분이 좋겠지만, 나중에 퍼즐을 다시 할 수가 없잖니.

아이: 다시는 안 할 거예요!

부모: (미소 지으며) 음, 이건 네 퍼즐이니까 네가 없애 버리고 싶다면 그럴 수도 있겠지. 하지만 그럴 거라면 복지기관에 기증해서 다른 아이들이 갖고 놀 수 있게 해 주자.

아이: 정말로 없애 버리고 싶은 건 아니에요. 너무 어려워서 그래요.

부모: 음, 진정할 수 있는 다른 방법은 뭐가 있을까?

아이: 일단 좀 쉬다가 나중에 할래요.

부모: 보통 그러면 침착해지는 데 도움이 되지. 뭐 좀 마시고 엄마랑 같이 퍼즐을 해 볼까? 그러면 더 잘 쉴지도 몰라.

아이가 몇 가지 해결책을 검토하고 그 결과를 평가하고 결정을 내릴 때까지 도와주었다면 다음은 아이 차례이다. 아이가 그 선택을 행동으로 옮길 기회를 주자. 앞의 예처럼 그 해결책에 부모가 참여하는 경우라면 행동 역시 도와줄 수 있다. 아이에게 해결책을 시도해 볼 기회가 간 다음에는 꼭 네 번째 단계로 넘어가자.

네 번째 단계는 아이의 해결책이 효과가 있는지 살펴보는 것이다. 아이가 그 해결책을 시도할 때 부모가 옆에 없었다면 나중에라도 잘 되었는지 물어보자. 잘 되었다면 격려를 하자. 잘 되지 않았다면 1단계로 돌아가서 공감해 주고 2, 3단계를 다시 하자. 다른 그럴듯한 해결책이 나올 때까지 계속 같이 문제 해결 절차를 밟으면 된다. 그러다 보면 결국 협동하는 관계가 형성되고 아이에게 분노 문제를 비롯한 여러 문제의 해결책을 찾는 법을 알려 줄 수 있다. 손바닥을 올리는 문제 해결의 4단계를 요약하면 다음과 같다.

- 1단계-**공감**: 아이의 감정을 말, 목소리, 표정으로 공감해 준다.
- 2단계-**토의**: 손바닥을 올려 보이고 가능한 해결책을 다양하게 토의한다.
- 3단계-**행동**: 해결책의 결과를 예상해 보고 행동으로 옮기는 것을 돕다.
- 4단계-**마무리**: 나중에 그 해결책이 효과가 있었는지 확인하고 필요하다면 절차를 계속한다.

타인에 대한 존중과 공감 가르치기

아이의 감정에 대해 걱정하고 공감하는 반응은 아이의 문제 해결을 도와줄 뿐만 아니라 타인에게 걱정하고 공감하는 자세의 모범을 보여 줄 수도 있다. 이는 우리 사회에서 성공하기 위해 아주 중요한 자질이다. 기 센 아이는 남을 걱정하고 공감하기가 쉽지 않다. 호기심, 모험심, 힘, 끈기, 예민성이 남달라 좀 더 자기중심적인 경향이 있기 때문이다. 때로는 기 센 아이가 타인에게 자기 의지를 너무 자유롭게 행사하도록 부모가 내버려 두는 문제도 있다.

예를 들어, 최근 나는 무료 아침 식사를 제공하는 호텔에 묵었다가 식당 직원과 이야기를 나눈 적이 있다. 나는 맛있는 식사를 무료로 제공하니 손님들이 참 좋아하겠다고 말을 꺼냈다. 그러자 직원은 어른이야 꽉꽉 들어차도 괜찮지만 아이들은 너무 성가시다고 대답했다. 내가 무슨 뜻이냐고 묻자, 직원은 아이가 식당에서 마음대로 말썽을 부리도록 그냥 내버려 두는 부모가 너무 많다고 했다.

"하루는 어떤 아이가 와플 기계에 시럽을 부어 놓고 자기가 안 그랬다고 시치미를 뚝 떼지 뭐예요. 부모는 손도 까딱 안 했죠." 기 센 아이든 아니든 아이가 타인에게 문제를 일으키는데도 방치하는 부모가 너무 많다. 그러면 당사자들에게 불공평할 뿐만 아니라, 세상을 살아가기 위해 타인의 권리와 감정을 존중하는 법을 익혀야 하는 아이들에게도 피해를 준다. 우선은 아이를 존중하면서 훈육해야 하겠지만, 그다음에는 존중과 공감의 중요성을 확실히 알려 줘야 한다.

기 센 아이들은 매사를 자기 관점으로 보는 경향이 있다. 다음과 같은 '진술'을 통해 타인에 대한 존중과 걱정의 중요성을 가르쳐 줄 수 있다.

- "모든 사람은 존중받을 권리가 있어."
- "엄마는 너에게 그런 식으로 말하지 않아. 너도 엄마에게 그런 식으로 말하면 안 돼."
- "사람은 누구나 자기 감정을 존중받고 싶어 해."
- "네 기분이 안 좋을 때 다른 사람들이 신경 써 주면 좋겠지. 다른 사람들도 마찬가지로 네가 신경 써 주길 바란단다."

- "그때 선생님도 많이 힘드셨을 거야."
- "그랬으면 선생님도 많이 화나셨겠다."
- "그거 참 기분 좋구나. 고마워!"
- "너는 용기 있구나."
- "동생을 그렇게 걱정해 준 거 잘했어."
- "존중해 줘서 고마워."
- "그건 참 다정한 행동이야!"

다음과 같은 '질문'을 통해서 타인에 대한 감수성을 키워 줄 수도 있다.

- "그때 선생님 기분이 어땠을 것 같니?"
- "네가 선생님이라면 그때 어땠을 것 같니?"
- "지금 엄마 기분이 어떨 것 같니?"
- "다른 사람이 너한테 그랬다면 기분이 어떨 것 같니?"
- "어떻게 하면 그 애 기분이 더 나아질 것 같니?"
- "걔가 그 말을 할 때 너를 존중했다고 생각하니?"
- "그거 남을 존중하는 행동이었니?"
- "어떻게 하면 그 애 감정을 너도 신경 쓴다는 걸 알려 줄 수 있을까?"

유대를 형성하려면 아이를 감정적으로도 대등하게 인식할 수 있어야 한다. 부모-자녀 관계에서는 대개 아이의 잘잘못에 얽매이기 쉽지만, 아이의 격렬한 분노 아래 깔린 두려움과 괴로움을 말해 주는 내면의 목소리를 들을 줄도 알아야 한다. 어려운 일을 마치거나 화를 참을 때 느끼는 조그만 자부심을 알아보고 키워 주어야 한다. 이런 느낌은 일반적인 시청각만을 써서는 감지하기 어렵다. 부모의 마음으로 들어야 한다. 마음으로 마음의 소리를 듣고 지혜롭게 반응하고 공감하면 유대로써 길들이는 관계에 다다를 수 있다.

12

기사단 호출: 외부 자원

인류는 서로 돕길 그친다면 틀림없이 멸망할 것이다. 우리는 서로 돕지 않고는 살아갈 수 없다. 그러므로 누구든지 타인에게 도움을 구할 필요와 권리가 있으며, 위급한 사람이 도움을 청할 때 거부하고서는 죄책감을 느끼지 않을 수 없다.

― 월터 스콧(1771~1832,

스코틀랜드의 시인·소설가)

힘을 합치면 분명 목표를 이룰 수 있을 것입니다.

― 아웅산 수 치(1945~,

미얀마의 정치가)

이 책에서 다룬 모든 것을 했을지라도 이 장에서 제안하는 것을 하지 않으면 아마도 기 센 아이를 길들이지 못할 것이다. 다시 말해서, 이 장에서 제안하는 것을 하면 길들일 가능성이 크게 올라간다. 여기에는 적어도 세 가지 이유가 있다. 첫째, 기 센 아이에겐 너무 큰 에너지가 있어서 부모끼리만 감당하려 하다가는 길들이기 전에 지쳐 버리기 쉽다. 이런 아이들에게는 외부 자원이 선택이 아닌 필수이다. 외부 자원이라 함은 기 센 아이를 길들이는 목표를 달성하는 데 도움을 줄 수 있는 수많은 자원을 말한다. 전부 다 이용할 필요는 없지만 몇 가지는 꼭 이용하는 편이 좋다. 그리고 몇 가지라 함은 하나 이상을 말한다.

둘째, 외부 자원은 여러 번 반복해야 하는 학습에 대단히 유익하다. 여러 곳의 여러 사람에게서 같은 긍정적인 메시지를 여러 번 들으면 메시지는 뜻 깊게 전달될 가능성이 더 높다. 물론 이는 아이에 대한 부모의 가치관과 목표에 동의하는 외부 기관을 고르는 것까지 포함한다. 이 책의 철학대로라면 그 외부 기관은 아이에게 책임 있는 행동의 한계를 가르쳐 주면서도 아이의 기나 의지를 꺾지는 말아야한다. 기 센 아이의 긍정적인 성격은 키우고 호기심, 모험심, 힘, 끈기, 예민성은 좋은 방향으로 쓰도록 해 주어야 한다.

마지막으로, 부모가 아이에게 필요한 모든 것을 줄 수는 없음을 알아 둘 필요가 있다. 아이들, 특히 기 센 아이들은 부모가 가르쳐 줄 수 있는 것뿐만 아니라 다른 선량하고 유능한 어른들이 가르쳐 줄 수 있는 것도 추가로(혹은 그 대신) 필요하다. 현명한 부모는 이런 외부 도움을 적극적으로 청하고 아이를 위해 긍정적인 관계와 기회를 마련한다. 이 장에선 다음과 같은 외부 자원들을 다루겠지만 그 밖의 것들도 있는지 주의 깊게 살펴보자. 그리고 어디서 어떤 도움을 받을지 최대한 분별 있게 결정하자.

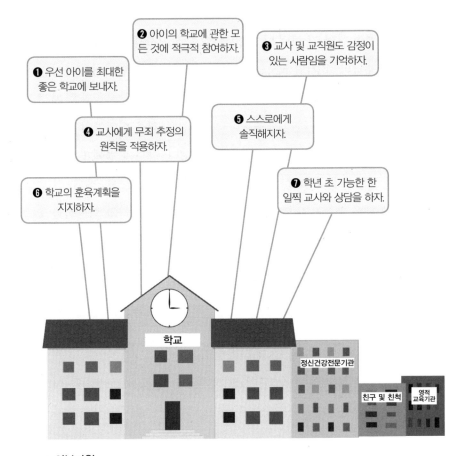

❶ 우선 아이를 최대한 좋은 학교에 보내자.

❷ 아이의 학교에 관한 모든 것에 적극적 참여하자.

❸ 교사 및 교직원도 감정이 있는 사람임을 기억하자.

❹ 교사에게 무죄 추정의 원칙을 적용하자.

❺ 스스로에게 솔직해지자.

❻ 학교의 훈육계획을 지지하자.

❼ 학년 초 가능한 한 일찍 교사와 상담을 하자.

학교

정신건강전문기관

친구 및 친척

영적 교육기관

외부자원

- 학교
- 영적 교육기관
- 정신건깅 전문기관
- 운동, 미술, 취미, 놀이 활동
- 친구 및 친척

외부자원 협조

학교

아들 벤이 한창 기 세던 다섯 살 무렵, 학교 교사들이 대단한 아군이 되어 주었다. 유치원 교사는 상냥하고 경험 많은 사람이어서 아이에게 필요한 격려와 확고함을 고르게 갖추고 있었으며, 우리와 함께 벤에게 집단 생활을 하려면 자유를 제한하는 규칙을 받아들여야 한다는 것을 가르치고자 적극적으로 돕고 나섰다. 게다가 벤에게 있는 특별한 생명의 불꽃을 알아보고 그것을 키울 방법도 찾고자 했다. 그해 안에 벤은 떼쓰는 버릇이 사라졌고, 오늘날의 성숙하고 협동적인 청소년이 되기 시작했다.

여러 교사와 이야기할 때 내가 보여 주는 만화가 있다. 학부모 간담회에서 두 사람이 만나는 만화인데, 둘 다 대단한 고초를 겪은 듯이 몹시 지쳐 있다. 그리고 한 사람이 상대에게 악수를 청하며 말한다. "티미 선생님이신가 보네요. 전 티미 아버집니다."

이 농담은 물론 두 사람 다 기 센 티미를 가르치느라 고생하는 이유 때문에 동병상련을 느낀다는 뜻이다. 티미를 길들이는 것은 티미를 위하는 일일 뿐만 아니라 두 사람을 위한 일이기도 하다. 그러나 부모나 교사들이 서로 기분 상하게 해서 원래는 든든한 아군이 되어야 할 사이에 힘겨루기를 일으키는 일이 너무 잦다. 다음을 참고하여 아이의 선생님들과 협력 관계를 형성하자.

우선 아이를 최대한 좋은 학교에 보내자 지역 내에 좋은 학교가 없다면 이사를 가자. 어떤 학교가 좋은 학교일까? 좋은 교직원들이 있는 학교이다. 교과 교육뿐만 아니라 학생들에게 인간적인 관심을 가진 사려 깊은 교사를 만나면 삶을 변화시키는 경험을 할 수 있다. 그런데 백 개 이상의 연구 결과에 따르면, 교사보다 더욱 중요한 요인은 부모의 학교 활동 참여이다. 적극적으로 참여하는 부모의 아이들은 성적에서 품행까지 모든 면에서 더 뛰어나다. 더 열심히 공부하고 더 인정받는 행동을 하려는 동기를 부여받기 때문이다. 그러면 긍정적인 또래 압박이 형성됨으로써 더 노력하고 타인을 존중하게 된다. 이 결합은 좀처럼 깨지지 않으며, 갖춰지지 않았을 땐 극복하기 어렵다.

아이의 학교에 관한 모든 것에 적극적으로 참여하자   여기에는 학교 행사에 참관하는 것부터 아이가 학교생활과 긍정적인 행동을 우선시하는지를 직접 확인하는 것까지 모두 포함된다. 효과적으로 참여하는 방법은 더 자세히 알려 주는 좋은 책이 아주 많다.

교사 및 교직원 역시 감정이 있는 사람임을 잊지 말자   힘이 있는 사람일지라도 우리와 마찬가지로 격려, 지지 및 인정을 받을 때 더 유능해지고 공격 및 비판을 받을 때는 방어적이 된다. 교사의 말이 항상 옳다는 것은 아니지만 손바닥에 상대방을 올리는 존중한 태도여야지 함부로 손을 올리는 태도여선 안 된다.

교사에게 무죄 추정의 원칙을 적용하라   대부분의 교사 및 교직원은 능력 있고 아이를 생각하는 교육자이다. 우선은 우리 아이의 교사 역시 마찬가지일 거라고 가정하고 긍정적으로 접근하자. 그러면 긍정적인 면모를 더 많이 끌어낼 수 있다.

스스로에게 솔직해지자 기 센 아이는 물론 대단하지만, 한편으로는 대단히 다루기 힘들 수도 있다. 그 사실을 부끄러워하거나 숨기려하지 말자. 부모와 학교가 힘을 합쳐야 대단한 장점을 제대로 살려줄 수 있다.

학교의 훈육 계획을 지지하자 아이가 학교에서 문제를 일으키면 집에서도 문제가 된다는 것을 알게 하자. 어째서 그 행동이 한계를 넘은 것이고, 앞으로 그런 상황에서 어떻게 하면 더 좋을지 설명해 주자. 필요하다면 집에서 논리적 결과를 적용하여 교훈을 더욱 강조할수도 있다. 예를 들어, 아이가 교사에게 무례한 말을 했다면 어머니가 타인, 특히 어른을 존중하는 말하기의 중요성을 설명하고, 그날 아이에게 선생님께 사과 편지를 쓰도록 할 수 있다.

학년 초 가능한 한 일찍 교사와 상담을 하자 상황을 설명하고 아이에게 협동하는 삶을 가르치기 위한 도움을 구하자. 부모와 교사가 각각 학교에서와 집에서 아이가 잘하고 있는지 알 수 있도록 소통할 방법을 마련하자. 그리고 학년 중에 꾸준히 연락하며 기회가 될 때마다서로 격려하고 지지하자.

기 센 아이와 영성 교육

좋은 종교적 소속감은 기 센 아이를 길들이려는 부모에겐 신의 한수가 될 수 있다. 하늘을 보고 우리가 어디에서 왔으며 무얼 위해 살아야 하는지 처음으로 의문을 가졌던 이래로 인간은 늘 영적인 존재였다. 인류가 진화함에 따라서 인류의 영적 관념도 함께 진화했으며, 오늘날에는 그 의문에 대한 수백 가지 다른 설명이 있다. 그리고 그것 모두 우주에는 인간보다 더 높은 차원의 힘이 있다고 믿는다는 공통점이 있다. 이 믿음을 해석하기에 따라 인간은 자긍심을 느낄 수도 있고 겸손을 느낄 수도 있다. 유대인의 『탈무드』에서 말하듯, 사람은 종이 한 장에는 '하나님께서 나를 위해 이 모든 걸 만드셨다!'라고 적고, 다른 한 장에는 '나는 한 줌 흙에 불과하다.'라고 적어서 양쪽 주머니에 각각 넣어 두고 필요할 때마다 맞는 것을 꺼내 읽어야 한다. 자긍심과 겸손은 같은 영성의 두 얼굴이며, 사람은 이 둘을 때에 따라 알맞게 발휘해야 한다.

기 센 아이에겐 사랑이 충만한 영적 교육이 대단히 유익할 수 있다. '사랑이 충만'하다는 것은 공포나 타 종교에 대한 혐오를 부추기는 일부 종교 단체는 예외라는 뜻이다. 이런 단체는 기 센 아이의 타고난 권력욕을 파괴적인 방향으로 휘두르게 자극할 위험이 있다. 게다가 아이의 행동을 통제하고 유순하게 만들고자 구식 훈육법을 사용할 가능성도 크다. 그러면 아이는 힘겨루기를 일으키고 영적 활동 전반에 대해 부정적인 반응을 보이게 된다.

예외가 하나 더 있다. 부모 모두 확실한 무신론자인데 신을 믿는 영적 교육을 시킨다면 그로 인해 얻는 것보다 부모-자녀 간의 거리가 멀어짐으로써 잃는 것이 훨씬 많다. 이런 경우에는 자연 친화나 인간 존중 등 부모 스스로도 동의할 수 있는 사상을 따르는 것이 낫다. 그리고 가족끼리나 사상이 통하는 다른 사람들과 함께 활동하면 좋다.

사랑이 충만한 영적 교육은 기 센 아이에게 막대한 긍정적 영향을 미칠 수 있다. 오랫동안 나는 활발하고 긍정적인 청소년 종교 단체가 심한 문제를 겪는 기 센 아이에게 특히 큰 도움이 되는 것을 보아 왔다. 좋은 영적 프로그램은 딱딱한 신학 이론보다는 놀이 활동, 흥미로운 이야기, 단체 활동 위주로 아이를 아이답게 대한다. 아이의 본질적 가치를 강조하고 자아 존중감과 가치관을 형성해 주기도 한다. 또한 아이들은 나이 많은 또래를 존중하는 경향이 있기 때문에 고학년 아이들과 아이들을 좋아하는 청년들에게는 또래 간 리더십을 길러 줄 수도 있다. 아이를 위한 영적 교육을 검토할 때에는 다음 사항들을 고려하자.

- 대부분의 큰 종교는 '네가 받기를 원하는 대로 남에게 베풀라.'는 대원칙을 어떤 식으로든 가르치기 마련이다. 그 놀라운 개념으로부터 아이는 책임, 존중, 공감, 협동, 용기, 겸손, 정의, 사랑 등의 다른 교훈들도 배울 것이다.
- 부모 스스로 종교 활동을 하고 있진 않지만 했던 경험이 있거나 할 의향이 있다면 지금이 좋은 기회이다. 다양한 종교 환경을 시도해 보고 당신(그리고 배우자)에게 맞는 것을 찾자. 아이뿐만 아니라 부모에게도 매우 긍정적인 경험이 될 것이다.

- 부모 중 한 명은 종교 활동에 정기적으로 참여하기를 원하고 다른 한 명은 원치 않더라도 괜찮다. 부모가 서로 신앙이나 무신앙을 존중하는 이상, 아이는 종교 경험을 통해 얻는 것이 대단히 많다.

- 주의! 종교 문제로 어른들끼리 힘겨루기를 벌이면 아이에게까지 나쁜 영향을 미치고 많은 것을 잃게 된다. 거듭 강조하지만, 해로운 내용이 아닌 이상 타인의 의견을 존중해야 가족생활도, 사랑이 충만한 영적 생활도 원활하다.

- 아이의 주일학교 교사에게도 학교 교사에게처럼 협력을 구하자. 지지와 격려가 중요하며, 그들 역시 의무 때문만이 아니라 진심으로 아이를 돕고자 할 수 있다. 나도 오래전 대학원생일 때 주일학교에서 아이들을 가르치다가, 유독 기가 센 어느 아이의 부모를 돕고자 가정 방문을 한 적이 있다. 〈슈퍼내니〉와 〈내니 911〉 같은 육아 방송이 유행하기 한참 전이었지만, 아이의 부모는 내가 아이에게 직접적으로 관심 가져 준 것을 크게 고마워했다.

정신건강 전문기관

기 센 아이를 얌전하게 만드는 약 같은 것은 없으며, 보통은 아이를 길들이기 위해 약물치료까진 필요하지 않지만, 기 센 아이들이 기 센 것과는 별도의 문제를 겪는 경우가 많다. 그런 문제는 대개 (약물을 쓰든 쓰지 않든) 치료를 받으면 호전된다. 이 책에서 소개하는 양육법도 물론 효과가 있고 다른 치료를 할 때도 병행해야 하지만, 예를 들어 기 센 아이이면서 동시에 주의력결핍 과잉행동장애(ADHD)가 있는 아이라면 길들이면서 더불어 약물 혹은 상담 등 전문가가 개입하는 ADHD 치료를 하는 편이 더 좋다.

· 현존하는 아동 정신건강 문제를 모두 설명하는 것은 이 책의 범위를 넘어서는 것이다. 그에 대해서는 자세히 다루는 책이 많이 있다. 하지만 다음 목록의 문제들은 비교적 흔하니 눈여겨보자. 아이에게 이런 증상이 보인다면 그 문제를 다루는 책이나 기관을 통해 철저히 이해하고 전문가의 검사를 받게 하자. 어떤 문제든 정상 범주와 치료가 필요한 범주를 구분 짓는 것은 증상의 심각성 정도와 아이와 가족의 삶에 악영향을 끼치는지 여부이다.

불안장애　과도한 걱정, 공포, 불안 정서가 나타나는 것이 특징이며 아동 및 청소년 중 약 13%나 이를 경험한다. 공포증, 공황장애, 강박장애, 외상후 스트레스 장애, 일반적인 불안장애 등이 있다.

기분장애　고도의 흥분 상태에서 극심한 우울감까지 지대한 기분 변화가 나타난다. 중증 우울증에서 양극성장애까지 모두 포함된다.

주의력결핍 과잉행동장애(ADHD)　한 가지 일에 집중하지 못하고 충동적으로 행동하거나 다른 것에 한눈 팔 때가 잦다. 가만히 앉아 있기, 차례 지키기, 조용히 있기를 대단히 힘들어한다.

학습장애　지능 수준이 정상 혹은 평균 이상인 아이가 학습 활동을 힘겨워하는 문제이다. 언어, 수학, 조정, 주의, 자기 통제 등에서 문제가 나타날 수 있다.

섭식, 수면, 배변 문제　섭식장애에는 아이(특히 10대)가 저체중이면서도 체중이 느는 것을 극도로 두려워하거나(거식증), 폭식한 뒤 구토, 완화제, 관장, 과도한 운동으로 살을 빼려 하는(폭식증) 문제 등이 있다. 수면장애에는 좀처럼 잠들지 못하거나, 너무 많이 자거나, 밤낮이 바뀌거나, 낮에 수시로 잠드는(기면증) 문제가 있다. 배변장애에는 밤낮과 무관하게 만 4세 이상 아이가 부적절한 장소에 대변을 보거나(유분증), 만 5세 이상 아이가 부적절한 장소에 소변을 보는(유뇨증) 문제가 있다. 이 중 어느 것이라도 지속적이지 않다면 장애는 아니다.

자폐증과 아스퍼거 증후군　타인과의 의사소통에 어려움을 겪는 장애이다. 자폐증은 둘 중 더 심각하며 머리 찧기, 몸 부딪치기, 물건 돌리기 등의 행동을 반복하는 경향을 보인다. 아스퍼거 증후군은 보다 가벼운데 사교적 기술이 미숙하거나 이따금 부적절한 행동을 하는 것이 특징이다.

조현병　환영, 환청, 극단적 위축 행동, 현실과의 괴리 등이 나타나는 것이 특징인 장애이다.

행동장애　타인을 거의 배려하지 못하고 수시로 사회적 규범을 어긴다. 감정과 충동을 파괴적으로 표출하는 경향이 있어 권위와 충돌하기 쉽다. 거짓말, 절도, 모욕, 무단결석, 방화, 공공기물 파손 등의 공격적인 행동을 한다. 치료하지 않으면 점점 더 심해져서 더 자주 권위와 갈등을 겪고 결국에는 위법 행위에까지 이른다. 기 센 아이라고 해서 다 행동장애 수준인 것은 아니지만 길들이지 않으면 나중에는 이 부류에 속할 우려가 있다.

개입의 3단계　아동의 어떤 문제든지 도움을 제공하는 데에는 일반적으로 세 가지 단계가 있다. 간섭하는 정도가 약한 것에서부터 강한 것 순서이므로 앞의 것이 통하지 않으면 다음 것을 시도하는 식으로 차근차근 나아가는 편이 현명하다. 예외는 자살 시도나 약물 남용 등으로 아이가 위험할 때뿐이다. 이러한 개입의 3단계는 다음과 같다.

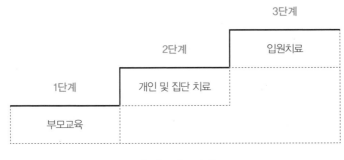

도움제공의 3단계

▶**1단계 부모교육:** 대부분의 경우 아이를 돕기 위해 가장 먼저 해야 할 일은 부모 자신의 지식과 기술을 발전시키는 것이다. 이는

친구나 의사와 상의하고 책을 읽는 것처럼 간편할 수도 있고, 여러 회기에 걸친 부모교육 과정에 등록하는 것처럼 본격적일 수도 있다. 모두 대단히 큰 도움이 되지만 좋은 부모교육 과정은 경험 많은 지도자, 다른 부모들의 지지, 효과적인 교육과정이 뒷받침되므로 양육 기술이 장기간에 걸쳐 대폭 보강된다는 더 큰 장점이 있다. 시간을 들여 이런 프로그램을 이수함으로써 수백만 명의 아이와 그 가족이 더 나은 삶을 살고 있다. 이런 프로그램은 아이가 다니는 학교나 소아과, 종교기관이나 정신건강 전문기관 또는 관련 서적을 통해 소개받을 수 있다. 각종 장애 아동의 부모를 지원하는 단체 역시 부모교육과 관련이 있다. 예를 들어, 아동 및 성인 주의력결핍장애 관련 모임이 미국 전역과 세계 곳곳에 설립되어 있으며, 이 문제를 겪는 수많은 사람에게 도움과 정보를 주고 있다. 가족이 이런 문제를 겪고 있다면 인터넷에서 관련 단체를 찾아보자.

▶**2단계 개인 및 집단 치료:** 부모교육만으론 필요한 변화를 일으키기 역부족일 때는 능력 있는 정신건강 전문가의 도움을 받아야 한다. 상담사, 사회복지사, 심리학자, 정신건강의학과, 그 밖에도 아이가 중심인 문제를 다루는 훈련을 받은 전문가들이 도움을 줄 수 있다. 전문가 중 일부는 가족 전체를 보고, 또 일부는 아이나 부모 중 한쪽에 시간을 집중하려 한다. 그런데 오로지 아이만 보고 가정에서 어떻게 할지는 구체적으로 전혀 논하지 않는 치료사는 반드시 피하기를 권한다. 결국 치료사는

1~2주에 1시간 남짓 아이를 보지만 부모는 나머지 167시간의 대부분을 아이와 같이 있기 때문이다. 바람직한 변화를 이끌어 내려면 치료사도 부모와 협력하는 것이 당연하다.

치료사가 도움을 줄 수 있는 능력은 학위와 반드시 직결되지만은 않는다. 석사 학위 치료사 중에도 훌륭한 사람들이 있고, 어떤 학위를 땄든 개선할 부분이 많은 사람들이 있다. 하지만 의학 박사 학위를 소지한 정신건강의학과 의사만 약물을 처방할 자격이 있다. 또한 미국에서 정신건강의학과의 치료는 다른 치료보다 더 비싸기도 하다. 아이에게 약물치료가 필요하다면 반드시 정신건강의학과 또는 그와 연결된 기관의 도움을 받자. 실제로 주간 상담은 비용 부담이 덜한 심리치료사에게, 약물 처방은 정신건강의학과 의사에게 받는 환자들이 많다.

최근에는 아이들이 약물을 너무 많이 복용한다는 우려도 커지고 있다. 어떤 부모는 아이에게 절대로 약을 먹여선 안 된다고 믿는 반면, 또 어떤 부모는 아이가 조금만 산만하게 굴어도 소아과로 달려가서 리탈린을 찾는다. 대부분의 논란거리와 마찬가지로 이 문제 역시 양쪽 의견 모두에 조금씩 일리가 있다. 나는 수많은 아이가 약 이외의 방법으로 별 위험성 없이 훨씬 큰 효과를 볼 수 있는데 필요 이상으로 약물을 자주 먹는다고 생각한다. 하지만 또 한편으로는 수많은 아이가 주의 깊게 처방된 약물 덕분에 대단한 차도를 보이고 있으며 그런 결과는 약물 없이는 불가능하리란 것 역시 사실이다. 핵심은 능력 있고 검증된 의사에게 치료의 일환으로 약물의 필요성을 평가 받는 것이다. 약물만으로 치료가 전부 해결된다고 생각해선 절대 안 된다. 연구 결과에 따르면, 약물이 필요할 때라도 약물과 다른 치료를 병행할 때 가장 효과가 좋다.

병원이나 상담기관을 찾는 방법은 많다. 우선, 가입한 의료보험에서 어떤 치료까지 보장되고 어떤 제한이 있는지 확인해 보자. 심리치료를 받아서 유익했던 경험이 있는 지인에게 추천받는 것도 좋다. 아이가 다니는 소아과에서 문제를 판단하고 더 정밀한 평가나 치료를 받을 수 있는 심리치료 기관을 소개받으면 좋다. 대개 전화번호부에 등록된 지역 정신건강 센터에서도 대개 합리적인 비용으로 치료를 받을 수 있는 곳을 소개해 준다. 아이의 학교 상담사에게(이미 협력하고 있길 바란다) 치료 자문을 구하는 것도 좋다. 마지막으로, 거주 중인 지역 내에 등록된 정신건강의학과의 목록이 있을 것이다.

▶ **3단계 입원치료:** 보통은 앞의 두 단계 치료만으로도 아동 및 청소년을 변화시키기 충분하다. 하지만 행동의 한계를 가르치고 중증 우울증, 조현병, 약물중독 등의 심각한 문제에 필요한 항시적 치료와 구조화를 위해 입원치료가 필요할 때도 있다. 입원치료가 이루어지는 곳으로는 행동치료에 집중하는 병원, 학교, 심지어 아이들이 전문가의 감독하에 소집단을 이루어 구조화된 야외 환경에서 지내는 야외치료 프로그램도 있다. 이러한 시설을 이용한다는 결정은 단순하게 내리지 말고 기존

에 도움을 받던 다른 전문가와 철저하게 상의한 후에 내려야 한다. 이 방법까지 굳이 상기시키는 이유는 아이를 절대 포기하지 말라고 이야기하기 위해서이다. 반항적인 아이를 집에서 내쫓는 이른바 '엄한 사랑' 접근법은 아이를 포기했다는 잘못된 메시지를 전한다. 그보다는 '우리는 너를 사랑하고 네가 건강하고 행복한 어른으로 자라길 바란단다. 하지만 네가 집에서 우리가 부모 역할을 하게 해 주든지(즉 부모에게 통제권을 주든지), 아니면 우리가 너 자신의 건강과 안전을 위해 통제권을 가질 치료 시설을 찾아야 한단다.'와 같은 메시지가 낫다.

운동, 미술, 취미, 놀이 활동

기 센 아이들은 호기심, 모험심, 힘, 끈기, 예민성을 건강하게 배출할 방법이 필요하다. 건강한 배출구를 찾지 못하면 건강하지 못한 방법으로 어떻게든 배출하려 할 것이다. 술, 담배, 마약, 성, 심지어 범죄까지, 기 센 아이가 원하는 짜릿한 흥분을 느끼기 위해 손댈 만한 그것들이 세상에는 너무나 많다. 어린아이들도 어른이 놀라 입을 쩍 벌릴 만한 탈선을 저지르곤 한다. 구조화된 활동은 아이의 도전 의식을 채워 줄 뿐만 아니라 아이를 길들이는 과정에도 도움이 된다.

운동이든 미술이든 팀의 일원이 되면 타인과 협동하고 지도자의 지시를 따라야 한다. 아이들에겐 대개 팀에 남아 더 많은 활동에 참여하려는 동기가 있기 때문에 그런 협동과 순응을 익히려고 노력한다. 단체 활동은 또한 자신보다 더 큰 조직에 속하는 기회를 제공한다. 아이들은 모두 '호랑이처럼' '합창단원처럼' '팀원처럼' 소속감을 원하기 때문에 이는 길들이기에 필요한 유대를 형성하는 데에도 도움이 된다.

기 센 아이들은 또한 특기를 익히면서 얻는 것이 많다. 많은 아이가 학교 공부를 어려워하고 공부 때문에 스트레스를 받는다. 운동이나 음악 같은 특기를 익히면 스스로 유능하다고 느낌으로써 안정감과 자신감을 가질 수 있다. 한번은 유년기와 청소년기 내내 힘들게 보낸 청년에게 그 시기를 견뎌 내고 지금의 자신이 된 것은 무엇 덕분이라고 생각하는지 물은 적이 있다. 대답은 "합창단에서 노래한 거예요."였다. 자신의 재능에 대해 좋은 느낌을 받았을 뿐만 아니라 합창단 내에서 자신의 능력을 인정해 주고 노래한다는 활동을 공유하는 친구들을 사귄 덕분이었다. 대부분의 아이는 팀의 일원이 되거나 특기를 계발함으로써 그런 도움을 받을 수 있다. 인근에서 다음과 같은 활동을 할 수 있는지 알아보자.

- 아마추어 스포츠 대회
- 학교 운동부
- 태권도에서 기타까지 각종 예체능 학원
- 교회나 공동체 중심의 스포츠 대회
- 등산, 롤러 블레이드, 클라이밍, 스케이트보드 등 익스트림 스포츠
- 합창단, 밴드, 관현악단 등 음악 단체
- 스카우트 등 야외 활동 중심 단체

- 청소년 종교 단체
- 봉사활동에 집중하는 시민 단체
- 여름 수련회(일반적인 것도 좋고 특정 스포츠나 주제에 대한 것도 좋다)

이를 비롯한 각종 건전한 활동을 격려하는 동시에, 아이가 TV, 컴퓨터, 게임기 등의 화면을 보는 시간에 유의하자. 이런 활동은 조금씩 하면 괜찮지만 잘못하면 시간을 한참 잡아먹기 쉬워서 더 유익한 집단 활동을 할 시간이 줄어들고 만다. 화면을 보는 시간을 확실히 정하고 실천하자.

친구 및 친척

"조언을 받을 때는 그 출처를 고려하라."라는 격언이 있다. 잘 모르는 사람의 조언보다는 존경하는 사람의 조언이 받아들이기 쉽고, 늘 다투는 사이인 사람의 조언은 훨씬 듣기 싫은 법이다. 기 센 아이와 부모는 힘겨루기를 비롯한 여러 갈등을 겪고 있을 때가 많아서 부모의 조언을 아이가 한 귀로 듣고 한 귀로 흘리곤 한다. 같은 조언을 아이가 좋아하는 이모, 삼촌 혹은 가족의 친구가 한다면 훨씬 더 효과적으로 전달된다. 아이에게 학교에서 열심히 공부하고 선생님 말씀 잘 들어야 한다고 수천 번을 말해도 소용없었던 경험이 있을 것이다. 그런데 아이가 좋아하고 존중하는 친구나 친척이 같은 이야기를 하면 훨씬 더 믿음을 줄 수 있다. 아이는 일상적인 문제에 대해 부모 말을 좀처럼 따르지 않다가도 다른 어른과 마음을 터놓고 부모와 협력에 대해 이야기를 나누면 들을 수 있다.

특히 한부모 가정의 경우 친구와 친척이 큰 도움을 줄 수 있다. 아이들은 남녀 모두의 영향을 받고 남녀의 상호 보완적인 역할과 능력을 익힐 필요가 있다. 부모 중 한 명이 부재하거나 양육에 참여하기 어려우면, 아이는 귀중한 교훈들을 놓치게 된다. 게다가 배우자의 보조와 지지 없이 혼자서 훈육을 하기는 훨씬 더 어렵다. 그런 경우 사이좋은 어른이 아이의 삶에 더 관여하면 공백을 메우는 데 도움이 된다. 아이에게 좋은 영향을 줄 것 같은 형제자매가 있다면 부탁해 보자. 친한 친구 역시 그 역할을 해 줄 수 있지만, 이제 막 사귀기 시작한 사람을 데려오는 것은 주의하자. 관계가 끊어지게 되면 아이에게 충격을 주기 때문이다. 아이에게 중요한 어른 친구를 소개하려면 그 사람과 부모의 관계가 아주 확고한 상태여야 한다.

아이에게 멘토를 소개해 주는 것도 고려해 볼 만하다. '빅 브라더스 빅 시스터스' 같은 단체가 좋은 멘토를 찾는 것을 도와줄 수 있다. 아니면 종교 단체나 다른 지역 청소년 단체의 도움을 구할 수도 있다. 젊은 시절 나는 봉사활동 중에 가난한 가정에서 어머니와 두 자매하고만 사는 열 살 남자아이와 의형제를 맺은 일이 있다. 그 아이에게는 영향받을 남성이 필요했고, 나는 기쁘게 돕고자 했다. 사실나 자신도 그 관계에서 많은 것을 얻었다. 그러니 다른 사람에게 그런 부탁을 하는 것을 너무 두려워하지 말자. 훗날 나는 '동생'의 결혼식에 초대받는 행복한 영광을 누리기도 했다.

마지막으로, 가족은 아이가 건강하고 튼튼하게 자라는 데 필요한 뿌리 의식을 줄 수 있다. 우리 가문만의 특별한 역사를 들려주고 또 들려줌으로써 기 센 아이에게 자신이 크고 이어지는 한 흐름의 일부라는 의식을 심어 줄 수 있다. 알렉스 헤일리는 소설 『뿌리』를 통해 수백만 명의 독자에게 한 가족의 역사가 얼마나 큰 교훈을 줄 수 있는지를 보여 주었다. 아이에게 우리 가족이 온 세상에 하나뿐임과 동시에 인류라는 더 큰 가족의 일부임을 알려 줄 수 있는 특별한 이야기들을 들려주자. 우리 조상은 어느 나라에서 왔는가? 그 나라에서의 삶은 어땠는가? 왜 이주해 왔는가? 어떤 위험을 감수하고 미국에 왔는가? 누가 용기를 발휘하여 새로운 삶을 시작했는가? 조상의 모험 정신을 잘 보여 주는 재미있는 일화가 있는가? 할머니와 할아버지는 어떻게 만났는가? 어머니와 아버지는 어떻게 만났는가?

이야기를 하면서 아이의 상상력을 자극하도록 노력하자. 그러면 아이는 같은 이야기를 듣고 또 듣고 싶어 할 것이다. 궁금한 걸 묻도록 격려하자. 답을 다 알지 못하더라도 괜찮다. 아이에게 부모는 가문에 대해 자부심을 느끼고 있고 아이 역시 그러기를 바란다는 것을 알게 해 주자.

13

길들임 이후: 말 풀어 주기

무슨 일을 하든지, 무슨 꿈을 꾸든지 시작하라. 과감함에서 천
재성과 힘과 마법이 나온다.

— 요한 볼프강 폰 괴테(1749~1832,

독일의 극작가·소설가)

어느 꿈과 환상의 세계에 아서라는 나라가 있다. 나니아와 가운데
땅 사이, 호그와트 교문에서 멀지 않은 곳에 있다. 이 나라에 켈리라
는 건강하고 똑똑한 소녀가 살고 있었다. 그리고 조르라는 나쁜 마술
사가 왕의 마법 말들을 산속에 가두고 있었다. 켈리는 말들을 구하러
모험을 떠났다. 오즈의 도로시처럼 켈리는 가는 길에 만난 동물들과
친구가 되었다. 아무래도 나쁜 마술사에게서 마법 말들을 구해 내는
모험은 혼자 하기엔 너무 큰일이었다.

켈리와 친구들은 (소속감, 교훈, 도움이 같은 비율로 쌓여 지어진) 성공이라
는 황금 첨탑과 산으로 가는 세 가지 열쇠를 찾으면서 용기와 책임,
협동, 우정 같은 여러 가지 귀한 교훈을 배운다. '실패는 성공의 어머
니' '백지장도 맞들면 낫다.' 같은 교훈을 이해하고 장애물을 하나씩

극복하며 목표를 향해 꾸준히 나아가야 한다.

마침내 육중한 철문에 마지막 열쇠를 꽂아 열자 근사한 말들이 자유를 찾아 바닷가로 달려 나가는 것을 보면서, 켈리와 친구들은 자신들이 온 나라 사람들에게 희망과 용기를 되찾아 주었다는 것을 깨달았다. 그 말들은 그냥 말이 아니었다. 사람들에게 없어서는 안 되는 꿈과 재능이었다.

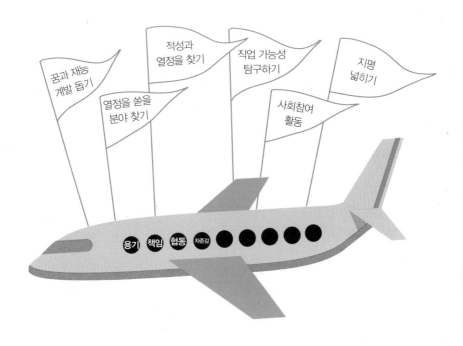

길들임 후 목표 비행기 탑승하기

꿈과 재능

이 이야기는 내가 쓴 '말 풀어 주기(Free the Horses)'라는 제목의 자존감 및 인성 발달 프로그램의 일부이다. 프로그램은 20회기에 걸쳐 영상을 중심으로 진행되고, 유치원생부터 3학년까지의 아이들을 위해 만들어졌다. 목표는 여러 가지가 있지만, 특히 아이들 스스로 자신의 꿈과 재능을 믿게 하는 것이었다. 꿈과 재능은 이유 없는 조합이 아니라 성공이라는 동전의 양면과 같다. 너무나 많은 청년이 이 필수 요소 둘 중 하나가 부족해서 무의미한 직업을 전전하느라고 만족도 의미도 찾지 못한다. 더러는 자신에게 무엇이 정말로 중요한지 알아보는 꿈이나 전망이 있었지만 그것을 실현하려고 보니 거기에 꼭 필요한 재능이 없다. 나는 어릴 때 프로 농구선수가 되고 싶었지만 내 재능으로는 인디애나 대학교 1학년 팀 활동이 한계였다. 다행히 시간이 가면서 나중에 내 재능에 더 맞는 다른 꿈들도 찾게 되었다. 한편, 놀랄 만큼 재능이 많고 뛰어나면서도 자기 삶에서 무엇을 이루고 싶은지 확실히 알지 못하는 사람들도 있다. 그들은 능력이 있는데도 꿈이 없어서 방황한다. 지성이나 카리스마나 용기 같은 재능을 타고났으면서도 뭐든 해내겠다는 뚜렷한 목표나 열정이 없어서 재능을 낭비하고 만다.

이 책을 여기까지 읽었다면 당신은 아이가 성공적인 삶을 살도록 길들이겠다고 단단히 마음먹은 부모일 것이고, 부모라는 막중한 역할에 보람을 느낄 것이다. 나는 이 책 전체에 걸쳐 아이의 기를 꺾는 것과 길들이는 것은 다르다고 강조했다. 길들이기는 아이의 특별한 정신을 지켜 주려고 애쓰는 것이다. 기 센 성격은 오히려 축복일 수 있다. 부모를 막막하게 만드는 바로 그 성격에, 언젠가 아이가 세계에 정말 큰 공헌을 할 수 있는 꿈과 재능의 씨앗이 들어 있다. 하지만 길들이기만으론 부족하다. 아이와 유대를 형성하고 가족이 정한 타당한 한계 내에서 살아가게 가르칠 순 있지만, 그것으론 기 센 성격의 단점을 극복할 뿐이다. 단점을 넘어서 아이가 뛰어난 호기심, 모험심, 힘, 끈기, 예민성을 장점으로 발휘하여 더 행복하고 보람 있는 삶을 살게끔 돕길 바란다. 꿈을 키우고 그것을 실현할 재능을 계발하도록 돕길 바란다. 말들을 풀어 주길 바란다.

그러기 위해서 부모는 훈육하고 지지하는 기본적인 역할에서 더 나아가야 한다. 아이에게 열정, 상상력, 추진력, 능력 계발을 자극하는 경험을 더 많이 하게 해 줘야 한다. 타고난 호기심, 모험심, 힘, 끈기, 예민성을 긍정적이고 바람직한 장점으로 가꾸어 가게끔 도와줘야 한다.

공부가 다가 아니다! 열정 찾기

기 센 아이들은 호기심, 모험심, 힘, 끈기, 예민성이 권위와 충돌함으로써 학교에서 문제를 일으킬 때가 많다. 하지만 길들이고 나면 바로 그 성격 덕분에 학업적인 성공뿐만 아니라 학교 밖에서 더 심오하고 풍성한 배움을 얻을 수 있다. 오해하진 말자. 물론 공부를 잘하는 것도 대학에 들어간 후 직업을 구하는 데 대단히 중요하다. 그리고 물론 아이가 학교에서 공부 면으로든 품행 면으로든 발전하도록 최선을 다해 도와야 한다. 교사와의 협력은 기본이고 필요하다면 개인 교습도 받자. 하지만 성적을 올리는 데서 그치지 말자. 세상에는 좋은 성적을 거두고 좋은 대학에 갔으면서도 자기 삶의 의미를 찾지 못하는 학생들이 많다.

자신이 공부하는 분야에 대해 진정으로 흥미를 가진 사람들이 학창 시절을 가장 유익하게 보낸다. 성적이 전부가 아니다. 자라나는 지성을 자극받고 신비와 모험 가득한 학문의 세계로 깊숙이 빠져드는 것이 평생에 걸쳐 배움을 사랑할 원동력이 된다. 이런 아이들은 지식에 흥미를 갖고, 완전히 열정적일 수 있는 분야를 찾아낸다. 자라서는 신문과 좋은 책을 읽고, 성인을 대상으로 하는 강의를 들으며, 관심 분야의 정보를 인터넷에서 찾아보는 어른이 된다. 이런 어른은 봉급뿐만 아니라 의미와 만족까지 주는 직업을 더 잘 찾을 수 있다. 이들은 늙은 개에게 새 재주를 가르칠 수 없다는 믿음을 거부하고 새로운 일에 적극적으로 도전하며 학습 곡선이 평생 꺾이지 않는다.

오늘날 아이들은 살면서 평균 다섯 번 정도 직업이 바뀐다고 한다. 그러니 평생 배우려는 자세에 따라서 직업에서 큰 의미를 찾는 사람과 아무 의미를 찾지 못하는 사람이 갈릴 것이다. 기 센 아이가 타고난 호기심, 모험심, 끈기를 살려 배움과 지식을 사랑하도록 격려하기 위해 부모로서 무엇을 할 수 있는지 생각해 보자. 아이가 무엇에 관심 있고 그중 어떤 것이 열정을 가질 만한지 알아보자.

물론 TV나 게임 같은 오락에 대한 열정을 이야기하는 것이 아니다. 기 센 아이들은 부모가 내버려 둔다면 쉽고 빠른 자극을 찾아 이런 것들에 끌리기 쉽다. 탄산 음료와 군것질에 끌리는 것과 같다. 그런 활동에는 부모가 타당한 한계를 정해 주고, 대신 책을 사 주고 박물관과 동물원과 수족관에 데려가는 것과 같이 주변 세계에 대한 흥미를 자극하는 기회를 주어야 한다. 흥미의 불씨가 보이면 꼭 부채질을 하듯이 더 많이 탐구하게 격려해 주자. 많은 질문을 하고 흥미를 더 발전시킬 방법을 상의하자.

짐의 부모는 짐이 일본 애니메이션에 관심 있어 하자 애니메이션 박람회에 데려가고 일본에 대한 공부를 하게 해 주었다. 셀라의 부모는 셀라가 수족관에 처음으로 가 보고 대단히 신나 하자 집에 셀라만의 작은 어항을 꾸며 주었다. 함께 인터넷 검색을 하고 책을 읽으면서 해양생물은 셀라의 본격적인 관심사가 되었다. 이 부모들은 기 센 아이의 호기심을 알아본 즉시 그 분야를 더 깊게 탐구할 기회를 주었으므로 현명했다.

재능 찾고 계발하기

기 센 아이들은 자신에게 딱 맞는 재능을 찾아서 빨리, 멀리 달릴 수 있는 말로 키워 낼 필요가 있다. 이 아이들은 모험심, 힘, 끈기 있는 성격을 바탕으로 보통 사람들을 훨씬 뛰어넘는 능력을 발전시킬 수 있다. 어떤 재능은 타고나서 아이가 적절한 기회에 노출될 때 저절로 드러난다. 운동에 특별한 재능이 있다면 학교 체육 시간에 드러날 것이다. 학과 과목 중 하나에 재능이 있어도 놓칠 염려가 거의 없다. 하지만 기회 자체가 생기지 않아서 영영 발견하지 못하는 재능도 있다.

데이비드는 어릴 적 놀이터에서 레슬링을 대단히 잘했지만 학교에 레슬링 팀이 없어서 그 재능을 키우지 못하고 결국 놓쳐 버렸다. 훗날 그는 아들 션이 훌륭한 체육 프로그램을 갖춘 학교에서 레슬링에 뛰어난 성적을 거두는 모습을 볼 수 있었다.

재능을 키울 모든 기회를 주지는 못하더라도, 아이가 어릴 때 가급적 넓은 범위의 활동을 접하면서 흥미와 적성에 맞는 분야를 찾아가게 하자. 하지만 이 활동에서 저 활동으로 부리나케 몰아붙이지는 말자. 부모와 아이 모두 지쳐 나가떨어지고 만다. 그저 운동, 미술, 음악 등 다양한 분야를 적당히 접할 기회를 주자. 그리고 그중 하나 이상의 분야에 피어나려는 열정의 떡잎이 보이면 거기에 더 많은 시간과 주의를 들이게 해 주자.

앞에서 어떤 재능은 타고난다고 언급했다. 그것은 슈퍼스타가 될 재능이다. 마이클 조던, 타이거 우즈, 존 스타인벡, 존 레넌 같은 사람들은 보통 사람들에게는 없는 드문 재능을 타고났다. 그런 경지에 이르기 위해서는 재능을 가지고도 대단히 노력하고 엄청난 훈련을 해야 하며, 그들은 그렇게 했다. 하지만 노력만으로 따라갈 수 없는 천재성도 있다. 천재로 태어나지 않으면 어쩔 수 없다. 그리고 여기서 찾으라고 말하는 아이의 재능은 천재성이 아닌 적성과 열정이다. 아이를 슈퍼스타로 만들 생각이라면 부모와 아이 모두 실망할 가능성이 크다. 하지만 슈퍼스타가 되는 사람은 손에 꼽는 반면, 열정을 찾아 재능을 계발하여 기쁘게 열심히 일하는 사람들은 경기장에든 물레 앞에든 수백만 명이 넘는다. 아이가 다양한 흥미를 찾고 진짜 재능으로 키워 낼 시간을 주자.

워런은 아들 짐이 재능 있는 운동선수는 아니지만 운동에 열정이 있는 것을 발견했다. 짐은 축구와 농구가 잘 맞지 않았지만 라크로스에 빠져들었다. 경기장에서도 특별히 유능하진 못했지만, 다른 아이들이 좀처럼 원치 않는 골키퍼 역할을 맡았다. 그리고 골키퍼 실력을 키우기 위해 열심히 노력했다. 팀 연습을 할 뿐만 아니라 주말에 아버지와 연습을 하기도 했다. 워런은 짐에게 공을 쳐 주며 많은 시간을 보냈다. 짐은 점점 더 빠르고 노련한 골키퍼가 되었다. 고등학교 2학년에는 전국 라크로스 대회에 주 대표팀 주장으로까지 나갔다.

또한 아이가 주위 세계에 관심을 가지고 자신의 재능을 연마하게 해 주면 그 과정에서 아이 자신이 더욱 흥미로운 사람이 된다는 장점도 있다. 다시 말해서, 흥미를 갖고 있는 사람이 흥미로운 사람이다. 그들은 더 생기 있고 활발하며, 그들의 정신은 깨어 있다. 그들은 언제나 이야기할 거리가 있다. 그리고 실력이 발전하고 있으며, 어떻게 더 발전시킬지 알고 있는 데서 나오는 차분한 자신감이 있다.

직업 탐구

사실 나는 어른들이 아이에게 늘 "너는 커서 뭐 되고 싶니?"라고 판에 박힌 질문을 던질 때면 얼굴을 찌푸리곤 했다. 그 질문은 아이가 지금 하고 있는 일도 충분히 중요하다는 사실을 무시하는 것처럼 느껴졌고, 그렇게 먼 훗날 일로 아이를 몰아붙일 필요가 없다고 생각했다. 하지만 너무 많은 청년이 일에 대한 목표나 열정이 없어 방황하는 모습을 본 지금은 생각이 달라지고 있다. 아이에게 재미있고 흥미진진한 직업을 상상해 보라고 하면 삶에 기쁨과 열정을 가져다주는 직업의 긍정적인 측면을 탐구하는 데 큰 도움이 된다.

삶의 의미를 찾으려는 인간의 욕망은 몹시 강력해서, 사는 이유에 대해 만족스러운 답을 전혀 찾지 못하는 사람은 거의 행복하지 못하다. 의미의 세 가지 주된 영역으로는 우정, 사랑, 일이 있는데, 기 센아이들 중에는 일 문제를 해결하지 못하는 경우가 너무 많다. 기 센성격으로 학교에서 갈등을 자주 빚는 바람에 권위를 경멸하게 되거나, 그것을 진짜 모험할 시간을 앗아 가는 불쾌한 의무라고 여기게 되었기 때문일 수 있다. 이유가 어떻든 부모는 아이가 일 자체가 모험인 일을 찾음으로써 본질적 욕망을 해소하게끔 도울 수 있다.

아이가 타고난 호기심과 모험심을 활용해 다양한 직업을 접하게해 주자. 어릴 때 함께 그림책을 읽으며 여러 직업의 흥미진진한 가능성을 이야기하자. 집에 머물러 있든 집 밖으로 출퇴근하든 부모 자신의 일에 대해 느끼는 만족감을 이야기해 주자. 아이가 자람에 따라서 부모의 직업에 대해서도 생각해 볼 기회를 주자. 괜찮다면 아이에게 조언을 구해도 좋다. 일에 대해서 긍정적으로 이야기하자. 무언가를 성취하고 잘 해내는 것이 얼마나 기분 좋은지 이야기하자. 금전적인 측면보다는 주어진 시간에 가치 있고 생산적인 일을 함으로써 얻을 수 있는 의미에 초점을 두자. 그리고 아이 스스로 긍정적인 관심을 갖고 일에 대해 이야기하도록 격려하자. 아이가 어느 정도 자란 뒤에는 부모의 직장에 데려가 보거나, 나아가 다른 부모들과도 조율해서 다양한 직업 현장을 경험해 볼 수 있게 해 주면 좋다. 시간을 내어 아이들과 일에 대해 이야기하고, 다음과 같은 질문들을 하며 대화를 이어 나가자.

- "넌 어른이 돼서 어떤 일을 하면 좋을 것 같니?"
- "그 일의 어떤 점이 마음에 드니?"
- "학교에서 제일 좋아하는 과목이 뭐니?"
- "그 과목하고 관련된 직업은 뭐가 있을까?"
- "네 사업을 하고 싶니, 아니면 다른 회사에 들어가고 싶니? 왜 그렇게 생각하니?"
- "더 많은 직업을 알아보려면 어딜 가야 할까?"
- "사람은 왜 일을 할까?" (물론 돈 때문이기도 하지만, 유용한 것을 성취함으로써 얻는 만족감도 강조하자.)

사회 참여

기 센 아이는 다른 사람들과 잘 어울리지 못하거나, 다른 사람을 마음대로 휘두르려 하거나, 너무 예민해서 다른 사람과의 접촉을 피할 때가 있다. 길들여지고 나서도 때로는 자신의 호기심에 사로잡혀서 가장 중요한 사람들에게 손 내밀고 다가가는 것을 잊어버리고는 한다. 하지만 진정으로 행복하고 만족하는 사람이 되기 위해서는 다른 사람과 유대감을 가져야 한다. 소속, 배움, 베풂이라는 세 가지 기회에 집중함으로써 아이에게 이를 가르쳐 줄 수 있다. 소속감을 느낄 때 아이는 안심하고 배울 수 있다. 무언가를 배우고 나면 타인에게 베풀 수 있다. 그리고 타인에게 베풀 때 소속감이 더 강해지면서, 더 많이 배우고 더 많이 베푸는 선순환이 이루어진다. 이 세 가지 요소를 갖추면 성공적이라는 개인적 느낌뿐만 아니라 실질적인 성공에 도달할 추진력도 얻게 된다.

타인의 행복을 위해 베풀라는 격려는 이타적이기만 한 것이 아니라, 그 과정에서 실제로 아이가 더 성공하도록 도와준다. 사람은 자기 자신을 넘어서 다른 사람에게 공감하고 베풀 때 더 큰 만족감을 느끼고 자신도 더 행복해지며 성공에 가까워진다. 자선은 또한 미국의 국가적 가치이기도 하다. 그러니 우리 아이를 더 나은 사람으로 만들 뿐만 아니라 아이가 자라면서 또래와 어울리는 데에도 도움이 된다. 타인에게 베풀고 봉사하는 것은 또한 아이 자신의 자존감을 높여 주며 가족에게는 여러 의미 있는 유대를 맺을 기회가 된다. 평생에 걸쳐 이 가치를 추구할 수 있도록 돕기 위해 다음을 시도해 보자.

- 부모가 시간과 돈을 베풀어 자선을 행한 사례를 이야기해 주자. 실제 했던 일과 타인에게 유용한 일을 함으로써 어떻게 좋은 기분이 들었는지를 연관 지어 설명하자.
- 베푸는 사람들에 대해 긍정적인 감정을 표현하자. "홈디포의 설립자 버니 마커스가 조지아 수족관 건축 사업에 2억 5천만 달러를 기부했다는 얘기 들었니? 정말 마음 넓은 사람이지. 수백만

명이 그 수족관을 보러 갈 거야."에서와 같이 거창한 일일 수도 있고, "어떤 아이들이 집 앞에서 레모네이드를 팔아서 허리케인 카트리나 피해자들을 돕는 성금을 기부했대. 정말 착하지!"에서와 같이 소소한 일일 수도 있다. 자선을 행하는 TV나 영화 속 등장인물을 칭찬할 수도 있다. 그런 칭찬은 아이에게 가치 있는 것을 가르쳐 주고 본받으라고 섬세하게 격려해 주는 훌륭한 방법이다.

• 아이가 어리다면 교회나 다른 자선 기구에 기부할 돈을 주고, 기부한 뒤에 미소 지으면서 잘했다고 이야기해 주자. 아이가 사람에 따라서는 용돈 이야기를 할 때 용돈 중 얼마만큼을 기부하면 좋을지도 상의하자. 그 몫의 용돈은 기부하기 위해 주는 것이라고 확실히 이야기하고, 실제로 기부를 했는지 꼼꼼히 확인하자. 그리고 언제나 그렇듯이 올바른 일을 했을 때는 격려해 주자.

• 가족이 함께 봉사활동을 하는 시간을 갖자. 할 수 있는 봉사활동을 알려 주고 연결해 주는 기관은 많다. 인터넷이나 다니고 있는 종교 단체부터 찾아보자. 그리고 가족이 함께 가서 즐겁게 봉사하자. 끝난 뒤에는 함께 식사를 하면서 봉사로 무슨 일을 이루었으며 그것이 다른 사람들에게 왜 중요한지 이야기를 나누자. 한 달에 한 번 식으로 정기적인 봉사활동 시간을 정해 두는 것이 좋다. 그러지 않으면 일상생활의 갖가지 일에 쫓겨서 결국 봉사할 시간이 남아나지 않을 것이다.

• 가족이나 친구를 위해 식사나 요리를 준비했다면, 아이가 요리에 참여하고 음식 나르는 것을 돕게 하자. 거듭 강조하지만 아이

가 그 활동에서 재미를 느낄 수 있게 배려하고, 도운 것에 대해 꼭 격려해 주자.

- 왜 사람들이 서로 돕고 살아야 세상이 더 좋은 곳이 되는지에 대해 가족끼리 이야기를 나누자. 가족 구성원들끼리 서로 돕는 것부터 시작해서 학교와 이웃을 돕는 것으로, 그런 다음에 전 세계의 사람들까지 돕는 것으로 나아가자. 예를 들어, 기아 문제를 덜고자 하는 자선 단체를 통해서 외국 아이를 입양하기로 결정할 수도 있다.
- 가족이 함께 상의해서 우리 가족만의 프로젝트도 생각해 보자. 가치 있는 특별한 목표를 위해 기금을 모으기로 할 수도 있고, 연휴 때 도움이 필요한 아이를 가족으로 입양할 수도 있다. 그 문제의 토론, 의사 결정, 계획, 실행 과정에 아이도 참여시키자.

지평 넓히기

아들 벤이 학교에서 중국어를 배운다고 할 때, 나는 내가 나고 자란 세상이 바뀌었다는 실감이 들었다. 내가 어릴 때만 해도 중국은 사람이 너무 많고 잘못된 정부가 통치하는 별 볼 일 없는 나라였다. 게다가 중국 음식점에는 모두 영어 메뉴판이 있는데, 대체 누가 왜 중국어를 배우려 하겠는가? 하지만 이제 나는 언젠가 벤이 상하이에 있는 식당에서 중국 요리를 주문하는 날이 올 거라고 믿어 의심치 않는다.

노벨 문학상을 수상한 작가 알렉산드르 솔제니친은 "많은 사람을 알라, 많은 장소를 알라, 많은 언어를 알라."라고 조언하기도 했다. 우리 세계는 점점 더 서로 긴밀히 이어지고 있기 때문에 이 조언이 과거 어느 때보다 적절하다. 애틀랜타에서 싱가포르까지 하루 만에 날아가고 버튼 한 번 누르면 이메일이 보내지는 세상에 기 센 아이가 타고나는 모험심은 제격이다. 아이에게 놀라운 사람, 장소, 언어들이 모인 놀라운 세상의 깊이와 넓이를 경험할 방법을 찾아 주자. 살고 있는 나라의 국경 밖으로 가족 여행을 떠날 기회를 만들면 아이에게 완전히 새로운 세계를 열어 주게 된다. 십 대 청소년들은 해외 교환학생 프로그램을 통해 합리적인 가격으로 다른 나라의 가족과 지낼 기회가 있다. 인터넷 펜팔도 국경 너머 세계를 배우는 방법이 될 수 있다.

우리 가족은 산이나 바다로 놀러 가는 대신에 나라 안팎의 다양한 지역으로 교육적이고 모험적인 여행을 하기로 약속했다. 아이가 보스턴 역사 탐방을 놀이공원만큼 재미있다고는 생각하지 않을 수도 있지만, 미리 조사하고 계획을 세우면 가족 모두 재미있어 할 것들을 찾을 수 있다. 우리는 아들이 좋아하는 코미디 공연으로 유적지 답사와 재미의 균형을 맞추었다. 아이와 해외여행을 갈 때는 아이가 해외여행다운 경험을 하도록 주의하자. 다른 문화를 경험하고 생각의 지평을 넓혀 줄 수 있는 사람들을 만나는 것이 중요하다. 세계적인 체인점 호텔에 묵고 맥도날드 햄버거를 먹고, 모나리자를 보자마자 호텔 방에 돌아와 TV만 보는 것은 해외여행다운 경험이 아니다. 특별한 경험을 한 뒤에는 아이와 경험한 문화에 대해 질문을 하고 소감을 나누면서 경험을 소화하는 시간을 갖자.

여행에서 가장 많은 것을 얻으려면 여행 계획을 세울 때 아이가 참여하게 하자. 함께 인터넷 검색을 하고, 그 밖에도 여러 자료를 찾아보고, 가서 무얼 하면 좋을지 상의하자. 조금 큰 아이에게는 카메라를 맡기거나 빌려 쓰게 해 주면 관찰력을 더욱 키울 수 있다. 집에 돌아와서 잘 나온 사진들을 인화하여 사진첩으로 만들고, 나중에도 여행지에서 기억나는 일들과 본 것들을 함께 이야기하면서 추억을 되새기자. 가족 구성원들이 한 명씩 나와서 지금 가족이 하고 있는 일에 대해 한마디씩 하는 비디오를 찍어도 좋다. 이는 그때도, 나중에도 경험을 훨씬 심화해 주는 훌륭한 방법이다.

14

길들이기 계획 실천하기

생각은 실천으로 옮겨지지 못하면 보잘것없고, 행동은 생각을
바탕으로 하지 않으면 아무것도 아니다.

— 조르주 베르나노스(1888~1948,

프랑스의 소설가)

　3장에서 나는 이 책 내용 어느 것이든 실천에 옮기기 전에 우선 책
전체를 다 읽으라고 권했다. 이 책에서 소개하는 정보와 기술들은 마
치 팔각형 말우리처럼 8면의 울타리가 모두 온전해야 이 면에서 튀어
나가더라도 저 면에서 막아 주어 쓸모 있기 때문이다. 8면 울타리에
필요한 기술들을 모두 유념하고 있지 않으면 아이가 새로운 접근법
에 반응할 때 어떻게 해야 할지 분간하기 어려울 것이다. 반면, 8만
단어짜리 책을 읽은 뒤에도 계속 기억한다는 것은 헤라클레스의 그
것과 같은 과업이다. 사실 헤라클레스 역시 분노를 제어하기 어려워
하던 기 센 어른이었으니 당신의 교육에 고개 숙일지도 모른다!
　이 장의 목적은 책에서 소개한 필수적인 방법들을 복습하고 계획

을 세워 아이에게 직접 활용할 수 있도록 돕는 것이다. 이것이 책 전체를 대신하진 못하며, 책 전체를 읽지 않고 이 부분만 읽고 실천하려 한다면 실패할 위험이 매우 크다. 요약이기 때문에 자세한 정보가 너무 많이 빠져 있으며 그 자세한 내용 없이는 이해가 되지 않을 수도 있기 때문이다. 하지만 여기까지 다 읽고 여전히 아이를 길들여야 한다는 나의 이론에 동의한다면, 이 장이 기억을 되새기고 아이에게 실제로 적용하는 데 도움이 될 것이다. 더 큰 도움을 받으려면 기 센 아이를 둔 다른 부모들과 스터디 그룹을 만들어서 이 책을 매주 한 장씩 토론하며 서로 지지해 주기를 권한다. 토론을 이끌어 줄 경험 많은 조력자가 있다면 훨씬 더 좋다. 부모교육 단체에 대한 정보는 이 책 마지막의 참고자료를 참조하자. 이제 아이를 길들이는 8면 울타리를 빠르게 다시 훑어보자.

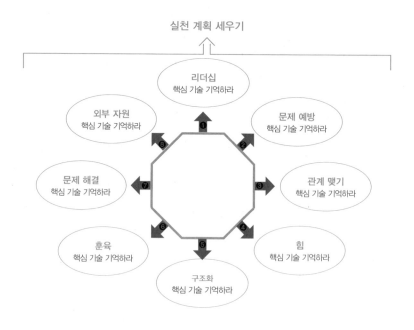

울타리 1: 리더십(1~4장)

개념

기 센 아이는 가족에 지도자가 있으며 그 지도자가 자신은 아님을 알아야 한다. 부모는 힘겨루기와 떼쓰는 것을 피하려고 아이에게 너무 오냐오냐하거나, 아니면 아이를 소유물처럼 여기고 의지를 꺾어 놓으려는 잘못된 생각으로 너무 엄격하게 대하는 오류를 흔히 범한다. 깨어 있는 부모의 리더십은 확고하면서도 아이를 존중하는 것이어야 한다. 부모야말로 윗사람이지만, 아이를 배려하고 아이의 욕구와 감정을 진심으로 걱정하는 윗사람이어야 한다. 권위에 대한 맹목적 복종보다는 문제 해결과 인성 발달을 목표로 삼아야 한다. 기 센 아이의 성격적 장점을 최대한 발휘하면서도 가정과 사회의 한계 안에서 살아가도록 가르쳐야 한다.

핵심 기술

- 확고하면서도 다정한 목소리로 말하자.
- 불합리한 요구에는 싸우지도 굴복하지도 말자.
- 고삐를 느슨히 쥐되 놓치지 말자.
- 아이와 협동해서 갈등을 해결할 방법을 찾되, 최종 결정권을 빼앗기지 말자.

울타리 2: 문제 예방(1, 2, 10장)

개념

기 센 아이의 호기심, 모험심, 힘, 끈기, 예민성과 그 성격이 부모를 비롯한 타인에게 미치는 영향을 이해하자. 기 센 성격의 단점뿐만 아니라 단점도 인식하고, 그 지식을 활용하여 문제가 일어나기 전에 예방 조치를 취하자. 부정적인 반응을 유발하는 요인에는 무엇이 있고 어떻게 해야 그 요인을 피할 수 있는지 알아 두자. 특히 아이나 부모의 분노를 유발하는 요인을 주의하고, 양쪽 모두 분노를 늦출 수 있는 방법을 생각해 보자. 외부 사건과 그것이 아이에게 유발하는 생각, 감정 및 행동 간의 관계를 이해하자. 그리고 이 네 가지 요소를 조율해서 떼쓰기, 분노, 과도한 분노 표현을 줄이는 방법을 계획하자.

핵심 기술

- 무엇이 아이에게 부정적인 반응을 유발하는지 확실히 알자.
- 아이와 분노에 대해 이야기하고 이성을 유지할 수 있는 여러 방법을 함께 계획하자.
- 아이가 꼭 충분한 수면과 영양을 취할 수 있게 해 주자.
- 분노의 정도를 나타낼 만한 효과적인 비유를 아이와 함께 만들자(가스레인지나 온도계 등).
- 아이가 목표를 이룰 수 없을 때 대안을 찾도록 가르치자.

- 분노 비유를 통해서 아이가 감정을 잘못된 행동이 아닌 언어로 표현하게 하자.
- 마음이 진정되는 1-4-2 심호흡을 하게 하자.
- 물과 목욕으로 진정시키는 요령을 실험해 보자.
- 아이의 분노가 과열되기 시작하면 머리 식히는 장소에 가 있게 하자.
- 문제 해결을 가르치자.
- 분노 표현에 한계를 정하자. 아이가 물건을 부수거나 다른 사람에게 나쁜 말을 하거나 폭력을 휘둘러서는 안 된다.
- 싸우지도 굴복하지도 말자.

울타리 3: 관계 맺기(4, 9장)

개념

여인에게 양아들을 퓨마처럼 천천히, 꾸준히 길들이라던 아프리카 치료사의 지혜를 유념하자. 아이와 우정을 쌓을 방법을 찾되, 가족 안 권위자로서의 역할도 포기하지 말아야 한다는 것을 기억하자. 'FRIEND(재미, 존중, 흥미, 격려, 거절, 기쁨)' 있는 관계를 형성함으로써 부모와 기 센 아이 사이의 관계에 행복이 있다는 것을 되새기자.

핵심 기술

- 최소 하루 10분은 아이와 함께 놀자. 보드 게임, 스포츠, 컴퓨터나 비디오 게임, 맨손 놀이, 창의적인 놀이, 연극, TV 시청, 영화나 연극 보기 또는 직접 연기하기, 독서, 함께 웃기, 물놀이 등 할 수 있는 놀이는 참 많다.
- 아이에게 존중받길 원하는 만큼 아이를 존중하자.
- 아이의 관심사를 알고 그에 관심을 보이자.
- 아이에게 기술을 가르쳐 주고 아이의 기술을 배우자.
- 인신공격, 실수에 집중하기, 불신, 과도한 기대, 행동만으로 아이를 가치 있다 여기기 등의 낙담시키는 행동을 피하자.
- 장점을 강화하고, 믿음을 보이고, 현실적인 목표를 세우고, 아이를 아이 자체로 소중히 여김으로써 격려하는 법을 익히자.
- 거절할 필요가 있을 때는 거절해야 하지만, 가능한 한 무심히 거절하기보다는 아이가 타당한 대안을 찾도록 돕자.
- 아이에게서 당신을 기쁘게 하는 면모를 찾자!

울타리 4: 힘(5장)

개념

아이의 유별난 권력욕과 힘겨루기가 작동하는 방식을 이해하자.

인간은 누구나 힘을 원하며 힘 자체는 좋은 것도 나쁜 것도 아니라는 것을 인식하자. 부모가 할 일은 아이가 가진 커다란 힘을 긍정적인 방식으로 사용하도록 가르치는 것이다. 어떤 힘겨루기든 거절할 수 있는 위치인 사람에게 더 큰 힘이 있다. 따라서 부모는 아이에게 분노하거나 처벌 또는 뇌물을 주거나 굴복하지 않고 아이가 수긍할 수 있게끔 창의적인 훈육 전략을 익혀야 한다. 강제력을 사용하는 것은 오히려 반항심을 키울 수 있고, 굴복하는 것은 아이의 강제력을 키울 수 있다. 결과는 양쪽이 서로 밀어붙이기만 하는 힘 갈등이다. 굴복하지 않으면서 밀어내길 멈추는 것이 해답이다. 문제를 해결하자.

핵심 기술

- 싸우지도 굴복하지도 말자.
- 명령이 아닌 선택을 주자.
- 이것 먼저 하고 나서 저것 하기 계획으로 동기를 부여하자.
- 확고하면서도 다정한 태도를 유지하자.
- 요구 사항을 말하면서도 아이를 존중하자.
- 인신공격 등 아이에게 상처나 수치를 줄 수 있는 행동을 삼가자.
- 아이가 폭풍처럼 화낼 때는 돛을 내리고 빠져나가자.
- 아이의 입장에서 생각하자.
- 아이가 원하는 것도(그것을 이룰 수 없을 때라도) 타당하다고 인정하자.
- 예상 밖의 일을 하자.

울타리 5: 구조화 (6장)

개념

기 센 아이가 문명 사회의 한계 내에서 사는 법을 익히려면 훈육이
필요한 경우가 있다. 하지만 보상과 처벌로 이루어진 구식 훈육법은
오늘날의 아이들에게는 잘 통하지 않는다. 기 센 아이를 훈육하는 첫
걸음으로는 아이가 한계 내에서 사는 법을 익히도록 돕는 구조를 만
드는 것이 좋다. 이 구조는 조련사가 야생마를 길들이는 동안 말이
자기에게 주어진 자유의 한계를 알게 해 주는 울타리와 같은 기능을
할 것이다. 기 센 아이에게는 유연한 울타리가 필요하다는 것도 이해
하자. 시간, 공간, 행동의 구조를 활용하는 데 집중하자.

핵심 기술

- 아이가 열 살 미만이라면 주방용 타이머를 장만하자.
- 자는 시간, 아침, 낮, 숙제 시간(아이가 학교에 다닐 경우), 식사 시간,
  주말 및 휴일의 일과를 정하자.
- 모든 일과에 재미있는 활동을 끼워 넣자.
- 아이의 나이와 성숙 정도에 맞게 일과를 정하는 과정에 아이를
  참여시키자.
- 구조화되지 않은 시간을 포함해서 상황에 맞게 일과를 수정하자.
- 아이 방, 화날 때 진정하는 곳, 공부 장소, 바깥 놀이 장소 등의

공간을 아이와 상의해서 구조화하자.

• 아이가 자기 행동의 한계를 확실히 알게 하자.

• 가족 규칙이나 행동 지침을 확립하자.

울타리 6: 훈육(7, 8, 9장)

개념

아이를 존중하는 훈육은 아이의 잘못된 행동을 예방하고, 아이가 잘못된 행동을 하더라도 그 경험에서 교훈을 배우도록 돕는 유용한 수단이다. 너무 가혹한 훈육은 피하되, 훈육이 필요할 때는 두려워 말고 훈육하자. 훈육 도중의 상호작용, 공감, 문제 해결을 이해하고 이를 통해 아이에게 한계 내에서 욕구를 충족시키며 살아가도록 가르치자. 매질을 비롯한 비효율적인 구식 훈육법에 의존하지 말자. 시간을 들여 더 나은 방법을 알아보고 연습하고 꾸준히 활용하자. 훈육 하나만으로는 소용이 없거나 오히려 부작용이 나타날 수 있지만, 훈육과 관계 구축을 함께 하면 아이가 많은 것을 성취할 수 있는 유대가 형성된다는 것을 기억하자.

핵심 기술

• 자연스러운 결과(안전하다면 아이가 경험 자체로 배우게 하기)

- 정중한 요청과 부드러운 확인(부드럽게 시작해서 필요하다면 확고하게)
- 확고한 주의 환기
- '나' 전달법: "나는 ~가 힘들어. 나는 ~한 느낌이 들어. 나는 ~ 하면 좋겠어. 그래 주겠니? 언제 할 거니?"
- 논리적 결과: "이것 하거나 아니면 저것 하렴. 네가 결정해." "이 것 하고 나서 저것 하렴."
- FLAC 훈육법: 감정, 한계, 대안, 결과
- 문제 해결을 위한 가족 회의
- 주기적으로 격려하고 긍정적·성공적인 행동 형성하기: 작은 단 계로 나누기, 격려하는 말하기, 다음 단계로 나아가기, 장점·노 력·발전·성공 인정하기, 필요한 만큼 반복하기

울타리 7: 문제 해결(11장)

개념

기 센 아이는 자신의 욕구와 필요에 매우 집중하기 때문에 관계 형 성에 필수적인 공감을 익히도록 하는 데 도움이 필요할 수 있다. 아 이에게 문제 해결을 가르칠 때 자신의 감정을 파악하는 법을 가르치 고, 나중에는 타인의 감정을 파악하는 법도 가르치자. 아이가 자기 방식을 고집하기보다 문제를 해결하는 방법을 찾도록 돕자. 효과적 인 의사소통 방식을 통해 문제를 해결하도록 도움으로써 서로 타협

하는 협동적인 문제 해결의 모범을 보이자.

핵심 기술

- 아이의 말과 행동의 바탕에 있는 감정을 듣는 법을 익히자.
- 감정 단어를 이용하여 아이 스스로 자신의 감정을 설명할 수 있도록 돕자.
- 아이의 문제 해결을 도울 때 '사이드와인더' 오류들을 주의하자.
- 대안을 찾아내고 예상되는 결과를 평가하는 법을 가르치자.
- 아이에게 문제가 있을 때 '손바닥을 올리는' 문제 해결책을 쓰자. 공감하고, 토의하고, 행동하고, 마무리하자.
- 갈등 상황에서 아이가 타인의 감정을 살필 수 있도록 질문하자.
- 정기적으로 가족 회의를 열자.

울타리 8: 외부 자원(12장)

개념

기 센 아이를 길들이기 위해선 보통 좋은 의도와 뛰어난 능력을 겸비한 어른 여러 명이 함께 노력해야 한다. 길들이기의 핵심은 물론 부모이지만, 현명한 부모는 사회의 다양한 사람에게서 도움을 받아 메시지를 강화하고 아이에게 더 큰 교훈을 준다. 살고 있는 지역 어디에서 그런 도움을 받을 수 있는지 알아 두자. 학교, 영적 단체, 여가 단체, 건강 전문가, 가족 및 친척을 비롯한 많은 사람에게 연락하자. 아이를 잘못된 길로 이끌 부정적인 영향력을 걸러 내는 것과 마찬가지로, 이런 긍정적인 지원에는 최대한 많이 영향을 받도록 하자.

핵심 기술

- 아이를 길들이기 위해 도움을 받을 수 있는 외부 기관들을 파악하자. 특히 학교, 종교 단체, 여가 단체, 친구 및 친척, (필요하다면) 정신건강 전문가가 중요하다.
- 아이를 최대한 좋은 학교에 보내자.
- 적극적인 부모가 되어 학교와 협력해서 아이의 공부와 품행을 돌보자.
- 아이의 기 센 정신을 발산할 만한 사랑이 충만한 종교적 배출구를 찾자. 가능하다면 주일학교를 비롯해 도덕 교육을 보강해 줄 수 있는 기회가 좋다.
- 아이에게 기 센 성격뿐만 아니라 ADHD 등의 학습장애가 있지는 않은지 알아보자. 만약 그렇다면 전문가의 진단을 받자.
- 실제로 정신적 문제가 있는 경우 약물 및 상담 치료를 고려하자.
- 아이가 운동, 미술, 취미 등의 구조화된 여가 활동 중 하나 이상에 참여하게 하자.
- 아이의 멘토가 되어 부모의 메시지를 보강하고 추가적인 지지와 격려를 해 줄 어른 친구나 친척을 알아보자.

실천 계획 세우기

길들이기 울타리의 일부는 아이의 행동에서 출발하지만, 부모가 먼저 변화를 주도하기 시작해야 하는 경우도 있다. 한꺼번에 모두 시도하기에는 너무 많기 때문에 여러 주에 걸쳐 조금씩 변화를 실천할 필요가 있다. 관계 구축 울타리부터 시작해서 차츰 6장에서 다룬 시간, 공간, 행동의 구조화를 더해 가길 권한다. 그런 다음에는 아이가 분명 울타리에 부딪치면서 부모가 싸우거나 굴복하는지 시험하려 할 것이기 때문에 새로운 훈육법이 준비되어 있어야 한다. 7장과 8장에서 소개한 훈육법에 더해, 5장에서 설명한 힘겨루기와 10장에서 설명한 분노를 이해하자.

다음 실천 계획은 하나의 예시일 뿐이다. 아이의 개성과 상황적 필요에 맞게 이를 수정해서 활용하자.

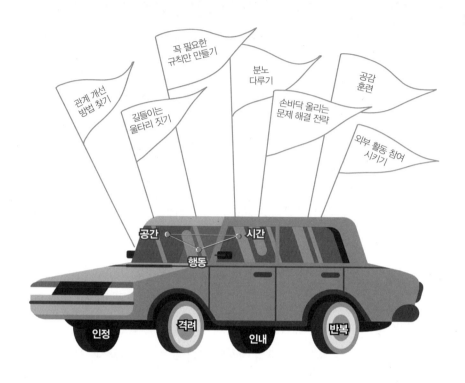

실천계획 세우고 달리기

1~2주: 관계 형성　현재 아이와의 관계를 생각해 보고 4장에서 9장까지를 다시 읽으면서 관계를 개선할 방법을 찾자. 함께 놀기, 격려하기, 사랑한다고 말하기의 세 가지는 매일 해야 한다. 정말로 매일 꼬박꼬박 해야 한다! 그리고 최선이라고 생각되는 다른 관계 구축 방법들도 추가로 사용하자. 또한 이 기간에 아이의 어떤 면모에서 당신이 기쁨을 느끼는지 생각해 보자.

3주: 길들이는 울타리 짓기 시작　아이와 구조화의 필요성에 대해 이야기를 나누자. 자는 시간부터 시작해서 차근차근 다른 일과들도 정하자. 항상 긍정적인 느낌을 주고 일과에 재미있는 활동이 많이 끼어 있게 하자.

4주: 공간과 행동의 울타리 더하기 규칙을 너무 많이 만들지 말고 꼭 필요한 규칙만 만들되, 일단 만든 규칙은 잘 지켜지는지 꼼꼼히 확인하자. 아이가 규칙 만들기에 참여하도록 격려하고, 어른들도 지키는 규칙에는 어떤 것이 있는지 꼭 알려 주자. 또한 상황에 따라서 새 규칙을 더해야 할 때도 있다. "내 생각엔 이거에 대해 규칙이 필요한 것 같구나. 네 생각은 어떻니?"와 같이 물어보자. 상냥하되 필요한 만큼은 확고한 목소리를 내자.

5주: 분노에 대해 이야기하고 분노의 비유법 찾기 4주째에 정한 머리 식히는 장소를 언급하자. 마음이 진정되는 3-12-6 호흡법을 가르치고 아이에게 잘 통하는지 보자. 목욕과 물놀이 등 스스로 진정하는 그 밖의 방법들에 대해서도 이야기를 나누자.

6주: 11장의 손바닥 올리는 문제 해결 전략과 공감 훈련 아이와 다른 사람들의 감정에 주목할 기회를 찾고, 11장에 제시된 손바닥 올리는 문제 해결법의 4단계를 밟자. 아이를 꼭 많이 격려해 주자.

7주: 외부 자원을 파악하고 운동이나 미술 활동 참여시키기 12장을 다시 읽으며 아이의 기 센 성격을 건강하게 발산하고 길들이기 과정을 추가로 지원해 줄 외부 자원을 찾자.

길들이기 계획을 실천할 때 아이뿐만 아니라 부모 자신에게도 인내를 가지고 많이 격려하자. 진전이 더디거나 아이가 원래대로 돌아가더라도 낙담하지 말자. 그럴 때도 있기 마련이다. 부모 역시 원래대로 돌아갈 수 있다. 사람은 스트레스를 받으면 배운 것을 잊는 버릇이 있어서 목적을 성취하기까지는 여러 번 실수할 수 있다. 자신을 걷어차는 대신 미소 지을 준비를 하고, 고칠 수 있을 때 고치고 반성하고 계속 나아가자. 자신에게도 작은 단계로 나누기(S), 격려하는 말하기(U), 다음 단계로 나아가기(G), 장점·노력·발전·성공 인정하기(A), 필요한 만큼 반복하기(R) 절차를 적용하자. 때때로 이 책 곳곳을 다시 읽으면서 할 일을 되새기고, 다른 사람들의 지지를 받고, 계속 나아가라. 그러면 노력한 가치가 있는 결과를 얻을 것이다.

결론

여우는 오랫동안 어린 왕자를 바라보았습니다.

"부탁이야. 나를 길들여 줘!"

"나도 정말 그러고 싶어. 하지만 시간이 없네. 나는 만나야 할
친구가 많고, 이해해야 할 것들이 너무 많은걸."

"무언가를 이해하려면 그걸 길들여야 해."

기 센 아이를 길들이기 위해서는 시간이 필요하다. 그것은 하룻밤
만에 해치울 수 없으며, 노력과 에너지를 쏟지 않고 해낼 수도 없다.
하지만 아이에게 어마어마한 도움을 주었다는 것은 보상이 된다. 그
리고 아이가 평생 동안 만날 모든 사람에게도! 또한 아이와의 관계에
서 비롯된 더 깊은 이해 역시 보상이 된다. '무언가를 이해하려면 그
걸 길들여야 한다.' 아이를 길들여지지 않은 채로 내버려 두면 아이와
다른 사람들에게만 잘못이 있는 게 아니라, 당신 스스로도 부모 됨의
진정한 기쁨을 알 기회가 없다. 그것은 아이와 아이가 그토록 특별한
이유를 진실로 이해하는 데서 오는 기쁨이다.

부모-자녀 관계의 너무 많은 부분이 잘못과 잘잘못에 치우쳐 있지
만, 진실한 이해란 그것을 아득히 넘어서서 아이를 감정 차원에서 바

라본다는 뜻이다. 아이의 화난 목소리 아래 숨은 아픔과 두려움을 들려주는 내면의 목소리에 귀 기울이자. 어려운 과제를 마치거나 화를 참았을 때 아이가 느끼는 작은 자부심을 끌어올려 주자. 이런 감정은 일반적인 시각과 청각으로는 느낄 수 없다. 마음이라는 부모의 본능으로 들어야 한다. 여우가 어린 왕자에게 말했듯이, 정말로 중요한 것들은 눈에는 보이지 않고 마음으로 보아야만 똑바로 보인다. 아이에게 마음으로 귀 기울이고, 마음으로 지식으로 부모답게 답하는 법을 익히면, 서로를 단단히 잇는 유대로 아이를 길들일 수 있을 것이다.

참고자료

David & Claudia Arp. *Answering the 8 Cries of the Spirited Child.* West
Monroe, LA: Howard Publishing Company, 2003.

Lindsey Biel & Nancy Peske. *Raising a Sensory Smart Child.* New York:
Penguin Books, 2005.

Michele Borba. *No More Misbehavin'.* San Francisco: Jossey-Bass, 2003.

Kristi Meisenbach Boylan. *Born to Be Wild: Freeing the Spirit of the
Hyper-active Child.* New York: Berkley Publishing Group, 2003.

Sam Goldstein, Robert Brooks, & Sharon K. Weiss. *Angry Children,
Worried Parents.* Plantation, FL: Specialty Press, 2003.

George T. Lynn & Joanne Barrie Lynn. *Genius! Nurturing the Spirit of the
WIld, Odd, and Oppositional Child.* Tuscon: ChildSpirit Publications
with Hats Off Books, 2004.

Michael H. Popkin. *Active Parenting Now.* Atlanta: Active Parenting
Publishers, 2002.

_____. Active Parenting of Teens. Atlanta: Active Parenting
Publishers, 1998.

Gail Reichlin & Carolyn Winkler. *The Pocket Parent.* New York:
Workman Publishing Company, 2001.

Antoine de Saint-Exupéry. *The Little Prince.* Orlando: Harcourt Brace
Jovanovich, 1943.

Mary Sheedy Kurcinka. *Raising Your Spirited Child.* New York: Harper-
    Collins Publishers, 1991.

Daniel J. Siegel & Mary Hartzell. *Parenting from the Inside Out.* New
    York: Penguin Group, 2003.

Rita Sommers-Flanagan & John Sommers-Flanagan. *Problem Child or
    Quirky Kid?* Minneapolis: Free Spirit Press, 2002.

John F. Taylor. *From Defiance to Cooperation.* New York: Three Rivers
    Press, 2001.

이 외 적극적 부모역할훈련에 관한 정보를 찾거나 부모교육 집단을 찾으
려면 www.activeparenting.com을 방문하라.

저자 소개

마이클 H. 팝킨(Michael H. Popkin, Ph. D.)

1983년 '적극적 부모역할 토론 프로그램(Acting Parenting Discussion Program)'을 도입하며 영상을 기반으로 한 부모 교육 분야를 개척했다. 그 이후 『Active Parenting Now』『Active Parenting of Teens』『1, 2, 3, 4, Parents!』 등 서른 가지가 넘는 책을 저술하고 비디오를 제작했으며, 그 자료는 전 세계에서 수백만 명의 부모에게 아이를 행복하고 성공적으로 키우는 법을 가르치는 데 쓰이고 있다. 그는 수많은 명언을 남겼으며 언론 매체에도 수시로 소개된다. 〈오프라 윈프리 쇼(The Oprah Winfrey Show)〉, 〈몬텔 윌리엄스 쇼(The Montel Williams Show)〉, PBS에 여러 번 출연한 것을 비롯해 이백 편이 넘는 방송에 출연했으며, CNN의 정규 아동교육 자문가이기도 하다. 팝킨 박사는 조지아 주립대학교에서 상담심리학 박사학위를 받았으며 아동 및 가족 상담사로도 일했다. 지금은 Active Parenting Publishers(www. activeparenting.com)의 대표이고, 애틀랜타에서 아내와 십 대 아들과 함께 살며 타지의 대학에 진학한 딸을 그리워하고 있다.

역자 소개

차영희

전남대학교에서 학사, 석사, 박사(교육학)과정을 졸업하였으며 현재 광주
여자대학교 유아교육과 교수로 재직하고 있다. 유아교육과에서는 교육심
리, 유아동행동지도 및 유아동상담, 부모교육 등의 교과목을 20년 이상 가
르치고 있는 중이다. 특히 상담심리학의 전문 영역이 부모역할 교육의 근본
이 되고 있음을 알아차린 순간부터 학문에 열정을 쏟게 되었다. 그녀는 카
운슬링 실천행위가 부모역할 교육임을 강조하고 있으며 부모교육이 유아동
기부터 청소년, 성인, 노인기에 이르기까지 문제 예방에 유일한 해법으로 알
고 있다.

광주여자대학교 임상상담대학원과 교육대학원에서는 가족상담, 학교생
활지도세미나, 고급 발달심리학, 상담의 과정과 실제의 교과목을 맡고 있
다. 그녀는 학습자의 잠재력 발휘를 위한 동기화교육에 중점을 두며 학습자
의 요익, 책임감, 자아존중감, 협동심을 기르는 데 주력하고 있다. 1987년 한
국상담심리학회 활동을 시작으로 상담학에 열정을 쏟아 상담심리자격 취득
후 상담심리전문가로 활동하고 있다. 지금도 꾸준히 자기연찬 연수 및 훈련
에 참가하여 자기성장의 길을 꾸준히 연마하고 있다.

현재 한국상담심리학회 공인 상담심리전문가, 한국상담학회 공인 수련
감독 상담사, 한국모래상자 치료학회 공인 모래상자 치료전문가, 한국가족
상담협회 공인 수련감독, 한국 통합놀이심리상담협회 공인 수련감독으로
활동하면서도 자기성장의 길을 가고 있다. 또 AP(Active Parenting) 한국지도
자로서 연구실에 놀이심리상담을 할 수 있는 간이식 놀이심리공간을 갖추
어 임상경험을 쌓고 있다.

특히 일상생활 속에서의 카운슬링 실천행위의 본보기가 되기 위해 노력

하고 있으며 관계에서의 깨달음과 알아차림을 중요시하며 누구에게나 상담 심리학의 전문지식과 실천행위가 필요하다고 강조하고 있다.

대표저서로는 『유아동상담의 기초』(창지사, 2010~2014)가 있으며 대표논문으로는 「The Effects of Parenting with DVDs on Parent's Anger」(Journal of Bio-Science and Bio-Technology Volume 8, No 6, December 2016)가 있다. 특히 생활 속의 카운슬링화를 강조하고 있으며 곱게 자라고 있는 예쁜 두 딸의 엄마로서 성숙한 삶의 모델을 희망하고 있다.

기 센 아이 길들이기

부모를 힘들게 하는 아이, 기를 꺾지 않고 키우는 전략

Taming the Spirited Child
Strategies for Parenting Challenging Children Without Breaking Their Spirits

2018년 3월 15일 1판 1쇄 인쇄
2018년 3월 20일 1판 1쇄 발행

지은이 • Michael H. Popkin
옮긴이 • 차영희
펴낸이 • 김진환
펴낸곳 • (주) **학지사**

　　　　　04031 서울특별시 마포구 양화로 15길 20 마인드월드빌딩
대표전화 • 02)330-5114　　　　팩스 • 02)324-2345
등록번호 • 제313-2006-000265호

홈페이지 • http://www.hakjisa.co.kr
페이스북 • https://www.facebook.com/hakjisabook

ISBN 978-89-997-1514-3 03370

정가 15,000원

이 도서의 국립중앙도서관 출판시도서목록(CIP)은 서지정보유통지
원시스템 홈페이지(http://seoji.nl.go.kr)와 국가자료공동목록시스템
(http://www.nl.go.kr/kolisnet)에서 이용하실 수 있습니다.
(CIP 제어번호: CIP2018005750)

교육문화출판미디어그룹 **학지사**

심리검사연구소 **인싸이트** www.inpsyt.co.kr
원격교육연수원 **카운피아** www.counpia.com
학술논문서비스 **뉴논문** www.newnonmun.com
간호보건의학출판 **정담미디어** www.jdmpub.com